新时代
中国特色社会主义程序法理的理论与实践

罗桂霞◎著

国家行政学院出版社
NATIONAL ACADEMY OF GOVERNANCE PRESS
·北 京·

图书在版编目（CIP）数据

新时代中国特色社会主义程序法理的理论与实践 /
罗桂霞著 . -- 北京 : 国家行政学院出版社，2024.10.
ISBN 978-7-5150-2949-8

Ⅰ . D920.0

中国国家版本馆 CIP 数据核字第 2024771BH4 号

书　　名　新时代中国特色社会主义程序法理的理论与实践
　　　　　XINSHIDAI ZHONGGUO TESE SHEHUI ZHUYI
　　　　　CHENGXU FALI DE LILUN YU SHIJIAN
作　　者　罗桂霞　著
责任编辑　陈　科　陆　夏
责任校对　许海利
责任印制　吴　霞
出版发行　国家行政学院出版社
　　　　　（北京市海淀区长春桥路 6 号　　100089）
综 合 办　（010）68928887
发 行 部　（010）68928866
经　　销　新华书店
印　　刷　北京九州迅驰传媒文化有限公司
版　　次　2024 年 10 月北京第 1 版
印　　次　2024 年 10 月北京第 1 次印刷
开　　本　170 毫米 ×240 毫米　16 开
印　　张　17.5
字　　数　259 千字
定　　价　64.00 元

本书如有印装质量问题，可随时调换，联系电话：（010）68929022

前　言

　　新时代的背景下，中国特色社会主义进入了一个新的发展阶段。习近平新时代中国特色社会主义思想作为当代中国马克思主义、二十一世纪马克思主义，不仅是中华文化和中国精神的时代精华，更是实现马克思主义中国化时代化的新的飞跃。这一重要思想深刻地阐释了新时代中国特色社会主义的核心要义，成为全党全国人民为实现中华民族伟大复兴而奋斗的行动指南。

　　习近平新时代中国特色社会主义思想继承和发展了马克思列宁主义、毛泽东思想、邓小平理论、"三个代表"重要思想、科学发展观，是马克思主义中国化时代化最新成果，是党和人民实践经验和集体智慧的结晶。这一重要思想不仅立足中国，努力推进中国国家治理体系和治理能力现代化，还放眼世界，积极为全球治理提供中国智慧和中国方案。法治领域内，其理论与实践也在不断发展。程序法理通常指法律程序得以生成、运行、存续和发展的法律原理及其所蕴含的秩序、效率、公正等法律价值的内、外在追求与彰显。其通常体现为具体的程序法律制度，以旨在保证主体的权利和义务得以实现或保证主体的职权和职责得以履行所需程序或手续为主要内容的法，如民事诉讼法、刑事诉讼法、行政诉讼法等。程序法律制度不仅是实体法的附庸或辅助手段，还应被视为具有独立价值的要素。

　　本书是作者在兰州大学法学院博士研究生学习期间主持的2023年度兰州大学法学院研究生科研创新项目"习近平法治思想之程序法理研究"（项目编号：202322020）阶段性研究成果。本书主要围绕习近平法治思想这个理论核心，对新时代中国特色社会主义程序法理基础理论进行系统化和类型化的深入研究与分析，旨在揭示其在中国特色社会主义法治建设领域的指导作用。在此基础上对其法治实践与成效、实践中存在的程序性权利结构不均衡、程序性权利保障不充分、权利的程序性救济机制不健全和程序衔接机制不完善等问题进行分析与论证，并结合我国新时代法治的本土特点，探讨新时代中国特色社会主义程序法理实践路径的优化策略。本书既有理论探讨，又有实践总结，同时还有对实践问题的分析和论证，对于进一步丰富和完善中国特色社会主义程序法治理论和实践具有一定的参考价值。

由于作者水平有限，书中难免存在错漏和不妥之处，敬请读者批评指正。

作　者

2024年6月

目 录

绪　论

一、研究背景和意义

2020年11月召开的中央全面依法治国工作会议，确立了习近平法治思想在全面依法治国中的指导地位，习近平法治思想是新时代以来全面依法治国的根本遵循和行动指南。作为习近平新时代中国特色社会主义思想的重要组成部分，习近平法治思想是当代中国化的马克思主义法治理论，在中国法治建设中具有重要地位。习近平法治思想强调党对法治建设的领导地位，将党的领导与依法治国有机结合起来。实践中，党通过不断加强对法治建设的领导，促使法治建设成为全党全社会的共同行动。习近平法治思想倡导全面依法治国，强调法律面前人人平等、公正司法、依法行政等原则。实践中，党带领政府和人民致力于完善法律法规体系，推动法治理念深入人心，促进法律意识和法治观念的普及。习近平法治思想强调构建法治政府，要求政府依法行政、廉洁奉公、服务人民。实践中，我国各级政府积极推进政府治理体系和治理能力现代化，加强政府职能转变，提高政府管理效能，增强公共服务能力。习近平法治思想注重促进社会公平正义，强调法治保障和社会公平正义相结合。因此，我国在社会主义法治建设实践中，更加注重加强司法公正建设，改善司法环境，保障人民群众合法权益，推动社会公平正义不断向前发展。总之，新时代中国特色社会主义法治建设过程中的实践逻辑是以党的领导为核心，全面依法治国为基本方针，构建法治政府为关键路径，促进社会公平正义为根本目标，不断推动法治建设取得新的实践成果，确保国家治理体系和治理能力现代化不断向前发展。

习近平法治思想中蕴含了丰富的程序法理，这些程序法理思想是中国共产党带领中国人民，在中国特色社会主义法治建设过程中，在深化对中国共产党依法执政规律、社会主义法治建设规律、人类社会法治发展规律认识的基础上形成和发展起来的，是习近平法治思想的重要组成部分，也是新时代国家治理体系和治理能力现代化的根本法治遵循。在习近平法治思想中，程序法理作为核心组成部分，对于维护社会秩序、保障公民权益具有重要意义。作为新时代中国特色社会主义程序法理，其理论与实践是法治建设的基石，为实现国家治理体系和治理能力现代化提供了重要的理论指导和路径指引。目前新时代中国特色社会主义程序法理实践中存在的程序性权利结构不均衡、程序性权利保障不充分、权利的程序性救济机制不健全、程序衔接机制不完善等问题，导致新时代中国特色社会主义程序法理无法充分发挥出它应有的理论指导价值。这些问题的存在主要体现在两个层面。制度和意识层面，既有程序制度机制不健全、不完善，以人民为中心和良法善治价值理念认知不足、落实不到位，加之系统观念模糊、法治思维和法治方式欠缺等，导致法治理念在实践中的贯彻不够充分，在一些情况下，相关法律和制度存在空泛、抽象的规定，缺乏具体的操作细则和实施机制，致使程序法治呈现出权利与权力不够对称、立法与实践相脱节、权利保障机制不完善、权利的程序性救济机制难建立、司法资源配置不合理等复杂问题。理论研究层面，一是法律设计中，由于立法者缺乏足够的实证研究和全面的社会参与，所以对实践环境的理解不足，有时候就会出现理论设计与实际操作之间的脱节，导致制度设计不能完全符合实际需要。二是理论界对新时代中国特色社会主义程序法治理论研究不足，整体呈现较为碎片化的理论研究现状，理论研究缺乏系统性和整体性，尤其是对不同程序关系的体系性、系统性的理论研究不足。实践中，相关程序之间存在交叉、重叠的情况，如果缺乏有效的衔接机制，可能导致程序执行的混乱和权利保障的不足。针对这些问题，缺乏系统性和整体性的程序法治理论研究对新时代中国特色社会主义程序法理挖掘和凝练不足，使得程序法治中的立法设计没有获得良好的理论指导，由此导致程序法治实践存在这样或那样的问题。

综上所述，实践和理论两个方面的问题影响和制约了新时代中国特色社会主义程序法理的具体应用，影响并制约了我国"全面依法治国、建设法治中国"的速度和质量，更妨碍了我国国家治理体系和治理能力现代化。解决这些问题需要从理论和实践两个方面入手。

理论层面，从整体上对新时代中国特色社会主义程序法理进行系统化、体系化的深入研究。一方面，通过探究词的意义，对新时代中国特色社会主义程序法理进行梳理和解构，概括、总结、提炼程序法理，有助于更好地理解和掌握新时代中国特色社会主义程序法理思想，使之更好地指导我国程序法治建设和实践，进一步推进全面依法治国建设进程。另一方面，通过系统化、体系化地研究和分析新时代中国特色社会主义程序法理在我国程序法治实践中存在的诸多现实问题，并有效运用程序法理分析其中的原因，使新时代中国特色社会主义程序法理能够更加精准且有效地指导我国程序法治建设，推动国家治理体系和治理能力现代化顺利实现。

实践层面，通过发现、研究并系统化地梳理新时代中国特色社会主义程序法理在我国程序法治实践中存在的问题，分析其产生原因。一方面，有助于更好地理解和把握中国法治建设的方向和路径，为我国法治建设提供新的理论支撑和实践指导，推动法治建设迈向新的阶段，实现新的突破。另一方面，有针对性地提出解决我国新时代中国特色社会主义程序法理实践领域问题的路径方案。如提出通过加强对程序性权利的保障、完善程序性救济机制以及优化程序衔接机制和程序性权利（力）结构，可以有效提升我国程序法治的公正性和效率性，增强人民群众对包括依法执政、依法执法、执法公开、司法公正在内的中国特色社会主义法治国家建设的信任，从而提高国家治理的科学性和有效性，增强国家治理体系的稳定性和可持续发展能力。通过建立健全的程序性权利保障机制，增强公民对权利的保护感和归属感，有助于减少社会矛盾，促进社会和谐稳定发展。

总之，对这一问题进行深入研究，进而提出加强我国程序法治建设的具体路径和举措，有助于提升国家治理能力和水平，推动国家治理体系和治理能力现代化，增强中国在国际上的法治形象，提升国际竞争力。

二、国内外研究现状

程序法理的理论研究是法学领域中的一个重要分支，它关注的是法律程序的公正性、合理性以及程序在实现法律目的中的作用。

（一）国外研究现状

国外关于程序法理的理论研究主要集中在程序正义的概念、程序法的价值以及程序与实体法的关系等方面。如赫伯特·莱昂内尔·阿道弗斯·哈特（H.L.A. Hart）的法律哲学强调规则的重要性，并提出了著名的"规则理论"。在《法律的概念》一书中，他提出了法律规则的"初级"和"次级"规则的概念，认为法律体系由初级规则和次级规则组成，其中初级规则规定了行为义务，而次级规则则涉及法律的识别、改变和审判。约瑟夫·拉兹（Joseph Raz）的理论关注法律的权威性和法律体系的合法性。他提出了"法律的系统性"和"法律的完整性"概念，对理解法律的内在道德维度有重要影响。约翰·罗尔斯（John Rawls）是政治哲学家，他的正义理论对程序法理的研究有重要影响。他提出了"正义作为公平"的原则，并引入了"无知之幕"作为评估社会制度公正性的思想实验。其代表作是《正义论》。

法国学者米歇尔·福柯（Foucault M.）撰写的《规训与惩罚》不仅是一部关于刑罚史的著作，也是对程序法理深刻洞察的展现。福柯通过对刑罚制度的分析，揭示了法律程序与权力结构之间的复杂关系，对程序法理的理论研究和法律实践都产生了重要影响。福柯通过分析刑罚制度的历史演变，揭示了权力如何通过法律程序和技术来实现规训和控制。在福柯看来，监狱制度的诞生不仅是对罪犯的惩罚，更是现代社会权力运作的一种体现。这种权力通过制定和执行法律程序，实现了对个体行为的规范和监督。福柯对传统刑罚制度的批判，尤其是对酷刑和公开处决的批判，反映了其对程序公正性的深刻关注。他认为，这些做法缺乏对人性尊严的尊重，而现代刑罚制度则转向了更为"文明"的规训手段，如监狱制度。这种转变体现了程序法理对效率和实用性的追求，同时也引发了对新形式规训的道德和法律正当性的讨论。《规训与惩罚》中对监狱制度的分析，展示了法律程序如何成为社会治理的工具。福柯指出，监狱不仅是惩罚罪犯的场所，更是通过规训和改造犯人来实现对社会秩序的维护。这种对个体的微观治理，通过法律程序的规范化，体现了程序法理在社会控制和秩序维护中的作用。从程序法理的批判性来看，福柯的著作提供了对程序法理的批判性分析，挑战了传统法律观念中关于程序公正和正义的假设。他通过对监狱制度的批判，揭示了法律程序可能被用来加强现有的权力结构，而不是促进公平和正义。从法律改革的启示来看，福柯的分析为法律改革提供了启示，尤其是在刑事司法领域。它促使法律实践者和学者重新审视现有的法律程序，考虑如何设计更加公正、人性化的法律制度，以及如何确保法律程序真正服务于社会福祉和个体权利的保护。

美国学者约翰·V.奥尔特的《正当法律程序简史》是一部关于正当法律程序原则的著作。这部著作是对程序法理有着深刻洞察的著作。它不仅提供了正当法律程序的历史和理论背景，还探讨了其在现代法律体系中的应用和挑战。书中约翰·V.奥尔特详细探讨了正当法律程序的历史发展、理论基础以及在美国法律体系中的应用。奥尔特追溯了正当法律程序原则的历史起源，即从英国的普通法传统到美国宪法的制定，再到现代法律实践中的应用。这一历史脉络的梳理，为理解正当法律程序的演变提供了宝贵的视角，展现了程序法理在不同历史时期的发展和适应性。奥尔特深入分析了正当法律程序的理论基础，包括自然法、社会契约论以及实证主义等哲学思想。这些理论基础不仅为正当法律程序提供了哲学支撑，也反映了程序法理在不同法律文化中的表现和解释。关于正当法律程序与法治原则，奥尔特强调了正当法律程序与法治原则的紧密联系。正当法律程序不仅是法治的核心要素，也是保障个人权利、限制政府权力滥用的重要机制。这一点在程序法理中具有重要意义，因为它强调了法律程序对于实现法律公正和维护社会秩序的作用。奥尔特还详细讨论了正当法律程序在美国法律体系中的具体应用，包括民事诉讼和刑事诉讼中的程序保障。书中分析了如何通过合理的程序设计来确保当事人的权利得到尊重和保护，这对于理解和改进现行法律程序具有指导意义。同时，奥尔特在书中也对正当法律程序的局限性和批判性进行了探讨，指出在某些情况下，形式上的程序保障可能无法充分实现公正。这促使法律实践者和学者思考如何完善程序法理，以适应不断变化的社会需求和价值观念。

综合而言，国外的理论倾向强调程序的普遍性与独立价值，认为程序不仅是实现实体结果的工具，而且是具有内在价值的。这些理论研究的理论和观点不仅在法学理论界产生了广泛讨论，也在法律实践中得到了应用。这些理论为理解法律程序的合理性、公正性和效率提供了重要的哲学基础。

（二）国内研究现状

国内关于程序法理的理论研究可以分为两个阶段，一是新时代以前的程序法理理论研究，二是新时代中国特色社会主义程序法理理论研究。进入新时代，中国的程序法理理论研究进入了一个新的发展阶段。新时代以来，习近平法治思想成为全面依法治国的指导思想和根本遵循。因此，这一阶段的程序法理理论研究主要围绕新时代中国特色社会主义程序法理展开理论研究。

第一，新时代以前的程序法理理论研究。新时代之前，中国的程序法理理论研究主要受到苏联法学的影响，强调法律程序的工具性作用，即程序是实现实体法规范的手段。在这一时期，程序法的研究重点在于如何通过法律程序确保实体法的正确实施，以及如何通过程序规范来保障当事人的合法权益。研究内容多集中在刑事诉讼法、民事诉讼法等领域，探讨法律程序的基本原则、结构和功能。学者们在这一阶段的研究中，对程序正义的价值认识逐渐深化，开始关注程序本身的独立价值，如程序的公正性、参与性、效率等。因此，这一阶段，程序法被视为实现实体法目的的工具，其独立价值和重要性尚未得到充分认识。随着改革开放的深入，中国法学界开始引入和借鉴西方国家的程序法理论,如正当程序、无罪推定等概念。这些理论的引入丰富了国内程序法理理论的研究视角,为后续的法治建设奠定了理论基础。

孙笑侠教授撰写的《程序的法理》是一部深入探讨法律程序法理的学术著作,其核心在于分析和阐述法律程序在中国法治背景下的理论意义和实践问题。一方面,从程序法理的角度来看,这本书的贡献和特点:一是法律形式化的理念。孙教授在书中提出,法律形式化是现代法治的基石,强调了系统性的法典、职业法官、正当程序的重要性。这一理念在中国法治现代化的过程中尤为重要,因为它有助于建立起一套更加规范化、透明化的法律实施机制。二是程序法的本土化分析。孙教授着眼于中国法治的本土特点,探讨了程序法理理论在中国语境下的实际问题。这种本土化的分析有助于揭示中国法律实践中的特殊性,为程序法的改革和发展提供了有针对性的理论支持。三是程序正义的探讨。书中对程序正义进行了深入的讨论,包括形式正义与实质正义的关系、程序的外在价值与内在价值等。孙教授认为,程序正义不仅是法律公正的体现,也是法治社会的基本要求,对于保障当事人权利和提升法律权威具有重要意义。四是司法程序与法官角色。孙教授特别强调了司法程序中法官的角色,指出司法是精神活动,司法权是判断权,并对司法独立于行政的理由进行了阐释。这有助于理解法官在法治体系中的关键作用,以及司法独立对于维护法律公正的重要性。五是法律家的程序伦理。书中还涉及了法律家在程序中的伦理问题,探讨了法律职业伦理与技术理性之间的关系,以及程序伦理的可能范围。这一点对于提升法律职业的道德标准和职业操守具有指导意义。另一方面,从理论与实践的结合角度看,孙教授在书中不仅提出了理论分析,还关注了法律程序在实践中的运用,如行政程序的设计、程序与人权的关系等。这种理论与实践相结合的研究方法,使得《程序的法理》不仅具有学术价值,也具有较强的现实指导意义。总体来说,《程序的法理》是一部对法律程序法理进行深刻阐述的著作。它不仅为中国法治建设和法律实践提供了理论支持，也为法学研究者和法律实务工作者提供了宝贵的参考。孙笑侠教授的这部作品，无疑对推动中国法律程序法理的研究和实践具有重要的影响。

整体而言，新时代之前，国内的程序法理理论研究受到了较为明显的工具主义影响。在这一时期，程序法的主要功能被视为确保实体法得到正确执行的手段。这种观点强调了程序的功能性，即通过法定程序来实现法律的公正和效率。然而，这种视角在一定程度上忽视了程序法自身的内在价值，如程序的公正性和参与性。

第二，新时代中国特色社会主义程序法理理论研究。这一阶段，研究者们更加注重程序法的独立性和主体性，强调程序法在法治建设中的核心地位。研究不再局限于传统的诉讼程序，而是扩展到了立法程序、行政程序等多个领域，形成了更为全面和深入的程序法治观念。新时代的程序法理理论研究强调程序法治与实体法治并重，认为程序法治不仅是实现实体正义的保障，更是法治文明的重要体现。学者们探讨了程序法治的内在逻辑、价值取向以及在国家治理体系中的作用。同时，研究也关注程序法治在全球化背景下的国际交流与合作，以及如何在国际法治中贡献中国智慧。在新时代背景下，程序法理理论研究还紧密结合中国的法治实践，如民法典的颁布、司法体制改革、互联网法院的设立等，对这些新兴现象进行了深入的理论阐释和实践探索。研究者们试图构建具有中国特色的社会主义程序法治理论体系，以更好地服务于全面依法治国的战略目标。

陈瑞华教授是中国刑事诉讼法学领域的著名学者，他的著作《刑事程序的法理》对刑事诉讼法学的范畴和体系、诉讼价值理论、诉讼构造论、诉讼形态理论、程序性制裁理论、基本原则理论、合作性司法理论、辩护理论等进行了全面而深入的讨论，试图总结20多年来刑事诉讼法学的理论进展，为这一学科的长远发展发挥奠基作用。汤维建和陈爱飞学者的《论新时代中国特色社会主义程序法治的品格》探讨了新时代中国特色社会主义程序法治的基本特点与基本理念，包括普适性与国情性的统一、静态性与动态性的统一、法律性与政策性的统一、阶段性与终极性的统一，以及程序法治与实体法治并重、以人民为中心、价值平衡等理念。李林和齐延平学者的《走向新时代中国法理学之回眸与前瞻》回顾了中国法理学的发展，强调了法理学术共同体在坚持中国化马克思主义指导和正确方向的前提下，包容各派学说，综合各研究方法之长，为中国法学理论体系完善和法治实践体系的优化提供了理论支撑和思想支援。文中对中国法理学在法律程序方面的研究和实践进行了深入分析，体现了对程序正义、程序规范和程序效能的重视，这与程序法理学的核心理念相契合。同时文中也强调了法治建设的程序化对国家治理体系和治理能力现代化的重要性。这一点与程序法理学中关于法治必须建立在正当法律程序之上的观点相一致。以上这些学者的研究成果不仅在学术界产生了广泛影响，而且对中国法治实践和法学教育都产生了深远的影响。他们的理论观点和研究成果为新时代中国程序法理理论研究提供了丰富的理论资源和实践指导。因此，总体来看，新时代中国特色社会主义程序法理理论研究更加注重理论与实践的结合，更加强调程序法治的独立价值和在法治建设中的重要作用，体现了中国法治理论和实践的创新发展。

然而，就新时代中国特色社会主义程序法理问题，目前的理论研究中鲜有就新时代中国特色社会主义程序法理作专门研究的，已有程序法理研究总体呈现视域过于宏观或过于微观的特点。宏观层面，理论研究零散地分布于习近平法治思想的体系化研究中，由于缺乏具体研究视角和实践场域，对程序法理的关注并不突出。如有学者就习近平法治思想的理论体系问题，以学理化阐释、学术化表达、体系化构建为视角，从法治的基本原理、中国特色社会主义法治的基本理论、全面依法治国的基本观点角度对习近平法治思想的理论体系进行了梳理论证。[①] 这些理论梳理论证对于整体理解和把握习近平法治思想中程序法理的基本遵循、价值依归等有较好

---

① 张文显. 习近平法治思想的理论体系 [J]. 法制与社会发展，2021，27（1）：5-54.

的辅助作用，但欠缺对程序法理视角的思想梳理、挖掘、提炼和总结。微观层面，有学者直接或间接地就新时代中国特色社会主义程序法理进行研究。这些研究主要聚焦于某些具体的价值理念、基本属性等问题，如公平正义、公正司法、人民性、良法等。这类研究在习近平法治思想蕴含的基本法治原理和基本价值等方面形成了基本一致的看法和观点，如均认为习近平法治思想中蕴含的公平正义、法律平等、以人民为中心及党的领导等法治价值和法治理论在一定程度上丰富和发展了法治理论，推动了法治理论的创新和重塑。①②③ 因习近平法治思想固然蕴含一定程序法理，故上述有关理念、原则和价值等方面形成的共性认识也构成新时代中国特色社会主义程序法理的价值基础和理论基石。个别学者从程序法治维度对程序法理有关问题进行了理论探讨，如从基本特征、具体内涵、意识形态、程序法治四个维度就程序法治要义问题进行了研究，同时也就习近平法治思想在程序法领域的具体表现及其进路抉择进行了梳理和分析。④ 还有学者从程序功能论角度就其中的立法程序、行政执法程序、司法程序及法治理论的逻辑体系、内涵和功能进行了研究。⑤ 这些研究涉及的理论观点和看法为研究习近平法治思想中的程序法理问题提供了法治思维视角，但因缺乏法理思维视角的理论分析与概括总结，很难形成系统化和类型化的新时代中国特色社会主义程序法理，理论研究呈现碎片化状态。

整体而言，缺乏系统性和类型化分析视角的新时代中国特色社会主义程序法理研究现状，不免导致对新时代中国特色社会主义程序法理的挖掘和凝练不足。因此有必要运用程序法理思维方式，对习近平法治思想中程序法理词汇或语汇进行理论概括与分析，总结提炼该程序法理在新时代

① 王海燕，申娜娜. 论习近平法治思想的人民性 [J]. 黑龙江省政法管理干部学院学报，2022（5）：1-4.

② 于群. 论习近平法治思想的人民立场 [J]. 社会科学战线，2022（4）：241-246.

③ 刘计划，王晓维. 习近平法治思想中的公正司法观 [J]. 中国司法，2022（7）：6-12.

④ 陈爱飞. 习近平法治思想中的程序法治要义 [J]. 江汉学术，2023，42（1）：24-34.

⑤ 胡晓霞. 习近平法治思想中的程序法治理论研究 [J]. 广西社会科学，2021（12）：1-13.

法治实践中的中国式表达。通过对该程序法理在指导法治实践过程中形成的科学民主、规范透明、严格公正、权威高效、依法执政、依法办事等程序法理进行系统化和类型化梳理，对其实践指向进行分析研究，从理论和实践两个维度实现对新时代中国特色社会主义程序法理的分析、提炼和论证。

三、研究思路与方法

（一）基本研究思路

本书主要分为八个部分，也即八章。第一章为程序法理概述，主要围绕程序与程序法理的概念、程序法理的缘起与发展、程序法理的特点与基本价值展开分析阐释。马克思历史唯物主义原则下，法治是一个相继发展的过程。习近平法治思想创造性地将马克思主义法理学基本原理与中国特色社会主义法治实践相结合，实现对马克思主义法理学原理的不断丰富和发展，成为指导中国特色社会主义法治理论与实践的一般法理学。而习近平法治思想所蕴含的程序法理则为我国程序法治建设和实践提供了一般性的理论指导。对程序法理进行专章阐释，目的在于说明新时代中国特色社会主义程序法理并非凭空出现，而是一个历史的发展、继承与创新的过程，其产生是有历史根据和理论基础的，其发展也是有历史条件和现实根据的，其创新也是在遵循客观规律和现实需求的情况下对既有理论的超越和发展。

第二章为新时代中国特色社会主义程序法理概述。本章主要介绍新时代中国特色社会主义程序法理的发展历程、思想源泉、价值追求与突出特性、理论价值。其目的在于厘清新时代中国特色社会主义程序法理的历史发展过程及其理论渊源，同时梳理并分析论证其突出特性及理论价值，表明新时代中国特色社会主义程序法理的科学性和价值创新性，以及其对法治的贡献。

第三章为新时代中国特色社会主义程序法理的类型化。本章通过对新时代中国特色社会主义程序法理在指导中国法治实践过程中发展形成的科学民主、规范透明、严格公正、权威高效、依法执政、依法办事等中国式程序法理进行系统化和类型化梳理，对新时代中国特色社会主义程序法理实践指向进行分析研究，从理论和实践两个维度实现对新时代中国特色社会主义程序法理的分析、提炼和论证。其意在对新时代背景下关于程序法理的词汇或语汇进行理论概括与分析，总结提炼其在新时代法治实践中的中国式表达，以解决目前程序法理理论研究领域内存在的系统性和类型化研究不足的理论研究问题，以及由此导致的对程序法理的挖掘和凝练不足的问题。

第四章为新时代中国特色社会主义程序法理的实践指向。本章围绕监督和制约权力、尊重和保障人权、维护和实现社会公平正义、推进国家治理体系和治理能力现代化四个方面，对新时代中国特色社会主义程序法理的实践指向进行分析论证。写作目的：一方面，对新时代中国特色社会主义程序法理的法治实践功能价值进行总结和凝练；另一方面，从理论上对新时代中国特色社会主义程序法理的实践功能和基本价值进行分析、阐释和论证，旨在解决新时代中国特色社会主义程序法理是什么和为什么的问题。

第五章为新时代中国特色社会主义程序法理的法治实践与成效。本章主要对新时代中国特色社会主义程序法理在党内法规程序法治、立法程序法治、法治实施与监督程序法治等领域内的法治实践进行梳理，写作目的在于总结新时代中国特色社会主义程序法理在我国国家治理实践中的具体实践成果和实效，为总结程序法理在新时代以来的实践指向提供实证依据。

第六章、第七章、第八章分别围绕新时代中国特色社会主义程序法理法治实践的问题与隐患、问题成因及其法治实践路径优化进行实证分析和理论论证。主要针对新时代中国特色社会主义在法治实践中存在的程序性权利结构不均衡、程序性权利保障不充分、权利的程序性救济机制不健全、程序衔接机制不完善进行实证梳理，从以人民为中心价值理念落实不到位、良法善治理念认知不足、系统观念模糊、法治思维和法治方式欠缺四个方面对问题成因进行理论剖析，提出坚持以人民为中心完善程序性权利保障机制，落实良法善治以优化程序性权利结构，强化系统观念以优化程序衔接机制，运用法治思维和法治方式健全权利的程序性救济机制的程序法治实践路径的优化方案。

（二）主要研究方法

1. 文献研究法

本书围绕"新时代中国特色社会主义程序法理的理论与实践"这一研究主题，通过中国知网、超星电子图书、读秀知识库、皮书数据库、中国共产党思想理论资源数据库对该研究主题涉及的相关理论文献资料进行搜集、整理、分析和评价，同时通过对《正当法律程序简史》等与研究主题有关的专著进行研读分析，回答研究问题和构建理论框架。

2. 规范分析法

本书在分析研究过程中，为了对新时代中国特色社会主义程序法理主题进行理论和实践两个层面的分析，通过北大法宝数据库、威科法律数据库、国家法律法规数据库等各大官方网站对新时代中国特色社会主义程序法理贯彻落实的政策文件、法律法规等进行搜集、整理和分析，以此作为分析和论证新时代中国特色社会主义程序法理法治实践的依据或评估对象，指出其与新时代中国特色社会主义程序法理之间的契合程度、优势和不足，并基于此提出建议或改进措施，以使这些评估对象更接近理想标准。

3. 实证分析法

在对新时代中国特色社会主义程序法理进行研究的过程中，为使主题研究中的问题更为客观、真实，本书通过中国人大官网、中国政府官网、中国最高人民法院官网、中央纪委国家监委网站、智慧普法平台等国家机关主办的各大官方网站，搜集整理与研究主题相关的政策文件、普法措施和手段以及相关数据等法治实践现象、行为和制度，并对其进行评估和分析，由此观察、描述、解释和预测我国新时代中国特色社会主义程序法理实践与理论的契合度和标准或价值差等现象和问题，并基于这些分析结论对其提出完善建议或改进措施。

四、研究创新点与不足

（一）研究创新点

目前关于新时代中国特色社会主义程序法理问题的理论研究整体而言较为碎片化，研究内容缺乏系统性、体系化和类型化分析视角，缺乏由此视角进行的学理阐释、理论挖掘、提炼和总结，同时还缺乏对新时代中国特色社会主义程序法理的系统化和类型化梳理分析，这不免导致我国对新时代中国特色社会主义程序法理的挖掘和凝练不足。

本研究主题旨在从系统化和类型化角度出发，以习近平法治思想为核心，对新时代中国特色社会主义程序法理进行系统梳理和论证，挖掘并提炼其中国式表达、总结其学术理论价值。因此选题研究更加注重系统化和类型化研究思维和逻辑的运用。故选题研究的视角较为新颖。

本研究主题在研究过程中更加注重整体性、系统性的研究视角。在研究过程中注重运用系统性思维方式，围绕习近平法治思想这个理论核心，对新时代中国特色社会主义程序法理进行系统化、体系化和类型化的分析和研究，重点体现为对习近平法治思想背景下的新时代中国特色社会主义程序法理、法治实践、法治实践中的问题及其原因等进行体系化和类型化的梳理分析与论证研究。由此实现以下功能：一是有助于从词的规范意义角度深刻认识和理解新时代中国特色社会主义程序法理的中国式表达，即明晰程序法理的新时代价值定位和中国式表达。对习近平法治思想中的程序法理进行梳理和论证，有助于更好地理解程序法理的中国式表达，以便更好地指导我国程序法治建设。二是有助于系统化凝结和提炼新时代中国特色社会主义程序法理及其中国特色。习近平法治思想是在中国特色社会主义法治建设过程中形成和发展起来的，是针对中国问题提出的治国方略，研究习近平法治思想中的程序法理有助于凝结和提炼其中国式的程序法理学说。三是有助于挖掘我国新时代中国特色社会主义程序法理的中国价值。习近平法治思想是全面依法治国、建设法治中国的指导思想，也是在法治轨道上实现中国治理体系和治理能力现代化的根本遵循。对此背景下的新时代中国特色社会主义程序法理进行研究，并对其进行归纳总结，有助于进一步挖掘其中国价值，使之更好地服务于中国法治建设和现代化建设。

（二）研究不足

本主题在研究过程中主要运用了文献研究法、规范分析法和实证分析法。但在运用文献研究法的过程中，由于文献搜集方法、搜集工具以及信息差等原因，可能存在对文献搜集不全面等影响研究质量的问题。在运用规范分析法过程中，因为对分析对象涉及道德原则、社会正义、效率、公平等价值判断和标准的问题，受个人偏好影响可能会导致某些分析判断不够客观。在运用实证分析法时，受信息差和检索工具及检索能力影响，可能存在收集数据和资料不准确或不完整问题，进而影响最终分析结论的可靠性。

第一章

程序法理概述

第一节　程序与程序法理的概念

一、程序

法律科学领域内，程序通常被界定为遵循一定时间、顺序、规则或步骤，为实现特定目标或任务可重复操作的过程。陈瑞华教授认为，一般而言，程序即指事情进行的先后次序，法律科学中的程序则指按照一定顺序、程式和步骤制作法律决定的过程。[①] 因此，程序运行包含规则和规则执行行为两个必备要素。其中，规则为程序从法律上赋予某种状态以指示或规定，表明程序存在的目的或意图，是程序运行中人的行动指南。规则执行行为则是以规则为前提的人的行为，是对规则的遵照和执行。因此法律程序运行过程包含时间、过程和行为等要素成分，其内核是规则或步骤的严格执行，以确保程序的合规则性和一致性。

上述要素成分中，时间成分是指程序的时限和时序问题，即程序运行是按照一定的先后顺序在一定时间段内展开的，而非无序无限制地任意开展。这一逻辑表明，程序运行与效率挂钩。这一要素成分使程序由此与及时、高效等价值和品质保持了密切关系，如果程序的展开在时间和时序上符合公众的大致预期，那么这个程序便基本具备了及时、高效的价值品质。过程是指程序运行伴随一定时间而经过的活动过程和方式及运行和展开所追求的特定目的。这表明程序具有形式性，程序必须以一定规范或形式化的载体表达出来才能被准确且一致重复地展开和运行。程序的形式性使程序产生工具性价值，程序存在和运行是为实现特定目的或任务，如刑事诉讼程序的展开和运行是为了实现刑事实体法惩罚和预防刑事犯罪行

---

① 陈瑞华. 程序正义论 [M].2 版 . 北京：商务印书馆，2022：9.

为、维护社会秩序等刑法功能。程序的形式性使得程序运行过程与公开透明的品质和价值发生了密切联系。假如程序中各个环节的设计与展开均能够环环相扣并能够严格运行，那么程序本身就基本具备了公开透明的品质。因此，这一品质将使程序同时具备秩序、安全等内在品质和外在品质。程序中的行为是指法律程序的执行行为，即程序的运行和展开需要相关程序主体参与到程序中来，并按照程序规范的形式化步骤严格执行。程序执行行为是一种法律行为，其必然涉及相应的交互关系，因而程序设定必定导致程序参与者的角色和职责处于分化状态，由此，程序运行过程中，程序参与者便有了平等参与、对等沟通和充分交涉的机会，程序进而有机会通过呈现直观公正产生程序追求目的的妥当性效果。因此，程序还与客观、公正、平等等价值品质产生密切关系。

法律科学领域内，程序的普遍形态为：首先，程序是一种法律程式，其通过时间、过程、方式和关系等要素实现一体化建设；其次，程序是一系列规则体系，程序通过形式化的规则表达对构成程序的各个要素及其相互关系的规定和调和，使程序按照规则的既定指示展开和运行，实现程序内部自洽及外部关系协调；最后，程序是一种执行行为及其交互关系，程序通过程序参与者按照程序规则准确一致的执行行为实现程序运行和程序目标的达成。在此过程中，程序各参与主体的执行行为相互交织、互相衔接，形成程序行为互动关系。程序结果最终在此交互关系中形成，而这种关系则由程序规则体系予以固定和维护。在这些关系中，执行行为主体及其行为具有确定性和相关性。

二、程序法理

从程序概念和程序法理的缘起与发展来看，正当程序发展经历了由实体性正当程序到程序性正当程序的发展过程。由此，程序法理应当指的就是法律程序得以生成、运行、存续和发展的法律原理及其所蕴含的秩序、效率、公正等法律价值的内、外在追求与彰显。诚如前文所述，有法律程序并不意味着程序就是正当合理的，法律领域内，程序要想在实践中获得人们的遵守并产生实际效用，必须符合由普通大众普遍接受的价值标准构成的基本程序要素，否则，无论程序设计得多么精致和完美，也仅仅是形而上的抽象思维，无法为现实的人的生活提供任何有用价值。法律程序包含的各个基本要素成分表明，程序围绕程序本身要达成的特定目的和任务，在内部体系构造和外部形式表达上均须设定为人们所能接受的一定价值尺度和判别标准。而用以固定这些尺度和标准的法律规则，须一定程度体现并符合程序目的、功能及其为人们所接受的合理度等。由此可见，程序法律本身就具有与维持程序正常运行所需运转机制及其所要达成的目标保持一致方向的目的性、合理性和正当性等原理、精神、原则、理论及公理等判断准则和共识，这些都是程序法理的范畴。因此，程序法理既体现于法律程序和程序法律的相互关系之中，即二者互为载体、互相体现，又体现在程序自身的运行机制之中。程序本身内含一定内在和外在的精神品质和价值原理，这些价值和品质是经法律程序生成的法律决定，能够被人们接受和长久存续并一直被重复适用且始终能够保持一致性的重要保障，是程序法理的基本构成部分。从程序视角来看，这些程序法理主要包括两种类型：一类是用以维持程序内部体系构造及其合理运转所形成的内在品质和价值理念，即内在程序法理，或称为程序性正当程序；另一类是以程序运行的有用性和有效性为依据形成的程序显在品质和价值，即外在程序法理，也称为实体性正当程序。

内在程序法理是法律程序的核心，它强调程序本身的价值和作用，而非直接指向程序所产生的结果。内在程序法理主要体现在三个方面：一是法律程序是规范行为的标志。在法律程序的约束下，程序参与者的行为更加符合法律规范，合乎法律轨迹。二是法律程序避免法律决定的主观臆断和任意性。法律程序为每个参与者提供表达自己权利和利益的平等机会，使每位参与者及时获得公正平等对待和公平辩护的机会，从而通过程序实现权益保障。三是法律程序具有独立性，在内在程序法理的指引下，程序具有及时、效率、公正、透明、公平、合理等品质和价值，这些程序品质的实现无须借助程序以外的其他因素，优化程序仅需从程序自身着手，使程序内在系统构造标准更为显在并为人们所普遍接受。

外在程序法理是指因程序运行产生外部效果或结果的程序评价和判断标准。比如，因刑事诉讼程序的运行和展开，是否使刑法承载的惩罚犯罪、罪刑法定、罪刑相适应等刑法功能和价值目标产生公正裁判、依法裁判等司法实效的法理评判标准，这类标准或共识是外在程序法理的表现形式之一。在外在程序法理的指引下，衡量程序价值的关键因素取决于实体法法律规则价值实现效果和实现程度。此时，程序具有实体正义、秩序、安全等功能和价值的效用。

第二节　程序法理的缘起与发展

程序法理的起源和发展离不开"正当法律程序"短语和观念的出现。"正当法律程序"短语的出现，激发了人们对这一短语缘何出现以及正当程序的要求是什么等问题的学理探究。

有程序并不意味着程序就是正当合理的。有的程序在内容与作用等方面表现得极为苛刻、非理性和无人道，尽管程序要素表现出了有序性、时序性、规则性、协调性和交互关系等特性，然而其本身在一开始或者在某些时候并非表现得足够合理和公正。古代英国就存在共誓涤罪、考验与决斗等各种原始的诉讼程序，但这些程序并非按照参与主体平等参与、对等沟通和充分交涉等方式公平、公正地展开运行，程序结果也并不具有妥当性。"共誓涤罪"程序中，完全靠被指控人发誓和足够的证人帮助完成程序目的和任务。① 如果被指控的人公众印象不好或本人品格不好，在这种程序中很容易败诉，此时，程序的任务和目的虽然已完成和实现，但其产生的

---

① 易延友.刑事诉讼法：规则 原理 应用 [M].北京：法律出版社，2019：35-36.

结果可能是冤假错案，无法显示公平公正。"考验"的诉讼程序中，有一种考验方式是将被告人放入冷水中看被告人是否沉下去，如果被告人沉入水中则被视为无辜，否则将被处以死刑。[①] 处在这种程序中的被告人能幸免于难，完全靠个人特殊体质或超常技能发挥，甚至需要依靠超自然力量。否则，没有时序限制、特殊手段、意外发生，任何人都无法幸免。15—17世纪的法国和多数欧洲国家的刑事诉讼程序都采取秘密的和书面的程序方式，在这种刑事诉讼程序中，整个刑事诉讼过程，包括最后的判决，对于公众、被告始终都是秘密和不透明的，案件调查是以书面形式秘密进行，遵循严格的法则建构证据，乃是一种无须被告出席便能产生事实真相的机制。[②] 在这样的法律程序中，被告没有平等充分的程序参与机会，因而无法获得公正合理的对待；程序不是公开透明的，公众及被告均无法对程序结果进行一定的预期，程序结果成为秘密。

当"正当法律程序"短语最早出现在美国联邦宪法中的时候，关于"正当法律程序到底是如何产生的""正当程序的要求是什么""正当程序的目的和作用"等一系列原理阐释需求也随之产生。于是，对法律程序进行学理探究和阐释的程序法理随之出现。就"正当法律程序"短语缘何产生的问题进行原理阐释的过程中，人们认为它并非由美国宪法制定者所发明，而是从形成这一短语的丰富的英国宪政传统中发掘出来的，即来源于1215年《大宪章》中首次出现的"任何自由人非经贵族院依法判决或者遵照王国的法律之规定外，不得加以扣留、监禁、没收其财产、剥夺其公权，或对其放逐，或受到任何伤害、搜查或者逮捕"的英国人的权利。[③] 此时，正当程序的目的在于限制国王或皇室官员的权力，确保公正。就这

---

① 易延友. 刑事诉讼法：规则 原理 应用 [M]. 北京：法律出版社，2019：36.

② 米歇尔·福柯. 规训与惩罚 [M]. 刘北成，杨远婴，译. 北京：生活·读书·新知三联书店，2012：38-41.

③ 奥尔特. 正当法律程序简史 [M]. 杨明成，陈霜玲，译. 北京：商务印书馆，2006（法学译丛）：5.

一层面来看，正当法律程序发端于英国，后传至美国并经由美国通过宪法法典予以继承、保障和发展。正当程序法律条款在经年累月的司法适用过程中不断加以解释和适用，正当程序在适用范围、功能作用、程序要求等方面得以不断深化发展和演变，尤其在一些经典范式性案例的司法裁决过程中，一些经典法律箴言的适用与正当法律程序条款之间的冲突互动，促使司法官对正当法律程序的适用范围、适用要求等不断加以解释和分析论证，从而使正当程序宪法条款的内容逐渐明晰，正当程序的适用范围、功能作用等更为丰富。典型例证如"一个人不应该成为自己案件的法官"法律箴言在博纳姆医生案件①中的司法适用和分析论证。首席法官爱德华·柯克爵士认为，医学会并未被授予监禁无照开业医师的权力，据此判决博纳姆胜诉。柯克认为，"如果议会的任何法律让任何人取得或者拥有对在其庄园里提起的与其有关的所有案件的管辖权，他更不应该享有任何形式的抗辩权，因为他自己是一方当事人；一个人在有关自己事务的案件中成为法官是不公平的"②。这一经典判例和分析论证，推动了美国"与联邦宪法相矛盾的法律无效"奠基性司法审查言词成为制度实践，进而推动正当程序条款在立法领域的广泛适用和执行，使正当程序条款成为质疑一部法律合宪性的检测手段。在美国，1928年联邦最高法院引证博纳姆医生案的判决，认为"对于一个案件而言，由一个与案件的判决结果存在着直接的、实质性的金钱利益的法官来裁决，是违反正当程序的"③。这表明，此时的正当程序已经不仅在于限制执法者的权力，还在于对立法权力进行

---

① 1610年，皇家医学会指控托马斯·博纳姆医生没有执照在伦敦行医。由于拥有皇家特许状的许可，且该特许状已经多次经议会法律确认，皇家医学会在自己的法庭里审判了博纳姆，裁定其有罪，并处以罚款和监禁，据特许状的允许，皇家医学会要求将罚金的一半收入自己囊中。为此，博纳姆以判决监禁错误为由提起诉讼。参见奥尔特.正当法律程序简史[M].杨明成，陈霜玲，译.北京：商务印书馆，2006（法学译丛）：14.

② 奥尔特.正当法律程序简史[M].杨明成，陈霜玲，译.北京：商务印书馆，2006（法学译丛）：17.

③ 奥尔特.正当法律程序简史[M].杨明成，陈霜玲，译.北京：商务印书馆，2006（法学译丛）：23-24.

宪法限制。

随着契约经济的逐渐繁荣，正当程序的适用范围和功能作用也在不断地扩张，程序关涉的内容逐渐由限制立法权、执法权扩展至财产所有权转移的契约秩序保障和民权自由等实体权益保障领域，此外还涉及程序领域。1798年，美国大法官萨缪尔·蔡斯称："一部破坏或者侵害公民合法的私人契约权利的法律、一部剥夺甲方财产而授予乙方的法律，这些法律统统都是违背理性与正义的。"[①]这里的理性指的就是正当程序。1868年，美国第十四修正案将第五修正案"未经正当法律程序，不得剥夺任何人的生命、自由或者财产"的规定扩大适用于各州。[②]这表明，正当程序条款此时已适用到了私有财产和个人权利保护领域内，即无论是立法机关还是执法机关，剥夺私人财产或者生命自由的，都必须具有正当性，否则将受到来自正当法律程序条款的限制和否定。1970年，美国联邦最高法院审理的戈德伯格诉凯利案件中，联邦最高法院认为，按照正当程序要求，州政府在削减穷人福利津贴这项权益之前必须举行听证，而听证的形式应当至少包括"（1）适当的通知；（2）听取意见的机会；（3）提交证据的权利；（4）与反方证人对质；（5）交叉质证的权利；（6）披露全部不利证据；（7）获得律师帮助的权利；（8）仅仅基于听证过程中提出的证据做出裁决；（9）说明裁决的理由；（10）公正的裁决者，即禁止法官复审自己做出的决定"[③]。这意味着程序领域内的程序性正当程序也是正当法律程序关注的对象，正当程序的内容也已从实体性正当程序扩充至程序性正当程序。

---

① 奥尔特.正当法律程序简史 [M].杨明成，陈霜玲，译.北京：商务印书馆，2006（法学译丛）：26.

② 奥尔特.正当法律程序简史 [M].杨明成，陈霜玲，译.北京：商务印书馆，2006（法学译丛）：70-71.

③ 奥尔特.正当法律程序简史 [M].杨明成，陈霜玲，译.北京：商务印书馆，2006（法学译丛）：64-65.

第三节　程序法理的特点及其基本价值

一、程序法理的特点

（一）程序法理以道德为内容、以规则为载体，将价值问题转化为程序规则

程序法理以道德为内容、以规则为载体，通过程序规则实现价值问题向程序规则的转换。换言之，程序法理是一种基于程序规则和道德价值观的法学理论。它将程序规则作为处理价值问题的载体，将道德作为其基本内容。程序法理的出现，旨在解决价值问题在法律中的处理方式，即如何在法律中体现和保护道德价值观。在程序法理的框架下，公平、正义、自由和平等等道德内容在法律中扮演着重要的角色。

首先，程序法理以道德为内容。道德是社会公认的行为准则和价值观，是人们在行为中应该遵循的规范。程序法理以道德为内容意味着法律程序的制定和运行应当以道德价值为依据。公平、正义、自由和平等是法律中重要的道德内容。公平是指对待所有人应当平等公正，不偏袒任何一方。正义是指法律应当基于公正和公平的原则，保障每个人的权利和利益。自由是指每个人在法律框架下享有的自由权利，包括言论自由、宗教自由等。平等是指法律对待每个人应当平等，不因种族、性别、地域等因素产生歧视。程序法理将这些道德内容纳入法律程序范畴，要求法律程序应当在制定和运行中体现公平、正义、自由和平等等原则。这意味着在法律程序的制定过程中，应当充分考虑道德和伦理价值，确保程序的设计和规定符合社会公正和道德要求。这包括法律程序的立法制定者在制定法律程序时应当考虑到公平、正义、自由和平等等原则，确保法律程序能够在实践中体现这些价值。例如，在立法过程中应当充分考虑社会各界的意见和利益，确保法律程序的设计符合公平和正义的要求，保障个体的自由和

平等。同时也意味着，在法律程序的实际运行中，司法机关和法律实施者应当严格按照法律程序规定的时间、顺序、步骤依法行使权力，确保程序的运行能够体现公平、正义、自由和平等等原则。例如，在审判过程中，法官应当依法公正地审理案件，保障当事人的诉讼权利，确保案件能够在公平和正义的基础上得到解决。同时，执法机关在执行程序时也应当尊重个人的自由和平等权利，不得滥用职权或侵犯公民的合法权益。

其次，程序法理以规则为载体。规则是程序法理中的核心概念，是程序法理处理价值问题的基础。程序法理认为，规则是一种能够约束人类行为的准则，是一种能够调整社会关系的工具，规则可以将道德价值观具体化为行为准则，从而为人们提供明确的行为指南。程序法理以规则为载体，意味着规则是法律体现和保护道德内容的手段，通过规则，法律可以将道德内容具体化为具体的行为准则和规范。通过规则的制定和执行，程序法律能够更好地体现和保护公平、正义、自由和平等等道德内容。例如，法律可以通过规则来确保公平的审判程序、保障人们的自由权利、防止歧视等。程序法理同时认为，规则是处理价值问题的有效方式。因为规则具有普遍性、稳定性和可预测性等特点，因而能够保证法律的公正性和合理性。

最后，程序法理将价值问题转换为程序规则予以处理。法律中，公平、正义、自由和平等等道德内容常常涉及各种价值问题，如权利的平衡、资源的分配、社会的公正等。因为程序规则具有普遍性、稳定性和可预测性，通过程序规则方式对一些价值问题予以处理，可以更好地解决这些价值问题以及这些价值问题引发的各种社会问题，从而保持法律的公正性和合理性，进而使法律能够更加规范和可预测地处理各种价值问题，保证法律的公信力和权威性。程序法理通过指引法律程序的制定，将各种价值含射在程序法律规则内，从而将其转化为可执行的程序规则。这个过程包括对程序规则进行解释和分析等，最终将这些价值问题转化为可操作的程序规则。这个过程中，程序法律规则能够准确地反映各种价值意图和目的，以便在实际应用中获得实现和处理。在程序的运行中，程序法理确保了法律程序规则实际价值问题的有效处理和解决。这包括监督法律程序的执行情况、法律程序执行中的异常情况，以及不断优化法律程序的性能和效率。在这个过程中，程序法理有效确保了价值规则的合法性、正确性和一致性，并进而通过程序运行实现价值问题的处理和解决。

（二）程序法理的理论具有开放性

随着经济和社会的不断发展，程序法理作为法学理论的一个重要分支，也在不断地丰富和发展，并且愈加精致。程序法理理论的开放性表现在多个方面，包括理论内涵的不断拓展、适应社会变革和回应新问题的能力等。

首先，程序法理的理论内涵不断拓展。程序法理作为一种法学理论，其核心思想是将道德作为法律的内容，以规则作为法律的载体，通过程序规则的处理方式来转化和解决法律中的价值问题。随着社会的不断发展，人们对公平、正义、自由和平等等道德内容的理解和需求也在不断地发生变化。早期农业社会阶段，相较之前的社会状况，道德原则通常体现在部落的习俗和传统中。公平可能围绕资源分享展开，正义可能意味着复仇或补偿，自由可能仅限于群体的背景，而平等可能关注每个人对部落生存的贡献。但随着农业社会的不断发展，道德原则开始具有新的维度，公平和正义开始在法律中被编码。自由通常涉及土地所有权，而平等开始区分阶级，比如土地所有者和劳动者。而封建社会阶段，道德往往与等级制度相一致，"刑不上大夫，礼不下庶人"是其典型表现。公平和正义与社会地位紧密相连，"爵位继承、嫡长子继承"都由身份和社会地位决定适用。自由在很大程度上有阶级分层，而平等在除阶级内部以外基本上是缺乏的，因为在农奴制和严格的社会结构占主导地位下，农奴是不具有独立身份和社会地位的一类社会阶级。工业革命带来的动荡引起了公正、平等、自由等价值内容的转变，人们对劳动条件的公平要求增加，正义涉及法律平等（不论阶级地位），在城市化背景下，个人自由更加重要，而平等的呼声体现在争取工人权利、妇女选举权和废除奴隶制等运动中。在现代，这些原则越来越被期望成为普遍的。公平延伸到平等机会，正义包括人权，自由包括各种公民自由，而平等涵盖性别、种族和性取向等多个方面。在当前阶段，道德原则的概念由于全球化和数字连接的影响而继续迅速发展。公平包括公平贸易、数字获取和信息对称，正义涉及国际法和网络犯罪，自由涵盖数字隐私，而平等关注数字鸿沟和媒体中的代表性。

随着不同时代社会道德内容的不断丰富和发展，程序法理的理论内涵也在不断拓展。例如，在古代英国，正当程序出现之初，对正当程序进行设计，旨在通过控制皇室权力，确保任何人的权利不被任意剥夺；随着契约经济的发展，正当程序适用领域扩展至财产所有权转移、隐私权保护、民权实体权益保障等领域；在信息化时代，程序法理更多地关注程序进展中的信息公平、数据隐私等新的道德内容。因此，在整个历史进程中，对这些道德原则的理解和需求反映了程序法理所处时代的背景，不同时代背景下的经济条件、技术进步、文化规范、宗教信仰和哲学见解都影响着社会对公平、正义、自由和平等的态度。随着社会的进步，往往存在一种更广泛地应用这些道德原则的趋势，旨在实现更具包容性和公正性的社会结构。程序法理的内容在不同社会发展阶段呈现出不同范围和领域，因而理论的开放性就体现在其能够不断吸纳新的道德内容，拓展理论内涵，以适应社会的变革。

其次，程序法理具有适应社会变革、回应新问题的能力。随着经济和社会的不断发展，社会结构、社会关系、社会需求等都在发生变化，这对法律体系和法律理论提出了新的挑战。程序法理作为法学理论，在社会结构、社会关系和社会需求等不断变化的背景下，通过不断调整和完善自身的理论体系，指引程序设计及其规则创制，以适应不同时代的新的社会问题和需求。程序设计过程中，程序的设计需要考虑社会变迁和发展带来的新问题、新挑战，由此及时调整和完善程序的设计。例如，在司法程序设计中，随着社会经济的发展和科技的进步，司法程序设计可能面临因科技发展而带来的数据保护、技术淘汰法律规范、自动化使用、电子诉讼的实施、网络安全、跨境司法合作以及公众对司法程序的理解和接受度等程序挑战，因此需要及时调整司法程序的设计，确保程序能够适用于新情况下的各种问题。这就要求程序设计者不断更新自身的理论框架，充分考虑到社会的变化和发展，确保程序的设计能够适应不同时代的需求。从程序规则创制的角度来看，程序法理不断调整自身理论框架以适应不同时代发展下的各种需求，这意味着在规则创制过程中，需要灵活应对各种新情况和问题，及时制定新的规则或调整现有规则。例如，随着互联网的兴起，可能会出现新型的网络犯罪，需要及时制定相应的规则来规范和打击这些犯罪行为。随着经济社会的不断发展，轻微社会犯罪数量不断暴涨，和谐人际关系、社会关系及司法关系需要在新的法治理念指引下，从诉讼程序领域作出及时调整，以实现对轻微犯罪的司法治理，从而维护各种和谐关系，由此，协商性的司法理念和司法程序出现。是故就要求规则创制者不断调整程序法理的理论框架，不断适应和更新司法程序，确保规则能够适应于不同时代出现的各种需求，保障程序的有效运行和实施。

二、程序法理的基本价值

随着正当程序法律条款的出现和适用范围的不断扩大，程序法理的内容及其价值获得了不断的丰富和发展，其基本价值主要体现在以下三个方面。

（一）维护秩序

秩序是程序法理的首要内容，它指的是"在自然界与社会进程运转中存在着某种程度的一致性、连续性和确定性"[①]，社会中的秩序主要体现为人们对规则和法律的遵循，以及社会组织的有序运作，是社会、组织或个

---

① 埃德加·博登海默.法理学：法哲学及其方法 [M].邓正来，姬敬武，译.北京：华夏出版社，1987：207.

人的行为或活动按照一定的规律和规定进行的状态。秩序之所以成为程序法理的首要内容和重要内容之一，一方面在于有序模式是自然界中的普遍模式，另一方面在于人类对生活安排具有有序性、连续性和稳定性需求的自然倾向。一个无序的社会状态通常意味着缺乏秩序和组织，可能存在混乱、冲突和不安定的情况。在这样的社会状态中，人们相互之间可能缺乏信任与合作，规则和法律不被信任，犯罪率将会大幅上升，社会不公平加剧，政治将动荡不安，经济发展困难，社会进步受到阻碍。然而一个纯粹专政的社会中，人们对规则和法律的预期，则会因为越来越多的模糊的、弹性极大的、过于广泛和不确定的规定或自由裁量权限而变得十分不确定，由此导致规则和法律不被崇尚，人们的危险感和不安全感与日俱增，进而导致社会的不稳定因素愈加严重。因此，无序和纯粹的专政均意味着恣意，秩序才是人类社会生存和发展的必然需求和首要条件，是恣意的对立物。法律科学领域内的秩序，通常就是指法律程序。随着社会的不断发展，法律已融入人类社会生活的方方面面，成为人类生活不可或缺的一个普遍性因素。法律程序则通过法律角色分化，并通过为角色赋予与时代经济发展内容相匹配的法律权限和活动范围，促使各个参与程序的角色主体在程序指引下遵循法律，从而实现社会生活秩序井然。因此，程序法理旨在通过程序创设，维护和发展符合人类发展需求的一种法律秩序，这种秩序与经济基础相适应，以权利义务为内容，并且其内容和范围随着经济社会的不断发展而产生变化。

（二）确保公正

正当法律程序设计之初的目的之一就是确保公正①，程序法理通过程序规则规范和约束权力行使的程序，确保行使权力的公正性。例如，审判程序中，法官作为行使审判权的主体，对案件的审理和判决具有重要的权力。程序法理通过审判程序对行使审判权的法官审判行为进行引导、规范

---

① 奥尔特.正当法律程序简史[M].杨明成，陈霜玲，译.北京：商务印书馆，2006（法学译丛）：7.

和限制，使审判权按照既定步骤和顺序进行，确保审判权不被恣意妄为地行使，保障了审判权的公正性。同时，程序法理也通过规定法官的任命和晋升程序，确保法官的独立性和公正性。通过这种权力资源的程序性分配，程序法理实现了对审判权的制约，确保了审判程序下审判权运行过程的公正性。同理，法院作为行使司法权的主体，对其进行程序性的权力资源分配同样具有重要意义。程序法理通过程序性规则，规定法院的组织和管理秩序，确保法院的独立性和公正性的同时实现了对司法权的制约。调查程序中，调查机关作为行使调查权的主体，对案件的调查和证据收集具有重要的权力，其对案件办理是否公正具有重要的影响甚至是决定性的作用。程序法理通过程序规则的制定和运行，实现调查权力的规范运行，一定程度上确保了调查机关行使调查权的公正性。如，程序规则规定了调查机关的任命和监督程序，通过这种程序性权力资源的分配，程序法理实现了对调查权的制约，保证了调查机关的独立性和公正性。因此，在权力制约的维度下，程序法理要求权力的行使必须符合法定程序，程序规则必须被严格执行，不得随意滥用权力。这种制约确保了权力的行使符合法律规定，不会因权力执行者的主观因素而偏离客观公正的轨道。通过程序法理的规范和制约，确保权力的公正行使，避免了任意或滥用权力的可能性。

在权利保障的维度下，程序法理要求程序规则的设计和执行必须透明，确保当事人能够理解和遵守程序规则。程序规则的透明性是当事人合法权益的重要保障，也是程序规则公正性的重要体现，程序法理通过程序规则确保程序透明和公正，使得当事人在程序中享有平等的权利，不会因为程序规则的不公正而受到不公平对待。程序规则的透明性和公正性体现在程序的各个环节，包括起诉、审理、调查、证据收集等。如在起诉环节，程序规则要求，无论任何人提起诉讼，起诉文件必须按照法定的格式、内容和程序予以准备和提交，确保起诉的事实清晰、依法成立。同时，程序规则还规定了起诉的时效性和管辖权等内容，以保障被告人的合法权益不受起诉权滥用的侵害；在审理环节，程序规则规定审理案件的法官必须保持中立和公正，不偏不倚地对待双方当事人。同时，案件审理程序须按照程序规则的要求进行公开，确保审理程序的公正性，同时也保证当事人有权公开陈述自己的意见和提供证据，保障双方当事人在审理过程中享有平等的权利；在调查环节，程序规则要求执法机关必须依法进行调查，严格遵守程序规则，确保证据的合法性和真实性。对于调查环节形成的证据，程序规则要求法院必须依法审查证据，排除非法证据对案件事实的歪曲影响。同时，证据的举证责任和证据的保全程序规则还对双方当事人在证据搜集过程中享有的平等权利予以了保障。这些证据搜集的程序和方法，均保障当事人的合法权益不受非法证据的侵害。

（三）引导程序不断实现自我优化

程序法理的不断丰富和发展对法律程序的自我优化起到了重要的指引作用。随着社会的发展和司法实践的不断深化，程序法理不断得到丰富和发展，同时也遭遇诸多挑战。正是这些发展与挑战指导了程序规则不断调整并进行科学设计与优化完善。早期的程序法律常常与实体法律交织在一起，规则的确立与运行也是基于当时当地的习俗。在许多体系中，比如罗马法，强调形式主义程序，要求严格遵守既定的形式和仪式。然而，也面临因权力恣意而产生的忽视公正合理及权利保障等价值问题的挑战。随着欧洲法律体系逐渐分化为我们现在所认识的普通法和大陆法体系，它们的程序规则也开始有所不同。普通法程序源于英国法院的实践，强调司法裁量权和对抗性程序。大陆法程序则源自罗马法和后来的拿破仑法典，强调法官在确定事实中扮演更为积极的角色。此时，程序面临由法官中立性的身份问题引发的公平公正与程序参与主体平等对话和对抗等一系列价值问题的挑战。19世纪和20世纪初见证了程序法的法典化，旨在整合和系统地安排程序规则。法典化运动旨在使法律程序更加可预测和可访问。在20世纪，美国的法律现实主义运动质疑了程序规则是中立的观念，并开始关注这些规则如何影响案件的结果，因此法律规则领域呼吁更灵活和公平的程序。近几十年来，程序法一直在不断发展，改革旨在简化法庭程序，减少积压案件，并改善司法公正。这包括调解和仲裁等替代争议纠纷解决机制。如今，技术进步对程序法产生了重大影响，法律程序领域内引入了电子文件系统、虚拟法庭和在线争议解决等新技术，挑战了传统程序的观念。速度和效率成为程序规则重点引入的价值理念，但由此也引发了围绕公平和正当程序的隐忧。

总之，程序法理的发展不断地受到了如对高效解决争议的需求和确保公平和正义的迫切需要之间的价值张力的影响。程序法的演变是对不断变化的社会、政治和技术环境的回应，始终试图平衡司法、效率和法律程序的完整性。不同时代不同的程序法理内容、目的、要求和价值追求，促进了程序规则越来越科学和规范，适用范围也越来越广泛。随着程序法理对程序规则的公正性、透明性和平等性等价值需求的逐渐增加，程序规则更加符合实践需要，程序开始从最初的秩序维护逐渐走向公平正义的保障、效率的提升和安全的维护等。程序法理对程序规则公正、透明发展、确保平等等价值需求的增加，促使司法实践中程序规则不断向更加公正、透明和平等的方向迈进，加速了司法程序公正的实现；程序法理对程序规则的合理性和效率性的要求，则推动了法律程序不断向正当性、便利性和权威高效性的方向迈进，程序愈加公正合理、高效便利。

第二章

新时代中国特色社会主义程序法理概述

马克思历史唯物主义原则之下，法治是一个相继发展的过程。现有法治理论和实践，无论源自何处，业已成为人类的共同遗产。中国特色社会主义法治理论遵循历史发展规律，通过不断批判扬弃、吸收借鉴、继承和发展人类社会法治理论和实践经验，推动社会主义法治不断完善和发展。新时代以来，源于中国实践的习近平法治思想创造性地将马克思主义法理学基本原理与中国特色社会主义法治实践相结合，实现对马克思主义法理学原理的不断丰富和发展，成为指导中国特色社会主义法治理论与实践的一般法理学。[①] 而习近平法治思想蕴含的程序法理则为我国程序法治建设和实践提供了一般性的理论指导。党的十八大以来，习近平法治思想围绕人民性的法治基本属性，以良法善治为重要追求，在关涉程序的立法、法律实施、法律监督等各领域内提出一系列新的程序法理概念、范畴、语汇等重要论述，使马克思主义程序法理在表达方式、理论内涵和内容构成等方面获得创新、发展和深化。同时，这些新的理论创新和表达指导我国程序法治建设在权力规范运行、尊重和保障人权、实现和维护社会公平正义及推进国家治理体系和治理能力现代化等方面发挥了重要的促进作用。

第一节　新时代中国特色社会主义程序法理的发展历程

新时代中国特色社会主义程序法理主要是在习近平法治思想的引领下，从最初的初步探索到形成和发展再到深化与开拓，形成了体系相对完善、特色较为突出的程序法理体系。新时代中国特色社会主义程序法理的发展历程既是中国特色社会主义法治实践经验总结的重要成果之一，也是

---

① 邱水平. 论习近平法治思想的法理学创新 [J]. 中国法学，2022（3）：5–23.

中国特色社会主义法治理论发展的重要组成部分，同时还是习近平法治思想的重要内容之一。它是在习近平法治思想的形成发展过程中萌芽孕育、形成发展和不断深化开拓的。新时代中国特色社会主义程序法理萌芽和孕育于改革开放和社会主义现代化建设新时期，形成和发展于中国特色社会主义新时代，深化和开拓于全面建成社会主义现代化强国、实现中华民族伟大复兴新征程。

一、萌芽和孕育阶段

新时代中国特色社会主义程序法理萌芽和孕育于改革开放和社会主义现代化建设新时期。改革开放以来，中国的程序法体系在中国特色社会主义法治理论的指导下，经历了深刻的变革和发展，这些法治理论及其指导下的程序法体系变革和发展，为新时代中国特色社会主义程序法理的萌芽和孕育奠定了坚实的理论和实践基础。

改革开放初期，法治领域，邓小平同志提出了"有法可依、有法必依、执法必严、违法必究"的十六字方针，既为我国改革开放和社会主义现代化建设新时期提供了包括立法、执法、守法等在内的完整的社会主义法制建设指导方针，同时也对社会主义法制建设提出了基本要求。其中，对立法的基本要求是"有法可依"，即国家社会生活的各个方面和领域都要被纳入法律轨道，使之有章可循。落实到程序法治领域，就是要求国家社会生活的各个方面和领域都应有明确的法律程序可以遵照执行，而非按照领导人的说"法"任意运行或改变。在这方面需要坚持的原则主要有：一是民主程序原则，即法律的创制必须走群众路线，必须经过民主程序听取人民群众的意见和要求，吸收公众意见和建议，反映人民意志和要求。邓小平同志曾明确指出"工厂法、人民公社法……劳动法、国外人投资法等等，经过一定的民主程序讨论通过"[①]。这是邓小平同志关于立法要坚持

---

① 中共中央办公厅秘书局资料室 . 邓小平论党的建设 [M]. 北京：人民出版社，1990：38.

民主程序的最直接论述，也是程序法治理念在立法领域内的重要体现。二是坚持法律面前人人平等原则，这项原则是指导我国社会主义法制建设的一项基本原则，同时也是我国宪法确认的公民的一项基本权利。邓小平同志明确指出"我们要在全国坚决实行这样一些原则：有法必依，违法必究，执法必严，在法律面前人人平等"①，体现在立法领域就是人人享有依法规定的平等权利和义务，意即由立法产生出来的法律必须呈现出人人享有平等权利和义务的内容，对此，邓小平同志指出"国家和企业、企业和企业、企业和个人等等之间的关系，也要用法律的形式来确定；它们之间的矛盾也有不少要通过法律来解决"②。对守法的基本要求是"有法必依"，目的在于要求所有人都要严格遵守法律，严格依法办事。程序法领域内，严格遵守法律、严格依法办事，就是要严格按照程序法规定的步骤和时序办理事务，无论是谁都不能违反法律规定程序去实施法律。对执法的基本要求就是"执法必严、违法必究"，要坚持的原则是坚持司法机关依法独立行使职权，简称司法独立原则。总的来说，以上社会主义法治建设的基本要求、坚持的原则等理论目的主要在于为社会主义市场经济发展提供良好的秩序环境。

从党的十五大开始，随着我国社会主义法律体系的不断完善，依法治国理念被载入宪法，这是我国建设社会主义法治国家的重要指导思想，是在坚持法治建设"十六字方针"的基础上，对全面推进依法治国所做的战略安排，其目的在于制约和监督权力、保障公民权利，范围涉及国际关系、环保、科技、金融、社会保障、农业农村、社会治安综合治理、政法队伍建设等各个领域。党的十六大开始，我国社会主义法治建设领域内又提出科学发展观、社会主义和谐社会和社会主义法治理念的法治思想和理论。这些思想和理论的提出，极大地丰富和发展了中国特色社会主义法治

---

① 中共中央办公厅秘书局资料室. 邓小平论党的建设 [M]. 北京：人民出版社，1990：98.

② 中共中央文献研究室. 邓小平思想年编：1975—1997[M]. 北京：中央文献出版社，2011：202.

理论的科学内涵。科学发展观理论要求我国法治建设要坚持以人为本，这就必须"始终实现好、维护好、发展好最广大人民根本利益，尊重人民主体地位，发挥人民首创精神，保障人民各项权益……"① 以人为本思想贯彻到程序法治领域，即要保障人民群众的程序法权利，尊重人民群众作为程序参与者的平等主体地位，确保他们获得平等参与程序的机会。社会主义和谐社会要求我国法治建设要围绕建设和谐社会的"民主法治、公平正义、诚信友爱、充满活力、安定有序、人与自然和谐相处"② 各要素和总要求展开，原则在于坚持共同建设、共同享有，目的是走上共同富裕道路，体现在程序法治领域内的关键词主要有"民主、公平正义和有序"，体现了程序规则的建立和运行应当保持民主、公平正义和有序的属性，确保人民意志获得充分体现和公正保障。社会主义法治理念是我国社会主义法治的重要指导思想，体现和反映了社会主义法治的核心观念、内在要求、价值取向和精神实质，它的基本内涵为"依法治国、执法为民、公平正义、服务大局、党的领导"③，旨在实现制约权利、保障人权和追求公平正义。

以上各法治理念和思想是指导改革开放和社会主义现代化建设新时期的重要法治指导思想，它们是中国特色社会主义法治理论的重要组成部分，其中的理论内涵、基本要求、价值取向和坚持的原则等内容也是这一时期我国程序法理思想的应有之义，它们为新时代中国特色社会主义程序法理的萌芽和孕育奠定了坚实的理论基础。在这些法治理论的指导下，我国在程序法治实践层面进行了各种改革尝试。在司法体制改革领域内，通过不断深化司法体制改革，加强了司法独立、审判权、检察权、公安机关的职能分工，建立了相对独立公正的司法体系。这些改革措施加强了司法人员的职业道德建设，提高了司法的公正性和公信力，推动了司法体系的现代化建设。例如，司法机构建设方面，设立了最高人民法院和最高人民

---

① 胡锦涛.胡锦涛文选：第三卷 [M]. 北京：人民出版社，2016：4.
② 胡锦涛.论构建社会主义和谐社会 [M]. 北京：中央文献出版社，2013：52.
③ 胡锦涛.胡锦涛文选：第二卷 [M]. 北京：人民出版社，2016：428.

检察院，建立了独立的审判和检察机构，加强了司法权威和公信力。立法领域内，通过立法不断完善程序法律体系，包括颁布实施《中华人民共和国民事诉讼法》《中华人民共和国刑事诉讼法》《中华人民共和国行政诉讼法》等，通过一系列程序法制建设，强调了程序正义、程序公正和程序效率，保障了公民的诉讼权利，提高了司法公正性。

行政领域内，1989年，颁布实施《中华人民共和国行政诉讼法》，极大程度地平衡了公民权利和政府权力之间的结构关系，有力地制约了政府权力、保障了公民合法权利，一定程度上实现和维护了社会公平正义。1996年，颁布实施《中华人民共和国行政处罚法》。这部法律通过规定行政处罚的实施主体、实施程序、实施原则等内容，对行政处罚权展开的过程进行了细化，使行政处罚权的实施更加系统化和程序化，很大程度上避免了行政处罚权的滥用。2004年，《中华人民共和国行政许可法》颁布实施，这部法律在确认信息"公开、公平、公正""便民、高效、优质服务""保障相对人的陈述权、申辩权和救济权""相对人信赖保护"[①]等原则的同时，将其细化为具体的程序规则，充分实现了行政许可权的监督制约与公共利益和个体利益之间的平衡。2006年实施的《中华人民共和国治安管理处罚法》和2012年实施的《中华人民共和国行政强制法》，使治安处罚行为和行政强制行为过程被规范化和程序化，其中规定的一些行政行为应当遵循及时性、正当性和权力不得滥用等原则，有力地制约了权力的滥用。这些改革实践不仅促进了程序法治实践的规范化和专业化，也为程序法的发展提供了保障。

二、形成和发展阶段

新时代中国特色社会主义程序法理形成和发展始于中国特色社会主义新时代。党的十八大开启了中国特色社会主义新时代，中国特色社会主义法治

---

① 姜明安.行政法与行政诉讼法[M].7版.北京：北京大学出版社，2019：226-230.

事业建设守正创新，在坚持中国特色社会主义法治理论的基础上，结合中国社会及法治发展实际情况，从国家治理体系和治理能力现代化的战略高度，就我国社会主义法治理论提出许多新的思想、新的观点、新的要求和新的论述，使中国特色社会主义法治理论内涵获得极大丰富和发展。这些新思想、新观点、新要求和新论述直接构成新时代中国特色社会主义程序法理的重要组成部分，促成了新时代中国特色社会主义程序法理的最终形成和发展。

党的十八大以后，习近平总书记提出要全面推进依法治国，建设法治中国。2012年12月，习近平总书记强调指出要全面贯彻实施宪法，这是建设社会主义法治国家的首要任务和基础性工作，而全面贯彻实施宪法就必须全面推进科学立法、严格执法、公正司法、全民守法进程。[①] 因此，从宪法实施的基本程序来讲，立法就是对宪法的直接适用，是宪法实施的基本方式，立法程序属于宪法实施程序，是宪法实施程序的重要组成部分，因而要坚持科学性。从立法角度分析宪法实施程序的构成范围，立法程序以及以立法为主要监督对象的宪法监督程序均为基本的宪法实施程序，目的在于构建和完善有中国特色的良法体系和法治体系。立法程序的科学性就是要通过立法科学化、民主化水平提高立法的针对性、及时性和系统性，其方法和手段就是完善立法工作程序机制，扩大公众参与，充分听取民意，使法律能够客观准确地反映社会需求和要求。

执法和司法是宪法实施的具体手段和方式，宪法规定了国家权力的构成和运行机制，执法和司法程序确保宪法关于国家权力的构成和运行机制得以贯彻执行，因此，执法和司法程序构成了宪法实施程序的重要部分。故执法必须坚持严格执法，司法必须坚持公正司法。执法和司法是宪法实施的重要途径，执法和司法程序必须在宪法的框架下进行，严格遵守宪法的规定和原则，同时还必须严格遵守立法程序下产生的法律。此外，执法和司法也是宪法实施的重要保障，执法、司法程序是否合法、公正，都会

---

① 习近平. 在首都各界纪念现行宪法公布施行30周年大会上的讲话 [M]. 北京：人民出版社，2012：5，8.

影响宪法实施的科学性、准确性和有效性。因此，执法和司法程序必须依法行使权力，保障公民的合法权益，维护社会的公平正义。只有在执法和司法程序合法、公正的前提下，宪法规定的权利才能得到有效的保障和实现。

全民守法是指全体公民在社会生活中遵守法律、尊重法律权威的行为规范和程序。法律要想在社会中发生作用，必须首先有全社会信仰法律的社会氛围，否则就不存在守法的法律实效。全民守法是宪法实施程序中的重要一环，宪法作为国家的最高法律，全民守法对宪法实施具有重要的支撑作用。首先，全民守法是宪法实施的基础和前提。宪法规定了国家的基本制度和公民的基本权利，而全民守法要求全体公民遵守法律，尊重法律权威。只有全体公民自觉遵守法律，才能保障宪法规定的权利得到有效实施。其次，全民守法是宪法实施的重要保障。宪法规定了国家的权力机构和公民的权利义务，全民守法要求全体公民在社会生活中遵守法律，遏制违法行为，维护社会秩序。只有全体公民自觉守法，才能保障宪法的实施和国家的正常运行。最后，全民守法与宪法实施程序相互促进。宪法规定了公民的权利和义务，而全民守法程序要求全体公民在日常生活中按照既定的法律程序遵守法律、依法办事，这种自觉的守法行为有助于宪法规定的权利的有效实现。同时，宪法的规定也规范了全民守法的行为范围和方式，从而促进全民守法的落实。

针对以上宪法实施程序的各个具体环节，此后习近平总书记又多次予以强调，指出要"保证严格规范公正文明执法，加快建设公正高效权威的社会主义司法制度，加快形成科学有效的社会治理体制""严格执法、公正司法"[①]，目的在于促进和维护社会主义公平正义。

党的十八届四中全会上，习近平总书记提出了全面推进依法治国的总目标，并指出全面推进依法治国的总目标在于从形成完备的法律规范体系、高效的法治实施体系、严密的法治监督体系、有力的法治保障体系和

---

① 习近平.论坚持全面依法治国[M].北京：中央文献出版社，2020：36，45.

完善的党内法规体系五个方面建设中国特色社会主义法治体系，关键词分别是完备、高效、严密、有力和完善。① 因此，全面的范围涵盖了法治建设的各个环节、各个领域和各个方面，包括但不限于立法、执法、司法、全民守法的各个环节和过程，国家、社会、政府和军队等各个领域以及法律制度和法律文化的硬软实力建设。同时，全面推进依法治国更加注重各环节、各领域、各方面之间的共同推进、一体建设和协调发展。② 此后，围绕这一总目标，习近平总书记曾多次强调要"完善立法体制""加快建设法治政府""提高司法公信力"③，同时也从程序角度对全面推进依法治国的立法、执法、司法环节提出了更多要求，指出了许多方法和明确了价值取向等。其中，完善立法体制，要求推进科学立法、民主立法，目的在于提高立法质量，核心在于为了人民、依靠人民，方法和手段在于完善公众参与的程序机制，广泛听取意见和建议。加快建设法治政府，要求建设权责法定、执法严明、公开公正、廉洁高效、守法诚信的法治政府，方法就是要建立内部重大决策合法性审查机制、完善执法程序、强化内部流程控制、推进政务公开等，目的就是要制约和监督政府权力。提高司法公信力的方法在于推进司法公开、保障人民群众参与司法，目的在于维护社会公平正义。推进法治社会建设的方法是推动全社会树立法治意识、推进多层次多领域依法治理、建立完备的法律服务体系、健全依法维权和化解纠纷机制，以增强全社会厉行法治的积极性和主动性，使全体人民都成为社会主义法制的忠实崇尚者、自觉遵守者、坚定捍卫者。

党的十九大更是提出要从"加强宪法实施和监督""推进科学立法、民主立法、依法立法，以良法促进发展、保障善治""严格规范公正文明

---

① 中共中央文献研究室. 习近平关于全面依法治国论述摘编 [M]. 北京：中央文献出版社，2015：33.

② 《十八大以来治国理政新成就》编写组. 十八大以来治国理政新成就：下册 [M]. 北京：人民出版社，2017：1024.

③ 习近平. 论坚持全面依法治国 [M]. 北京：中央文献出版社，2020：95-99，146，220，259.

执法""深化司法体制综合配套改革，全面落实司法责任，努力让人民群众在每一个司法案件中感受到公平正义""树立宪法法律至上、法律面前人人平等的法治理念"等方面深化依法治国实践，综合分析党的十八大以来的各个阶段对立法、执法、司法等全面推进依法治国各个环节提出的程序性的具体要求、价值取向及目的，主要在于依宪治国、以人民为中心、良法善治、依法治权、尊重和保障人权、公平正义是社会主义法治的生命线和高效权威，这些要求、目的和价值理念是新时代中国特色社会主义法治理论的重要理论基础、我国程序法治建设的理论基础，是新时代中国特色社会主义程序法理的重要组成部分。正是这些要求和价值追求，促成了新时代中国特色社会主义程序法理的逐步形成和发展。

三、深化与开拓阶段

新时代中国特色社会主义程序法理的深化和开拓源于全面建成社会主义现代化强国、实现中华民族伟大复兴新征程。党的十九大开启了全面建设社会主义现代化国家新征程，并对新征程上的目标任务和要求作出了安排，即2020年到2035年，基本实现社会主义现代化；2035年到本世纪中叶，把我国建成富强民主文明和谐美丽的社会主义现代化强国。这体现在法治层面就是要从2020年至2035年，基本实现"人民平等参与、平等发展权利得到充分保障，法治国家、法治政府、法治社会基本建成，各方面制度更加完善，国家治理体系和治理能力现代化基本实现"的社会主义法治现代化。这就意味着，到2035年，法治领域内"我国公民权利保障达到新高度，以人民为中心的原则成为法治建设各个环节的现实遵循，并成为国家治理现代化的基石。……科学立法、严格执法、公正司法达到比较理想的水平，全民法治意识和法治素养有较大提升，尊法、学法、守法、用法蔚然成风，社会公平正义得到切实维护"[1]。到2050年"全面建成法治中国"。

---

① 高长见.全面依法治国2025大战略[M].北京：东方出版社，2022：5.

2021年3月，十三届全国人大四次会议表决通过并批准了关于《中华人民共和国国民经济和社会发展第十四个五年规划和2035年远景目标纲要》的决议，指出要从国家、政府、社会等方面，围绕立法、执政、行政、司法等环节实施法治中国建设计划，具体体现在法治层面，即要健全保障宪法全面实施的体制机制、实施法治政府建设实施纲要、实施法治社会建设实施纲要，目的就是要加强宪法实施和监督，严格规范公正文明执法，促进司法公正，全面加强人权保护。此外，"十四五"规划纲要还指出要完善党和国家监督体系，从法治角度要求健全党统一领导全面覆盖、权威高效的监督体系，形成决策科学、执行坚决、监督有力的权力运行机制，完善权力配置和运行制约机制。以上内容是新时代以来，全面推进依法治国跨入新征程后的目标任务、具体规划和总体要求，这是对习近平法治思想的进一步深化与开拓，是新时代中国特色社会主义程序法理深化发展的应有之义。从程序理论层面综合分析上述内容，涉及的范围既包括前期立法、执法、司法领域内程序建设的目标任务和价值准则要求，也包括法治监督领域内的目标任务和价值要求，但较之具体要求和目标任务同新征程之前依法治国的任务要求标准更为严格、具体和精细化。因此，这一阶段新时代中国特色社会主义程序法理既是对历年以来中国特色社会主义程序法治理论发展成果的守正创新，也是对已有程序法治理论的深化与开拓，理论发展更注重高质、高效、精细和全面，目的在于追求人民群众对法治建设的满意度。因此，这一阶段新时代中国特色社会主义程序法理的价值核心在于围绕以人民为中心建设高质、高效、精细化的程序规则及其运行机制，极力保障人民群众的法治获得感和满意度。

新征程上，从程序法理视角分析，健全保障宪法全面实施的体制机制方面，不仅注重从立法、执法、司法、守法环节保障宪法实施的体制机制建设，还更注重宪法的监督和解释程序机制建设。立法方面更深入强调领域的广泛性和程序的多样性，重点领域、新兴领域、涉外领域等都是立法程序关注的对象。立法程序方面强调要立、改、废、释、纂多种方法和程序并举。立法程序方面强调要通过完善立法论证评估制度、拓宽公众参与渠道和强化备案审查职责等，确保立法的精细化和精准化。立法精细化和精准化就是指在制定法律时，要充分考虑人民的实际需求和利益，使法律规定更加具体、细致，更贴近人民的生活和实际情况，从而更好地保障人民的合法权益。首先，立法的目的要明确。意即立法的出发点和落脚点应当是为了保障人民的合法权益，因此，在立法过程中应当明确法律的目的和意义，确保法律的制定符合人民的利益和需要。为此，立法过程要体现充分的公众参与，有充分的民意表达，使制定的法律是切实反映人民意志和利益的法律。其次，法律规定要具体清晰。立法精细化和精准化要求法律规定要具体清晰，避免模糊不清的表述，确保法律的适用范围和具体要求能够明确，为人民提供明确的法律依据。再次，立法依据要科学合理。在立法过程中，要充分依据实际情况和科学理论，确保法律的制定符合实际情况和人民的需求，避免空泛和脱离实际的规定。最后，立法程序要合法合理。在立法过程中，要遵循合法程序，充分听取人民的意见和建议，确保人民的利益得到充分保障，避免立法过程中的任意性和不合理性。

围绕程序规则的创制和运行，《法治政府建设实施纲要（2021—2025年）》从三个方面就法治政府建设提出了一些高标准的具体要求和目标任务：一是从严格执法程序角度对行政法规、规章、条例等规范文件的制定权利、制定数量和质量进行监督管理。二是从行政决策的决定、执行和评估程序角度对行政决策的质量和效率进行把控，目的在于监督避免权力滥用，确保规范性文件及决策决定的科学性、民主性和合法性。三是从健全完善执法程序角度，严格规范公正文明执法，包括各类执法程序的衔接机制、执法过程公示程序、行政程序性权利配置和落实机制等，目的在于提高人民群众的满意度，让人民群众从每一个执法行为和执法决定中都能感受到公平正义。因此，人民群众的满意度成为衡量法治政府建设成功与否的重要价值标准，只有人民的权利和利益在政府行政程序中获得公平公正对待、合法权益依法获得保障，法治政府建设的目标才能真正实现。

法律程序视角，《法治社会建设实施纲要（2020—2025年）》就法治社会建设从加强权利保护、推进社会治理、网络空间治理、法治社会建设的组织保障等方面提出了具体标准和要求。一是通过建立健全公众参与重大公共决策机制、人民群众监督评价机制、案件纠错机制、公民权利救济渠道和方式、高效便捷的公共法律服务管理体制和工作机制加强公民权利保护。二是通过完善民主协商、公众参与、社会协同等社会治理程序机制，推进社会治理程序化建设；通过畅通和规范群众诉求表达、利益协调、权益保障通道，实现社会矛盾纠纷依法有效化解。三是通过建立健全信息共享机制，参与国际打击互联网违法犯罪活动。以上措施和举措实施的目的就在于形成符合国情、体现时代特征和人民群众满意的法治社会建设的生动局面，以增强人民群众的获得感、幸福感和安全感。

第二节 新时代中国特色社会主义程序法理的思想源泉

新时代中国特色社会主义程序法理的形成与发展过程表明，新时代中国特色社会主义程序法理蕴含于习近平法治思想之中，其同样涵盖了习近平法治思想中的良法善治、维护社会公平正义、以人民为中心、依法治权、保障权利等丰富的法理内容、价值理念和目标追求。这些程序法理既是对我国优秀传统法律文化的继承，也是对人类历史进展过程中程序法治文明思想精华的吸纳，更是深深根植于我国历代中国共产党人伟大程序法治实践基础上的守正创新。

一、传承中华优秀传统法律文化

中华优秀传统法律文化源远流长，蕴含着丰富的思想和价值观念。其中，出礼入刑、隆礼重法的治国策略体现了尊重礼法、注重仪式的治国理念；民惟邦本、本固邦宁的民本理念强调了以民为本、为民谋利的国家根本；天下无讼、以和为贵的价值追求体现了和谐共处、避免纷争的理念；德主刑辅、明德慎罚的慎刑思想强调了以德治国、以德化民、刑罚慎重的思想。这些深厚的法律文化底蕴，包括了对公平正义的追求、对社会和谐稳定的期许以及对人文关怀和道德伦理的关注。在其价值理念指导下形成的司法观念和纠纷解决方式及其超时空的价值观念影响至今，甚至指导着新时代中国特色社会主义法治改革和发展。

中国古代的三大法律理念，即慎刑、平等、恤刑，在古代中国法律体系中扮演着至关重要的角色。首先，慎刑体现了民本思想及其内在要求，强调人命至重，通过严格审理、复核和执行程序，以避免冤假错案的发生，从而保障司法公正和人权。其次，平等观念强调建立良法，并确保这些法律得到妥当施行和平等适用，以实现公正和平等。例如，墨子提出"兼爱""非攻""尚贤""尚同"，主张无差等的爱，要求平均分配，后法家将其上升为政治实践，主张立法执法都要严守公平。[①] 最后，恤刑原则基于儒家文化，对特殊群体实行从轻政策，体现了人文关怀和社会公平。这三大法律理念在中国古代历史上发挥了重要作用，为国家强盛、社会安定、民族团结作出了重要贡献，也为后世的法律制度和司法实践提供了宝贵的借鉴和启示。这些古代司法理念和文化传统在新时代刑事司法政策和制度中得到了体现和延续，表明中国特色社会主义法治的现代司法理念和司法制度在一定程度上继承了中国古代的慎刑、平等、恤刑三大法律理念，并且在此基础上进行了深化和完善，以确保司法公正、人权保障、法律平等适用和对特殊群体的保护。现代司法理念和制度强调司法公正和人权保障，与慎刑原则的核心价值相似。中国特色社会主义刑事司法制度在司法程序、证据收集、审判程序等方面都有严格的规定和制度，如融入刑事诉讼法中的非法证据排除规则、刑事和解程序、认罪认罚从宽制度等，都是对慎刑、平等、恤刑思想的具体体现。此外，我国司法制度也注重对

---

① 李军. 传统文化与国家治理现代化 [M]. 北京：人民出版社，2020：540.

特殊群体的保护和宽大，例如，对未成年人、老年人、残疾人等特殊群体实行特殊的司法政策和保障措施，这些措施与恤刑原则中强调的对特殊群体的优待政策相契合。

古代中国，和合司法价值观也是一种重要的司法理念，它强调人们应该尽可能地避免诉讼，尽量通过和解、调解等方式解决纠纷，从而达到和谐稳定的社会秩序。因此，和合司法价值理念和司法官主导下的多元纠纷解决模式，是一种以和解、调解和仲裁为主要手段的纠纷解决方式。其核心思想是通过各方协商，达成共识，实现和解，从而达到社会稳定和谐的目的。和合司法追求的是一种社会纠纷彻底解决和实现和谐的状态，这种状态与今天我们国家通过全面推进依法治国实现社会和谐的国家法治理念一脉相承。《中华人民共和国刑事诉讼法》2012年增设的刑事和解程序、2018—2019年刑事诉讼法领域内进行的认罪认罚从宽制度的刑事司法改革中融入的宽严相济的刑事处罚政策，就是对这些古代司法理念的具体体现。刑事和解程序，就是将一些因民间纠纷引起的，涉嫌侵犯人身权利和民主权利、侵犯财产权等的轻微刑事案件纳入和解程序，可以由公检法机关参与主持双方当事人进行和解。① 而认罪认罚从宽制度设立的意义在于，通过优化配置控、辩、审三方甚至多方资源，构建平等协商的刑事司法关系样态，在尊重和保障被告人自愿认罪认罚人权中实现和谐社会关系，这些都与和合司法理念及慎刑原则中强调的人命至重、保障人权的精神相契合。同时，和合司法理念主导下的多元化纠纷解决方式注重考虑诉讼成本，这种思维方式和解决纠纷的方式融入当今的国家治理中，有助于提高司法效率和公正性，缓解诉讼激增时代的矛盾，提高基层社会治理的能力和效率，从而促进社会的稳定与发展。

"坚持依法治国和以德治国相结合是当代中国根本的政治主张和社会

---

① 祁建建. 认罪认罚处理机制研究：无罪推定基础上的自愿性 [M]. 北京：中国人民公安大学出版社，2019：34-35.

共识"①，中国传统政治中的"德法合治"是德治和法治相结合的治理方式。德治强调的是君臣关系中的德行和品德，强调君臣之间的道德约束和互相尊重。法治则是指依法治国、依法行政，强调法律的权威和法律的适用。孔子认为"道之以政，齐之以刑，民免而无耻；道之以德，齐之以礼，有耻且格"；汉宣帝则明确宣称需"王道、霸道、杂治"，王道即德治，霸道即法治，杂治即兼治。② 这种传统治理方式体现了中国古代政治体制中程序法理的自主性，即在政治治理中，不仅强调法律的约束和规范，更强调君臣之间的道德关系和互相尊重。虽然这种法治观念强调的是维护君权统治，但这种法治方式在全面推进依法治国的法治中国建设中，通过予以现代法治理念和法治思维及法治思维方式，"德法合治"精神焕发出新时代的智慧和光芒。一方面，新时代中国更加强调中国特色社会主义法治的重要性和建设性，通过几代中国共产党人的伟大实践和努力，我们不断完善中国特色社会主义法律体系，不断全面推进依法治国，不断深化依法执政、依法行政和司法公正，努力实现对公民权利、自由的法治保障和社会公平正义的维护。另一方面，新时代我国更加注重德治建设，强调领导干部等公职人员的廉洁、公正和品德修养，加强对公职人员的道德教育和监督，提倡廉洁自律，强化对权力的监督和制约，实现对人民权益和社会公平正义的有力维护。因此，新时代"德法合治"在限制公权力运行和社会公平正义的维护方面具有重要的规范作用。此外，德治和法治相结合，可以有效地保障国家的稳定和社会的和谐，促进国家的发展和进步。德治强调通过社会道德关系调和实现和谐社会状态，由此可以增强国家的凝聚力和向心力；法治强调法律的权威和法律的适用，以此可以规范社会秩序，保障公民的权利和自由。通过"德法合治"，可以有效地实现依法治国，促进国家的和谐稳定与繁荣进步。

---

① 荆雨．"德性的法治"如何可能？：以荀子为基点之历史与逻辑的考察 [J]．文史哲，2023，（1）：105–114+167.

② 李军．传统文化与国家治理现代化 [M]．北京：人民出版社，2020：477.

二、吸纳人类法治文明思想精华

新时代中国特色社会主义程序法理对人类法治文明思想精华的吸纳，体现为对程序法治文明与中国特色社会主义的有机结合、程序法治文明与社会主义核心价值观的有机统一。这种对人类法治文明思想精华的吸纳，丰富了人类程序法治文明思想，为世界各国在法治建设和全球治理中提供了新的理论支撑和实践路径。

（一）程序法治文明与中国特色社会主义的有机结合

习近平法治思想是习近平新时代中国特色社会主义思想的重要组成部分，依宪治国是新时代中国特色社会主义程序法理的重要内容之一，"我国宪法秉持实事求是的科学精神，遵循制宪、行宪、修宪的立法技术和法定程序，反映人类法治文明的基本价值和宪法的一般规律，贯彻了人民当家作主的民主原则，是一部兼具民主性与科学性的宪法"[①]。我国宪法规定了依法治国的基本原则，要求国家机关、社会组织和公民等都必须在法律的框架内行使权利和履行义务，保证国家的管理和社会的秩序依法进行。我国宪法还规定了法律面前人人平等的原则，要求国家和社会一视同仁对待所有公民，不得因种族、性别、宗教、地域等原因歧视任何人。我国宪法也规定了人民代表大会制度的原则，要求国家的一切权力来源于人民，国家的一切权力都由人民代表大会行使，保证人民通过选举产生代表，参与国家的管理和决策。法定程序原则也是宪法原则的重要内容之一，它要求国家机关和公民在行使权利和履行义务时必须依照法定程序进行，保证法律的适用和执行符合程序的规定。宪法是我国的根本大法，也是建设社会主义法治国家的重要遵循。在我国，所有国家治理活动都必须以宪法为遵循，不得违反宪法，也不得与宪法相违背。宪法规定的上述法定原则，既是立法活动必须遵循的根本原则，也是法律实施和法治监督活动领域必

---

① 全国干部培训教材编审指导委员会组织编写.建设社会主义法治国家 [M].北京：党建读物出版社，人民出版社，2019：61.

须遵循的根本原则，是新时代中国特色社会主义程序法理的关键内容和价值准则，也是我国程序法治建设的根本遵循。

习近平法治思想强调，中国特色社会主义法治道路是建设社会主义法治国家的唯一正确道路。中国特色社会主义法治道路是中国特色社会主义道路的重要组成部分，是中国特色社会主义道路在法治领域的重要表现形式。在中国特色社会主义道路上，法治是国家治理和社会管理的基本方式，法治道路是中国特色社会主义制度和治理体系的重要组成部分，是中国特色社会主义道路的重要保障和制度支撑。中国特色社会主义法治道路是在中国特色社会主义道路上逐步形成和完善的，是在中国特色社会主义道路上形成的一种具体实践和制度安排。作为中国特色社会主义法治道路具体理念和习近平法治思想重要组成部分的程序法理，则是中国特色社会主义法治道路的具体体现，是中国特色社会主义法治道路在具体实践中的深化和发展，是中国特色社会主义制度优势的重要体现，也是中国特色社会主义实践的重要保障。中国特色社会主义法治道路同时是中国特色社会主义理论体系的重要组成部分，中国特色社会主义法治道路强调依宪治国、依法治国、依法执政、依法行政，坚持法治在国家治理体系中的核心地位，这体现了中国特色社会主义对法治建设的高度重视。习近平法治思想强调，全面推进依法治国要坚持社会主义法治国家、社会主义法治政府、社会主义法治社会一体建设，加强法治建设的制度体系性保障；同时强调在全面推进依法治国过程中，实施程序法治要坚持以人民为中心的发展思想，坚持科学立法、严格执法、公正执法、全民守法，目的在于推进依宪治国、依法治国和依法执政。这些法治理念、路径和价值要求体现了程序法理所蕴含的公正、公平、秩序、效率等人类法治文明思想，是人类法治文明融入中国特色社会主义和中国特色社会主义法治道路的具体体现，是新时代中国特色社会主义程序法理将程序法治文明与中国特色社会主义有机结合的具体体现。

（二）程序法治文明与社会主义核心价值观的有机统一

法治以法律为基础，依法而治。"现代法治最突出的特点是法律面前人人平等，法律是为人民服务、为人民利益保驾护航的。"[①]包括新时代中国特色社会主义程序法理在内的中国特色社会主义法治，是在中国特有的历史、文化和社会背景下形成的，是为了适应中国国情、推进社会主义现代化建设而提出的。它既继承了中国传统文化的优秀传统，又吸收了包括法治原则、司法制度、人权保障等在内的现代法治理论的优秀成果，还借鉴了其他国家的法治实践，吸取了其他国家在法律制度、司法体系建设等方面的经验和教训，同时还结合了当代中国社会主义建设的新实践。因此，中国特色社会主义法治具有深厚的历史渊源和现实基础，注重吸收和借鉴中国传统文化的智慧、现代法治文明，吸取法治经验与教训，强调坚持党的领导、人民当家作主、依法治国有机统一，强调法治和德治相结合、依法治国和以德治国相统一，强调法治和文明相促进、法治和文化相融合。

社会主义核心价值观是指中国特色社会主义的基本原则和核心价值观念，包括富强、民主、文明、和谐，自由、平等、公正、法治，爱国、敬业、诚信、友善12个方面。社会主义核心价值观的提出是基于对社会主义本质和目标的认识。因此，社会主义核心价值观的提出是为了引导人们树立正确的世界观、人生观和价值观，促进社会主义事业顺利发展的。社会主义核心价值观的形成是历史和实践的结晶。社会主义核心价值观是在长期实践和理论探索的基础上形成的，是对中国特色社会主义建设实践的总结和提炼。它既继承了中国传统文化的优秀基因，又融合了当代中国社会主义建设的新成果，具有深厚的历史渊源和现实基础。社会主义核心价值观的内在逻辑是统一的。社会主义核心价值观包括爱国主义、集体主义、社会主义、民主法治、公平正义、诚信友善等内容，这些价值观相互联系、相互贯通，共同构成了一个有机整体。它们既相互支持、相互促进，

---

① 陈顺伟.国家治理视阈中的社会主义核心价值观建设研究[M].北京：人民出版社，2019：29.

又相互补充、相互协调，共同构成了中国特色社会主义核心价值体系。

中国特色社会主义法治内涵中，社会主义核心价值观是一个重要的理论逻辑。社会主义核心价值观是包括新时代中国特色社会主义程序法理在内的中国特色社会主义法治的基本价值观念和价值基础，是根本目的和意义所在，也是中国特色社会主义法治实现的价值目标，是中国特色社会主义法治建设的重要目标，还是中国特色社会主义法治的价值保障，是保障中国特色社会主义法治实现的基本条件和手段。因此，包括新时代中国特色社会主义程序法理在内的中国特色社会主义法治，内含社会主义核心价值观，包括富强、民主、文明、和谐，也包括自由、平等、公正、法治。①在以人民为中心的价值导向方面，蕴含在习近平法治思想中的新时代中国特色社会主义程序法理强调以人民为中心的发展思想，坚持人民的主体地位，保障人民的权利和利益。逻辑上，这主要体现为法律的制定和实施要符合人民的利益和意愿，尊重人民的主体地位，使人民在法律程序中获得平等对待的法律地位和尊严，通过法律程序保障人民权利、利益和意志既能体现在通过权威程序制定的法律中，又能反映在权威法律实施的具体法律程序之中，这既包括制定良法的科学民主立法程序，也包括善治的法治实施和法治监督程序。在社会公平正义的价值目标方面，新时代中国特色社会主义程序法理追求社会公平正义，认为社会主义公平正义是法治的生命线，强调法律的公正公平，保障社会各阶层的合法权益。逻辑上，主要体现为法律的制定要公正无私，通过科学民主的立法程序保证所定之法是反映人民意志的法，是符合客观实际的法，是客观现实所需要的法，是为了追求和实现人民利益的法，而不是立法部门为了争夺法律资源、权力资源和各种社会资源的法。法律的实施要促进社会公平正义，执法司法是为人民服务，执法司法要公开透明、严格规范，要听取人民群众的声音和意见。在社会主义核心价值观的法治保障方面，中国特色社会主义法治将社

---

①　陈顺伟. 国家治理视阈中的社会主义核心价值观建设研究 [M]. 北京：人民出版社，2019：33-35.

会主义核心价值观融入法治建设，强调法治的价值观要符合社会主义核心价值观，法治的实践要促进社会主义核心价值观的传播和实践。

三、根植于历代中国共产党人伟大程序法治实践

（一）中国特色社会主义程序法治实践的萌芽期（1978—1989年）

党的十一届三中全会是中国特色社会主义的起点，也是中国特色社会主义法治建设的开端。党的十一届三中全会前后，以邓小平同志为核心的党的第二代中央领导集体在总结新中国成立以来的经验、教训的基础上，以人民民主为指导思想提出社会主义法治建设的"十六字法治方针"。[①] 在这一指导思想和法治的要求下，我国社会主义法治建设围绕保障人民民主，从社会主义法制基础建设着手，在程序法领域，于1978年颁布制定了宪法。这部宪法从职能作用、权限范围、组织设置原则及检察权的监督制约角度恢复了人民检察院制度，[②] 为后续社会主义法治体系的建设奠定了宪法基础。

1979年，重新制定了《中华人民共和国人民检察院组织法》《中华人民共和国人民法院组织法》，确立了司法独立原则，明确了法院和检察机关的组织结构、法院的任务和检察院的法律监督机关性质、法院的审判制度、人民陪审员制度和检察院的检察委员会制度等原则和内容，[③] 为建设专业化的检察体制和独立的司法体制奠定了法制基础。同年，制定并颁布了《中华人民共和国刑事诉讼法》，明确刑事诉讼法的任务是正确应用法律，维护社会主义法制，保护公民人身权利、民主权利和其他权利等，确立了公民在法律适用上一律平等、公检法机关在刑事诉讼中分工负责、互相配

---

① 蒋传光等. 新中国法治简史 [M]. 北京：人民出版社，2011：40—41，83.
② 周安平，李旭东，赵云芬. 新中国宪法的历程：问题、回应和文本 [M]. 北京：人民出版社，2017：149.
③ 蒋传光等. 新中国法治简史 [M]. 北京：人民出版社，2011：112.

合、相互制约等原则，① 在这些价值理念和基本原则的指导下，该部《中华人民共和国刑事诉讼法》从立案、侦查、管辖、诉讼、审判等角度规范了刑事司法程序，为刑事案件的程序法治提供了法律依据和价值准则。1982年3月，《中华人民共和国民事诉讼法》诞生。在保障公民权利和维护社会主义法制秩序价值理念的指导下，《中华人民共和国民事诉讼法》基于正确适用法律、及时化解民事纠纷、诉讼参与人在民事诉讼程序中一律具有平等地位和法院独立审判案件不受行政机关、团体和个人干涉的立法要求，从起诉、审理、执行等环节对民事诉讼活动进行了详尽的规定，体现了民事诉讼活动对程序公正、诉讼效率、公民权利保障及促进和谐社会稳定价值的追求和保障。

1982年，第五届全国人大第五次会议对1978年颁布的宪法进行了全面修改，1982年12月，"八二宪法"诞生。"八二宪法"确立了"宪法至上""法律至上"的宪法原则；确立了人民民主专政的国体，确立了体现人民民主的中国人民政治协商会议制度；增加了"十六字法治方针"和以社会主义民主、法律面前一律平等和法律由国家统一制定和实施等为基本原则的社会主义法治的内容；增加了公民的基本权利和义务内容，并将其放置于国家机构之前；修改并进一步完善人民代表大会制度内容，规定人民检察院和人民法院的职权。上述内容、基本原则和价值要求的确立，为我国后续的程序法治建设提供了宪法依据和宪法价值准则。1987年4月，国务院颁布《行政法规制定程序暂行条例》，规范了行政立法程序。1989年，首次制定颁布《中华人民共和国行政诉讼法》，该法第一条就开宗明义阐明法律制定的目的是"为保证人民法院正确、及时审理行政案件，保护公民、法人和其他组织的合法权益，维护和监督行政机关依法行使行政职权"。因此，公正、及时、权利保障和权力监督成为这部法律的指导思想和立法目的。在此基础上，《中华人民共和国行政诉讼法》从平等原则

---

① 全国人民代表大会常务委员会法制工作委员会.中华人民共和国法律汇编：1979—1984[M].北京：人民出版社，1985：135-136.

出发，明确规定了公民对行政行为提起诉讼的程序和条件，为依法行政、依法办事提供了程序保障。

以上是这一时期中国特色社会主义程序法治的实践成果，涉及程序法律建设的方方面面，既包括立法领域、司法领域，也包括行政领域，内容设置也随着这一时期我国经济社会的不断发展和变化或增加或删减，表明该时期程序法内容、价值要求和法治任务的变化，是应社会发展需求和人民权益保障需求不断变化而变化和发展的，这为新时代中国特色社会主义程序法理的萌芽和孕育提供了重要的基础性条件。

（二）中国特色社会主义程序法治建设的形成期（1990—2010年）

党的十三届四中全会以后，在中国共产党人的带领和努力下，中国程序法治领域的法治建设取得了显著的成就。

立法程序领域内，通过制定和完善人大常委会的一些执法检查工作程序、法规备案审查工作程序、司法解释备案审查工作程序、规范性文件的备案审查制度，增设立法规划室、改进法律法规议案制度、实行法规草案委托起草制度、建立立法咨询和立法听证制度、法律草案向社会公布制度、增设法规备案审查室等，健全了人大工作制度和人大立法程序，一定程度上促进了立法和立法程序的科学性、民主性和针对性。

法治政府领域内，在1989年颁布的《中华人民共和国行政诉讼法》的推动下，程序公正、公众参与、公开透明、有限政府、高效便民、合法行政、合理行政、权责统一等法治理念和思维方式开始融入法治政府建设当中。1993年，第八届全国人大第一次会议和党的十四届三中全会均强调各级政府都要依法行政，严格依法办事。1996年第八届全国人大第四次会议进一步将依法行政、依法治国，建立法治国家作为国家的治国方针，强调要加强立法、严格执法。此后10多年，《中华人民共和国行政处罚法》《中华人民共和国行政复议法》《中华人民共和国行政许可法》《中华人民共和国行政强制法》《中华人民共和国行政监察法》《中华人民共和国国家赔偿法》等行政类法律纷纷出台，基本完成了对行政权力运行的完整法律制约。①

司法领域内，1996年，最高人民法院召开第一次全国法院审判方式改革工作会议，提出以保障裁判公正为目的，以公开审判为重心，以强化庭审功能等为内容，全面普遍推行审判方式的改革。② 由此推动了司法的公开性、透明性和公正性。1995年《中华人民共和国法官法》颁布；1998年10月，最高人民检察院制定《关于在全国检察机关实行"检务公开"的决定》；1999年5月，制定《人民检察院办理民事行政抗诉案件公开审查程序试行规则》，6月，设立专家咨询委员会，专家咨询制度建立。1999年，最高人民法院出台《人民法院五年改革纲要》，以司法独立、公正、公开、高效、廉洁为价值取向，以落实公开审判原则为主要内容，以健全人民法院组织体系、审判工作机制、高素质法官队伍、经费管理体制和具有中国特色的社会主义司法制度为总体目标，对人民法院进行体制改革。这些改革内容和措施，有效地强化了检察权的监督和制约，促进了检务公开和透明。党的十六大提出依法治国、执法为民、公平正义、服务大局、党的领导的社会主义法治理念，同时也进一步提出要推进司法体制改革，保障社会公平正义。在这一法治理念和改革思想的指导下，2004年，人民法院第二个五年改革纲要推出。这次纲要以司法公正、司法效率和司法权威为主要价值取向，围绕改革和完善诉讼程序制度、审判指导制度与法律统一适用机制、执行体制与工作机制、审判组织与审判机构、司法审判管理与司法政务管理制度等主要任务，展开了司法体制改革。

截至2010年中国特色社会主义法律体系形成时，立法、行政、司法领域内已基本形成体系合理、结构稳定的程序法体系。这些丰富的程序法治实践，为新时代中国特色社会主义程序法理的最终形成提供了丰富的经验积累。

① 蒋传光等.新中国法治简史 [M].北京：人民出版社，2011：96，236.
② 蒋传光等.新中国法治简史 [M].北京：人民出版社，2011：115.

第三节　新时代中国特色社会主义程序法理的价值追求与突出特性

一、价值追求

（一）坚持以人民为中心

人民群众立场是历史唯物主义世界观得以形成的坐标原点，也是马克思主义法哲学思想的坐标原点。[①] 马克思在《共产党宣言》中指出，"每个人的自由发展是一切人的自由发展的条件"，这是马克思关于"以人为本"思想的最早表达。马克思从人民意志出发通过"人民主权"代替"王权"、"人民行政权"代替"行政权"、"人民立法权"代替"立法权"等思想，充分展现其人民性特质和人民立场的法学思想。[②] 马克思人民立场中的人民不同于其他阶级社会中的人民的范畴。16、17世纪的法国国家契约论及人民主权论将有主权的人民说成是没有能力代表自己应得利益的愚昧的乌合之众，贵族则是上帝制定的人民天然代言人和领袖，同时代的英国国家理论却把资产者，特别是资金雄厚的商人描绘成一切资产阶级道德的典范、英国人民所有优秀品质的化身，因此当时代表这一阶层营业利益的议会被认为是人民真正正确的代表。[③] 因此，历史上，资本主义国家真正代表人民的范畴仅限于处于统治地位的资产阶级。"习近平法治思想是以马克思主义法治思想为基础，与老一辈无产阶级革命家、思想家的理论成果一脉

---

①　李金和 . 习近平以人民为中心的新时代中国特色社会主义法治思想：历史意义与核心意涵 [J]. 贵州师范大学学报（社会科学版），2019（2）：1–12.

②　牟成文 . 人民意志：马克思法哲学的思想特质 [J]. 中国社会科学，2020（3）：25–43+204.

③　亨利希·库诺 . 马克思的历史、社会和国家学说：马克思的社会学的基本观点 [M]. 袁志英，译 . 上海：上海译文出版社，2018：72–73.

相承，从中国国情出发所形成的指导新时代法治建设实践的伟大思想。"①
以人民为中心的发展思想是贯穿于中国特色社会主义法治建设全过程的主
题思想，也是新时代中国特色社会主义程序法理的核心理念之一。习近平
总书记强调："必须坚持人民主体地位。我国社会主义制度保证了人民当家
作主的主体地位，也保证了人民在全面依法治国中的主体地位。这是我们的
制度优势，也是中国特色社会主义法治区别于资本主义法治的根本所在。"②

　　从观念层面分析，首先，以人民为中心的发展思想强调人民的主体地
位和作用。人民是依法治国的主体，以人民为中心意味着法律的制定和实
施应当以人民的利益和权益为出发点和归宿，保障人民的权利和利益不受
侵犯，确保人民在社会生活中享有平等的地位和权利。这种法治观念体现
了"以人为本"的法治理念，即法律的制定、实施和执行都应当以人民的
利益为核心，为人民谋福利、保障人民权益。其次，以人民为中心的发展
思想还意味着权力应当受到制约的法治观念。权力应当受到法律的制约和
约束，以人民为中心意味着公权力的行使应当受到法律的约束，不能随意
滥用权力，必须在法律的框架内行使权力，以保障人民的权利和利益。再
次，以人民为中心的发展思想也体现了民主参与的观念。以人民为中心意
味着法律制定和实施应当充分尊重人民的意愿和诉求，保障人民的民主权
利，使人民能够通过各种途径参与国家事务的决策和管理，实现民主参与和
民主监督。最后，以人民为中心的发展思想体现了社会公正的观念。法律应
当保障社会的公正和公平，以人民为中心意味着法律应当保障人民的平等权
利和平等机会，消除社会的不公正现象，促进社会的公正和和谐发展。

　　从程序法视角分析，以人民为中心思想意味着程序法律和程序法治体

---

① 马怀德. 习近平法治思想的理论逻辑、历史逻辑与实践逻辑 [J]. 山东人大工作，2021
（9）：56–58.

② 中共中央党史和文献研究院、中央学习贯彻习近平新时代中国特色社会主义思想主题
教育领导小组办公室. 习近平新时代中国特色社会主义思想专题摘编 [G]. 北京：党建读物出版社，
中央文献出版社，2023（4）：279.

系的设计，应当围绕和服务于人民的利益和权利进行，在这种理念之下，程序法律就不仅仅是一种实现实体法意图和价值以及维持社会秩序的工具，更是一种保障人权和促进社会公平正义的方法和手段。这就要求程序规则的创制和运行应当以人民的利益为出发点和落脚点，体现和保护人民权益、维护社会公平正义，规范和约束权力行为；程序运行过程应当确保法律的制定和执行过程对公众开放，并允许人民通过合法途径参与决策；确保人民在法律面前是平等的；确保司法决策是公正的，不偏袒特定群体或利益；确保人民群众能够清晰地了解法律规定，以便更好地遵守法律。

习近平总书记明确提出："要把体现人民利益、反映人民愿望、维护人民权益、增进人民福祉落实到依法治国全过程，使法律及其实施充分体现人民意志。""坚持法律面前人人平等，必须体现在立法、执法、司法、守法各个方面"①，这是以人民为中心价值理念在习近平法治思想中关于程序法理思想的最直接体现。在这一价值理念的指引下，全面依法治国意味着依法治国的全部实践过程，包括法律程序自身建设和实施、法律程序与其他制度建设和实施的关系调适等，都需要在该价值理念指引下，遵照一定程序制定和实施，使法律实践过程及结果具有合法性、合理性和公正性。而"使法律及其实施充分体现人民意志"则意味着实践依法治国的全部程序均需以人民为中心、反映人民意志和被人民所普遍接受和认可。落实到立法领域便是推进科学立法、民主立法、依法立法，从程序上确保人民利益和意志获得充分汇集并最终以良法形式反映和表达出来，促进人民利益从源头上获得保障；执法领域是健全依法决策机制、完善执法程序、严格规范公正文明执法，使人民意志和人民主体地位通过执法程序切实得以体现并实现；司法领域是为完善司法体制、健全司法权力运行机制，使人民群众诉求在司法程序内依法获得公正对待；守法领域便是在全社会领域内树立法律面前人人平等的法治理念，使法律和依法办事成为人民的信仰。

---

① 习近平. 加快建设社会主义法治国家 [J]. 求是，2015（1）：3-8.

（二）追求良法善治

良法善治是习近平总书记在党的十八届四中全会报告中提出的，是社会主义法治的核心要义和价值追求，也是程序法治追求的根本价值追求之一。在习近平法治思想理念下，所谓良法善治，强调法治过程和方式的公正性、合法性和透明性，旨在确保法律能够真正汇集和反映人民意志，体现民意，法律的实施和法律决不受个人或集体干扰和影响，而是基于法律的严格规定和程序的公正实施获得。从程序法治视角分析，习近平法治思想中的良法善治主要包括以下三方面：一是强调依法治国，注重法治的程序性。良法善治在这一框架下需要建立在明确的法律基础之上，法律的制定、修改和执行都应当符合程序规定，确保法律的公正性和合理性。二是强调程序公正，要求法律程序的设计和执行过程应当公正无私。这既包括司法机关的独立性、法官的公正裁判和执法机关的严格公正执法等方面，确保每个案件都经过公正的法律程序，也包括立法程序要科学民主，通过立法评估、专家咨询、听证等形式确保立法是符合客观规律和实际需求的，是合理合法的法律。三是提倡并强调要全面依法治国，强调人民当家作主。在程序法治视角下，良法善治需要公众的合法参与，确保社会各界在法律的制定和运行中享有发言权，促进法治的公平、公正和合法。

良法善治包含两方面内容，即良法和依良法进行的善治。其中，良法是善治的前提，善治是良法的贯彻实施。良法主要是对立法的要求和评判，而善治则是对法律实施及其过程的评判。从关于良法的要求和评判标准来看，[①]

---

　①　良法对立法的要求和评判主要包括：第一，立法的价值追求，如良善的符合人性人道的正当价值取向，符合正义、公平、自由、平等、民主、人权、秩序等普遍价值标准；第二，立法应当是民意的汇集和表达，立法能否充分保障人民参与并表达自己的意见，能否体现人民的整体意志和维护人民的根本利益，是评价"良"与"恶"的一个重要标准；第三，立法程序应当科学、民主、有序，有利于实现多数人的意志，有利于良法的产生；第四，立法应当适应国情，符合经济社会关系发展的实际，具有针对性、及时性、系统性、可操作性；第五，立法应当具有整体协调性和内在统一性，不能自相矛盾。参见李林，莫纪宏.全面依法治国建设法治中国 [M]. 北京：中国社会科学出版社，2019：46—47.

立法程序是良法产生的重要保障。良法的要求和评判标准要求立法必须有科学民主有序的立法程序作保障，目的是保障立法过程中人民的充分参与和人民意志的充分表达，使符合人性人道价值取向的良法得以产生。可见，立法程序是良法产生的重要保障，使良法得以产生是立法程序的最终追求。善治强调法律实施和作出法律决定必须通过公开透明的程序予以实现，确保每项法律决定的作出都符合规范和程序性要求，使法律结果具有公正性、合法性和高效性。在良法善治价值理念下，程序设计、运行过程和结果也应当是良善的。善治程序中，良法确认的公民权利应当具有通过公开透明的程序获得平等对待的机会，公众意见应当通过充分的程序参与获得合法表达，政府行为应通过善治程序受到良法规制和监督。由此表明，科学民主法律程序实施的最终目的，是通过对良法的有效贯彻实施达至善治的法律实效，把制定良好的宪法法律及表现为法律规范的各种制度执行好、运行好，公正合理高效地用于治国理政，通过法治卓有成效的运行，满足"良法"的价值追求。[①]

二、突出特性

（一）程序法理贯穿依法治国全过程

程序法理既有助于实现程序自身优化和效率提升，又有助于实现法律决策风险和质量管控。将程序法理贯穿于依法治国全过程有助于推动国家治理体系和治理能力现代化。习近平总书记强调全过程人民民主理念，体现在依法治国领域便是将程序法理贯穿依法治国的全过程。一是融入法治建设的全过程。习近平法治思想强调全面依法治国，要求法治建设要贯穿国家治理的全过程。这既包括法律的制定、执行、监督和修订的各个环节，也包括全民守法的各个领域，即每个公民都是守法的参与者和维护

[①] 李林，莫纪宏. 全面依法治国建设法治中国 [M]. 北京：中国社会科学出版社，2019：47-48.

者，每个公民都是依法办事的主体和参与者。二是公众参与。从全过程人民民主的角度看，习近平法治思想注重人民在法治决策中的参与，在制定法律、规章和政策时，要广泛征求公众的意见，确保人民能够通过法治程序表达自己的诉求和期望。三是公平公正。在程序法治框架下，习近平法治思想要求法律的执行过程要保持严格公正、高效便民，尤其要确保司法机关的独立性和裁判的公正性，这包括对案件的公正审理和裁决以及对刑罚执行的合法性监督等内容。四是规范透明和法治监督。习近平法治思想强调通过建设法治社会和公开公正的程序参与，让人民更好地了解法律和法治工作，从而增强法律规范及其实施过程的透明度，通过公众参与及法律程序的规范运行等形式实现公众对法治的监督。由此可见，从程序法治视角分析，习近平法治思想处处都有良法和依良法进行善治的影子，也处处彰显着人民主体的法律地位。

任何法律制度的实现均需通过法律程序来完成，法律程序是一种操作性极强的法律规范，它通过可操作性程式，将具体的权利义务关系或以法律形式予以配置，或将这种配置从抽象的实体规定转换为现实。依法治国的全部实践过程是将实体法律制度规定的各项权利义务关系向现实转换的过程。以人民为中心和良法善治价值理念中，良法与善治均须以人民为中心展开。正如前文所述，良法善治是新时代中国特色社会主义程序法理的重要价值追求，也是治国理政的重要追求。[①] 在良法与善治之间，良法需要善治实现，善治须以良法为依托，而良法与善治之间往往需要以程序为桥梁予以勾连才有可能达到过程善治及善治实效的最佳形态。不仅如此，良法的生产通常需要程序作保障，善治过程需要用法律程序予以控制。而善治过程既包括良法实施过程，也包括对良法实施过程的监督。良法和善治实效均须体现和反映人民群众对公正、效率、秩序等正义价值理念日益增长的需求。因此，以人民为中心和良法善治价值理念指导下的法律程序和

---

① 李林，莫纪宏 . 全面依法治国建设法治中国 [M]. 北京：中国社会科学出版社，2019：44.

程序法律的建设和实施，是人民共同意志迈向法律意志和法律意志转换为现实利益的最佳途径。这种法律程序建设，不仅在于程序本身须围绕"良善"和"善治实效"标准建设和形成，也包含控制良法生产过程和良法实施过程的法律程序建设和形成。是故，新时代中国特色社会主义程序法理贯通包括法律程序自身建设及立法源头、法律实施、监督法律实施的全过程和领域。

（二）注重法律程序内在和外在的有机统一

新时代中国特色社会主义程序法理注重法律程序内在与外在的有机统一，强调法律程序必须以人民为中心，注重内外结合、德法合治。

法律程序的内在主要指规范法律程序自身生成、运行机制及其可持续存在的要求、原理和内在机制，包括两个方面：一方面，法律程序的形式表征，即法律形式通过外部视觉、听觉、口头、书面等方式表现出来的特征和形式要素，这是法律程序运行的必备要素。通过这些要素设置，法律程序自身的公正性、合法性等价值要素得以充分体现，也即法律程序的形式性。另一方面，法律程序的内在规律和本质特征，也即法律程序的实质。它反映了法律程序流程设置、目的任务及程序行为规范等内容，为法律程序结构和机制创造提供基本理念支撑和价值约束，使法律程序更好更有效地实现其目标和任务。法律程序外在主要指法律程序所处的实体法律规范等客观环境因素，以及依托法律程序运行产生的各种体系与结构性关系及其效果，与法律程序的目标和任务有关联，它既包括法律程序与外部客观因素的关系处理，也包括外部因素对法律程序产生的影响和制约。法律程序的内在决定程序自身是否科学和良善，而外在一定程度影响和制约法律程序运行的外部效果及程序自身任务和目的的实现程度。由此表明，法律程序内在、外在能否形成有机统一的良性互动关系，是法律程序正义、效率、秩序等价值能否获得充分实现的保障。

新时代中国特色社会主义程序法理注重法律程序内在和外在的有机统一，强调通过完善包括立法、执法、司法和守法在内的各程序性法律法规，使法律程序内部各个环节相互关联、互相协调配合，实现程序构造完整、内部有机统一，从而确保法律程序公正高效和合法有效。外在、内在有机统一的法律程序通过内部制度与外部环境关系的不断协调发展与有效结合，实现内在与外在的有机统一。当前我国程序法领域内不断发展完善的认罪认罚从宽制度、刑事诉讼法律制度、监察法律制度、民事诉讼法律制度，就是在充分考虑法律程序内部规则与社会和人民群众对公平、正义、效率等不断日益增长的法治需求之间的关联性基础上不断予以修订和完善的。与此同时，还通过不断优化各类实施法律程序的国家机关之间的内部工作流程，实现机构内外协作关系的良性互动，从而提升法律效力和法律公平正义度。

第四节　新时代中国特色社会主义程序法理的理论价值

一、创新程序法理的表达形式

蕴含在习近平法治思想中的新时代中国特色社会主义程序法理，不但为我国程序法治建设和实践提供了一般性的理论指导，而且在创新程序法理的表达形式方面具有重要的理论价值。

（一）全过程人民民主法治理念的创新

习近平法治思想强调全过程人民民主的法治理念，构成新时代中国特色社会主义程序法理的应有之义。这一理念突破了传统法治理论对于特定阶段的侧重，即传统法治理论仅对法治的各个阶段形成独立的关切，反映了对社会秩序、公正、权力制衡以及个体权利的不同关切。习近平法治思想中的程序法理则强调法治应贯穿治理的全过程。2021年10月，习近平总书记在中央人大工作会议上强调，我国全过程人民民主不仅有完整的制度程序，而且有完整的参与实践。我国全过程人民民主实现了过程民主和成果民主、程序民主和实质民主、直接民主和间接民主、人民民主和国家意志相统一，是全链条、全方位、全覆盖的民主，是最广泛、最真实、最管用的社会主义民主。因此，习近平法治思想中的全过程人民民主强调的是民主的人民性、全面性、过程性。其中，人民性是全过程人民民主的本质属性。我国宪法规定了人民是国家的主人，我国一切权力属于人民，这表明我国围绕民主建设起来的一切制度及其实践均须坚持以人民为中心的发展思想，体现和反映人民意志，以维护人民利益为根本追求。即人民是民主权利的享受者，也是民主成果的受益者。体现在程序法治层面，立法过程中要推进科学民主立法，实现立法程序与立法过程的全流程民主，立法规划、法案起草和审议表决的各个环节须融入全过程人民民主，为立法的全过程人民民主提供程序保障。司法过程中，要推动人民陪审员制度和人民监督员制度的健全和完善。民主政治领域要走好新时代群众路线，推进人民群众参与公共决策过程的程序保障制度体系建设和完善，保障全过程人民民主的实质展开。

综上，全过程人民民主这一理念的创新使得程序法治理论更为全面和深刻。就程序的过程和环节而言，使程序法治不仅仅局限于司法阶段，更是囊括了立法、行政、执法、守法等各个环节。这反映了新时代中国特色社会主义程序法理对程序法治理念全面性和系统性的追求，认为程序法治应当在国家治理的各个方面均发挥作用。强调法治全过程的意义在于，通过将程序法治理念贯穿于立法、执法、司法、守法各个环节，并以程序制度加以保障，使法律制定过程和立法决定更为科学合理、规范透明，执法和司法过程和手段更为规范严格、公开公正和高效权威化，从而促进法治权威和法治意识在全社会生成并树立，由此更好地预防和解决社会问题，确保社会公平正义及时获得呈现。强调法治全过程人民民主的意义在于，借此强调法治不仅仅是政府、法院独立完成法治过程的事情，而且需要充分动员和依赖全社会的参与，发挥社会组织的作用，甚至是执政党及全体社会成员的作用。

（二）全面依法治国理念的创新

新时代中国特色社会主义程序法理强调在国家治理过程中，要将依法治国贯穿于国家治理的全过程，包括依法行使权力、依法保障权利、依法维护公平正义，确保法治的全面覆盖和有效实施。这一理念要求建立健全包括完备的法律规范体系、高效的法治实施体系、严密的法治监督体系和有力的法治保障体系在内的中国特色社会主义法治体系，确保法律的制定、执行、解释和监督都符合程序正义的原则，即科学、民主、公开、公正、公平、严格、规范、高效等。这一理念也拓展了程序法理在法治表达中的范围，使法治观念更全面、更系统地渗透到国家治理的各个领域。一是强调法治观念在国家治理的全方位覆盖，包括立法、执法、司法、守法和执政等各个环节，突出了法治贯穿全过程的理念。二是新时代中国特色社会主义程序法理关注法治建设的全面性，不仅强调对法律法规的依从，更注重法治在国家治理方方面面的应用，这涉及社会管理、行政执法、司法公正、依法执政、依法办事等多个领域的法治建设。三是新时代中国特色社会主义程序法理强调法治在国家治理中的核心作用，认为法治是保障国家长治久安的基石。这表现为强调法治是国家治理的基本方略，是保持国家政治稳定、社会和谐的关键。四是强调全社会要树立法治观念，自觉遵守法律法规，这是全面依法治国的基础。该理念强调要加强法治宣传教育，提高全社会法治意识和法律素养，通过程序法治的实施推动和促进全民以各种公众参与渠道广泛参与法治建设，形成共同的法治文化，使法治观念深入人心，促进全民自觉遵守法律，自觉维护法律权威，实现国家治理的规范化、法治化、民主化，为社会稳定与发展提供坚实的制度保障。

（三）全民守法观念的创新

新时代中国特色社会主义程序法理注重全民守法。全民守法就是指全社会成员在行使权利、履行义务、处理事务时，都应当遵循明确的程序规定，确保行为过程的公平、公正、透明和合法。这里的全社会成员不仅包括公民个人，还包括国家机关、社会组织。法律要在社会中发生作用，应具备三个基本条件：首先，全社会成员要信仰法律，并将法律运用起来，否则法律仅仅是"纸上的美丽"，无法转换为现实利益。全民守法是建设法治社会、法治国家的基础，全体社会成员掌握法律、遵守法律、运用法律，自觉抵制违法行为，法治才能成为全社会的信仰，法治权威才能在全社会树立起来。就程序法治而言，全民守法，首先，要求在法律适用过程中应当保障公平与公正。这意味着凡涉及法律程序运行的社会管理领域，所有的程序创设及运行都必须符合公平公正合理的原则，确保每个人都能在公正的环境下行使自己的权利，获得公正的对待。其次，要求程序应当是规范透明的，即程序应当公开、规范、清晰和可理解，这样可以确保每个人都能够了解自己在程序中的权利和义务，以及程序进行的方式和过程，确保权利和义务的实现能够通过程序获得合理期待，从而保障公众对权力享有合理的监督权，防止权力被滥用或者产生不当利益。最后，要求程序要合理，体现在法律程序中，应当充分考虑各方利益，确保程序的设计和执行符合公共利益和社会正义，避免过度扩大权力或者损害公民权利。

在法治意识层面，习近平法治思想提出，应当通过学校、社区、媒体等平台宣传法治理念、实施法治教育，提高公民对法律的认知和理解，使公民树立法治意识，从思想层面为全民守法奠定法治意识基础。程序制度层面，习近平法治思想要求应当通过听证会、征求公众意见、社会研讨等形式，促进公众参与重大公共决策、参与重大公共事务，以此推动公众参与法治建设、推进全过程人民民主的实现，包括法律的制定、修改和实施，政府重大决策过程等，均需要严格按照法律规定，遵循法定程序规则和程序法理要求依法办事。一方面，从立法程序层面保证立法机关遵循立法规则要求，确保其依法立法，以及所立之法为科学的、符合公众利益的良法，保障公民权利在立法层面就能够获得平等对待，防止制度层面因权力与权利结构的严重不平衡而造成的法律权威不足，并由此导致社会公众信权不信法的情况出现。另一方面，也要确保执法司法机关依法执法，防止在决策过程中的权力滥用和越权行为侵害人民群众的合法权益。同时习近平法治思想还要求，通过法治公益广告的推广、法治活动的组织等各类渠道营造浓厚的法治文化氛围，增强公众法治意识，使法治成为公众的一种信仰，推动公众在日常行为中自觉守法。全民守法观念的表达和法治实践，使得法治不再是狭隘的法律专业领域的事情，而是全社会共同的价值和责任，乃至是一项全民事业。例如，由全国普法办公室主办的中国普法网智慧普法平台，以提高全民法律素质和社会法治化管理水平，促进依法治国，推进社会主义法治国家进程为宗旨，宣传我国社会主义民主法治建设的成就，展示普法依法治理成果，普及法律知识，弘扬社会主义法治精神。该智慧平台通过建设在线学法、法治文化、法治资讯等平台宣传法治文化和法律知识，通过链接各地方普法网站、各法律专业网站、普法微信公众号、普法微博及普法客户端，围绕"谁执法谁普法"宣传普法动态、关注法律问题，贴近群众生活，为法律代言，为公正代言，为公民提供方便、快捷的法律咨询和法律服务，成为法律工作者和广大公民的良师益友。这些举措有力地增进和强化了公众法治意识，加快了全民守法社会形态的形成步伐。

二、深化和拓展程序法理的科学内涵

从正当程序的形成与发展历程来看，正当程序经历了实体性正当程序和程序性正当程序两个发展过程。但并非由此表明，西方现代正当程序法治建设就完全贯穿和融通了实体性正当程序和程序性正当程序的程序法理。一方面，在马克思主义观点下，资本主义的法治和治理体系被看作是反映和维护资产阶级权益的工具。马克思主义认为法律是阶级社会的产物，而资本主义社会中的法治主要服务于资产阶级的利益，法律和法律制度的创设、执行往往有助于维护和巩固资产阶级的特权和财富。资本主义法治体系往往合法化了生产关系中的剥削关系，使资本家对工人的剥削在法律框架内成为正当。私有财产制度和有关契约的法律制度在资本主义法治中扮演着维护资本主义经济秩序的角色。资本主义法治还强调个体权利，但这种权利的实现通常受到财产和阶级的限制，法治在其中可能会更偏向于资本家阶层，强化对私有财产的保护。因此，从程序法治角度来讲，资产阶级社会的法即便注重正当法律程序的建设，注重公平正义，更多地也是偏向资本家阶层的公平与公正、平等和效率，对劳动者和底层人民的保护相对较弱，关切也较少，所以其"人民"范畴以及人民利益的大小多少实质由资本家利益所决定。此外，传统的程序法治在特定阶段，更侧重于法治的某个环节或者某个侧面，如现代国家形成阶段，程序法治开始强调对公平正义的追求，此时程序法理侧重于法庭程序和法律制度的中立性和公正性。而到法治和社会变革期，法治开始强调保障公众参与、反腐倡廉等，此时程序法理侧重于权力制约和公众参与的程序建设。因此，以往的程序法理在理论构建和具体的程序法治实践中均缺乏系统性和体系性的融会贯通。

新时代中国特色社会主义程序法理强调全面依法治国，意味着程序法理不仅关注法律程序，还强调在全面依法治国背景下，程序法理需要在各个治理领域得以贯彻和深化，成为国家治理体系的重要组成部分。新时代中国特色社会主义程序法理强调全过程人民民主，意味着人民民主的法治观念在立法、执法、司法、守法等各个阶段都应当通过程序获得全面且真实的体现，使之贯穿于整个法律系统，进而使法律程序系统内部形成协调、有序且和谐的程序法治体系，而不仅仅局限于司法程序或者某一个法治阶段。同时，程序性正当程序和实体性正当程序在实践和理论发展中形成良性循环的相互促进关系。新时代中国特色社会主义程序法理强调中国特色社会主义法治道路，意味着将程序法理纳入了中国特色社会主义法治体系。这深化了程序法理的科学内涵，凸显了程序法理在适应国情、服务于社会主义核心价值观方面的特殊作用。习近平法治思想认为包括程序法理在内的法治，应当适应中国特色社会主义制度，深刻理解中国特色社会主义法治的独特性，这既包括在法治建设中充分发挥社会主义制度的优势，使法治观念与中国特色社会主义的根本制度相契合，也包括法治建设应当与社会主义核心价值观相统一，体现在法律体系应当与中国特色社会主义制度和价值观念相适应，确保法治的方向与社会主义发展方向一致，使法治建设服务于社会主义核心价值观体系。

第三章

新时代中国特色社会主义程序法理的类型化

习近平总书记曾对全面依法治国的总目标——建设中国特色社会主义法治体系，建设社会主义法治国家，作过精辟阐述，即"在中国共产党领导下，坚持中国特色社会主义制度，贯彻中国特色社会主义法治理论，形成完备的法律规范体系、高效的法治实施体系、严密的法治监督体系、有力的法治保障体系"[1]。此后，中共中央印发的关于法治中国、法治政府、法治社会建设的有关规划[2]及其具体展开均遵循了这一逻辑，其中也全面贯穿和体现了习近平法治思想的程序法理。

第一节　立法程序法理

形成完备的法律规范体系是建设中国特色社会主义法治体系的关键环节之一，它要求法律规范之间应当形成一系列互相补充、相互统一协调的体系，其中，每一条、每一步法律规范都有其特定位置、功能和作用，且它们之间的内在逻辑关系恰当合理，但均离不开新时代中国特色社会主义程序法理指导下的立法程序的科学配置和良好运行。

一、科学民主

习近平法治思想中的科学民主立法程序法理，体现了中国特色社会主义法治建设的原则和要求。科学民主是习近平法治思想对立法程序的内外在品质要求之一，也是新时代中国特色社会主义程序法理的科学内涵之一。习近平总书记指出要"深入推进科学立法、民主立法，完善立法体制

---

① 习近平.论坚持全面依法治国 [M].北京：中央文献出版社，2020：93.

② 中共中央分别于2020年12月印发《法治社会建设实施纲要（2020—2025年）》、2021年1月印发《法治中国建设规划（2020—2025年）》、2021年8月印发《法治政府建设实施纲要（2021—2025年）》。

和程序"① "科学立法的核心在于尊重和体现客观规律，民主立法的核心在于为了人民、依靠人民"② 这一重要论述表明，科学民主程序法理重点强调立法手段和法律内容必须符合实践规律、符合社会需求、反映人民意志；立法过程要尊重和体现客观规律，遵守法定程序和程序规则要求；立法内容要统筹兼顾不同群体、不同阶层、不同阶段的人民的根本利益，经得起科学手段与方法的推敲和评估。确保立法成果具有科学性和合理性。科学立法即要求立法过程应以科学的和符合实践规律的方法对立法活动和结果进行监督和指导，确保立法的有效性、公正性和可行性。因此，科学立法要求立法活动应当从实际出发，实事求是，科学合理地配置立法职权、分配权利资源、设置责任义务，建立健全立法起草、论证、协调、审议机制等，完善法律草案表决程序，确保立法能够充分反映社会发展需求和人民意愿。民主立法主要强调以人民为中心，尊重人民主体地位，通过完善制度机制，实现"开门立法"，把民主原则落实到立法工作的各个领域。这意味着，立法过程中要充分考虑和反映人民的意志和利益，保障人民的权利和福祉。立法方式上要创新多元民主参与形式，通过公开立法、公众参与立法讨论等途径，让广大人民群众了解立法内容并参与立法过程，使立法及时回应人民的要求和期待，增强人民对立法的情感期待。立法内容方面必须体现立法活动是为了人民，立法内容具有人民性，以维护人民的根本利益为宗旨，注意确认和保障人民的权利，体现人民意志，维护人民利益；立法应当满足人民的需要和利益，而不是仅仅为了少数人的利益或某些集团的利益。习近平总书记指出："要完善人大的民主民意表达平台和载体，健全吸纳民意、汇集民智的工作机制，推进人大协商、立法协商，把各方面社情民意统一于最广大人民根本利益之中。"③ 因此，一个科学民

---

① 中共中央文献研究室 . 习近平关于全面依法治国论述摘编 [G]. 北京：中央文献出版社，2015：74.

② 习近平 . 论坚持全面依法治国 [M]. 北京：中央文献出版社，2020：95.

③ 习近平著作选读：第二卷 [M]. 北京：人民出版社，2023：532.

主的立法程序，应当是一个合法、公正、科学、民主、平等对待的程序。这样的立法程序中，公众意见将获得充分尊重，立法过程充分融入了科学证据和专家意见，并借助了科学方法和专业知识的有效评估，立法结论有效避免了政治偏见和特殊利益干扰。因此，科学民主的程序法理旨在通过坚持科学立法、民主立法，构建一个科学、合理、高效的法治体系，以保障和促进社会的健康发展和人民福祉的提升。依据科学民主程序法理理念构建起来的立法程序，有助于确保各方利益得到平等对待，确保法律的公平性和合法性，促进立法决策的合法性和正当性，从而进一步促进良法的产生和良好的法律治理实效，有助于增强人民对立法的信任感和参与感。

因此，习近平总书记在《关于党的十八届四中全会通过的〈中共中央关于全面推进依法治国若干重大问题的决定〉的说明》中强调要完善科学立法、民主立法机制，创新公众参与方式，广泛听取各方面意见和建议。2021年1月中共中央印发的《法治中国建设规划（2020—2025年）》从完善立法工作格局、坚持立改废释并举、健全立法工作举措和加强地方立法工作四个方面对建设完备的法律规范体系作出部署和安排，旨在确保立法质量，保障善治，是对科学民主程序法理的具体贯彻和落实。

二、规范透明

规范透明是习近平法治思想对立法程序内在结构构造品质提出的要求，是新时代中国特色社会主义程序法理内涵的基本构成之一。《〈中共中央关于全面推进依法治国若干重大问题的决定〉的说明》中就政府立法指出"要加强和改进政府立法制度建设，完善行政法规、规章制定程序，完善公众参与政府立法机制"。这表明，立法领域也需要严格遵循规范透明的程序法理要求。立法活动本身就是法律程序的一部分，规范透明的立法程序法理强调立法程序的民主性和公开性，与科学民主的立法程序法理有一定的相通性，但更强调立法过程的规范性和透明性，其目的在于促进公众参与、提升法律效力，提升立法及政府行为的透明度，确保立法活动及政府和司法机关活动能够在一个公正、公开和有序的环境中进行。规范透明的程序法理要求，程序规则的创制应当遵循透明、公开、民主的原则，充分征求人民的意见和建议，使法律程序制度化的过程正当化、规范化、格式化，由此限制立法者和执法者的恣意，保证立法的良法质量和执法的公正实效。这样可以确保程序规则的合理性、合法性和正当性，保障人民的知情权和参与权，使人民能够在程序规则的制定过程中发表意见，保护自身权益，从而无论其社会地位、财富状况或政治背景如何，确保程序规则平等地适用于所有人。这种平等适用原则体现了法治理论中对人民平等权利的保护，保障了人民在行政和司法程序中的权利得到平等对待。程序规则的运行应当确保公正和公平，保障人民在行政和司法程序中的合法权益得到保护。这包括对程序规则的公正执行、公平裁决以及对权力的监督和制约，从而保障人民在程序规则下的权利得到公正对待。规范透明的程序法理强调程序规则的监督和保障机制的建立和完善，以确保程序规则的有效实施。这包括对程序规则执行过程中的监督机制，以及对程序规则的违法行为进行追责和惩处，从而保障人民的权益不受侵犯。

立法过程中，通过公开讨论和透明决策，有助于确保各方意见获得充分表达和利益获得平等对待，从而使通过这种立法程序产生的立法结论能够充分体现和反映人民意志。同时，立法程序的透明性还可以促进法律的不断更新和调整，使法律能够更好地适应社会的发展和变化，从而保持其科学性和适应性。这一法理还强调，制定法律的程序性要求和条件以及立法过程需要遵循的其他要求均须通过法律予以明确规定，由此实现对立法及立法程序、匡正程序、修改程序、讨论程序、表决程序等行为的规范和约束，确保立法过程是公开的、公众参与是合法的、公众意见是被充分考虑的，从而使立法过程更具客观性、权威性、可行性和可持续性，确保立法过程是基于事实、数据和评估结果进行的。因此，规范透明关注的重点是立法程序内在结构方面，价值指向为立法程序品质的提升和程序参与者行为的约束。

三、依法立法

习近平总书记强调，立法应当依照法定权限和法定程序进行，这一点在党的十九大报告中得到了明确。这表明依法立法不仅是法教义学的基本立场，也是习近平法治思想的重要法理基础。① 它是针对我国立法程序提出的具体要求，是新时代中国特色社会主义程序法理的基本内容之一。党的十九大报告将依法立法原则同科学民主立法原则并列提出，目的在于以良法促进发展、保障善治。"依法立法的核心在于以宪法为根据，依照法定权限和程序制定或修改法律法规。维护社会主义法制的统一、尊严、权威，要从国家利益出发，从人民长远、根本利益出发，防止只从地方、部门利益出发，搞地方、部门保护主义。"② 在习近平总书记系列重要讲话中，要求完善立法工作机制和程序，扩大公众有序参与，充分听取各方面意见。这体现了习近平法治思想在立法程序上的精细化要求，旨在使法律准确反映经济社会发展要求，更好地协调利益关系。③ 依法立法原则的最重要内涵是坚持依宪立法。依宪立法，即依据宪法来制定法律法规，这是立法工作必须遵循的基本原则。习近平总书记指出，"宪法是法律的基础"，"我们要以宪法为最高法律规范，继续完善以宪法为核心的中国特色社会主义法律体系，把国家各项事业和各项工作纳入法制轨道，实行有法可依、有法必依、执法必严、违法必究，维护社会公平正义，实现国家和社会生活的制度化、法制化"④。这表明，立法活动首先要遵循宪法的规定，以确保立

---

① 赵一单 . 依法立法原则的法理阐释：基于法教义学的立场 [J]. 法制与社会发展，2020，26（5）：38–50.

② 《习近平法治思想概论》编写组 . 习近平法治思想概论 [M]. 北京：高等教育出版社，2021：196.

③ 孟凡政 . 顶层设计精细化立法程序 保障依法立法 依程序立法 [EB/OL]. http://www.npc.gov.cn/npc/c1773/c1848/c21114/c25534/c25537/201905/t20190521_215230.html.

④ 中共中央文献研究室编 . 习近平关于全面依法治国论述摘编 [G]. 北京：中央文献出版社，2015：42–43.

法活动和立法结果的合宪性和合法性。从程序法治角度分析，依法立法法理主要有以下五个方面：第一，要严格以宪法为一切法律的总依据和总遵循，确保国家各项工作始终在宪法的框架内进行，维护宪法的权威和尊严。第二，立法程序要规范化。立法程序包括法律议案的提出、审议、表决、公布等环节，这些立法程序体现了立法过程的规范性和科学性，确保了法律的制定既符合法律原则，又能有效实施。第三，依法立法的内涵还包括按照法定立法权限立法，这就要求立法活动必须在法定权限和范围内进行，任何超越法定立法权限或者违反法定立法程序的行为都是不被允许的。第四，立法要科学决策、民主决策、依法决策相统一，注重各方面的参与和意见的表达，保障立法的科学性、合法性和民主性，确保立法的科学性和有效性。第五，要严格立法程序，使立法活动不仅要遵循法定权限，还要严格遵循法定程序，确保立法的合宪性和正当性。

第二节　法治实施程序法理

法治实施程序是良法善治价值理念得以运用的必经阶段。建设法治国家必须使法律获得有效实施，由此在国家、公民和组织之间建立合法有效且合理的权利义务关系，从而激励公众参与法治实施过程，促使社会公众逐渐形成知法、懂法、守法的法律意识，共同维护法治，确保法律规范在社会生活中全面落实。

一、高效权威

公平且冗长的法律程序未必就能生产出高质高效的法律决定，合理正当的法律程序还应当是高效权威的。新时代以来，我国在程序法治领域内更加注重高效权威的法治实施品质。习近平总书记指出："对部门间争议较大的重要立法事项，由决策机关引入第三方评估，不能久拖不决。"[①]习近平总书记还强调："要围绕让人民群众在每一项法律制度、每一个执法决定、每一宗司法案件中都感受到公平正义这个目标，深化司法体制综合配套改革，加快建设公正高效权威的社会主义司法制度。"[②]法治实施包括宪法实施，立法又是宪法实施的基本方式，立法程序属于宪法实施程序。《法治中国建设规划（2020—2025年）》提出要健全立法立项、起草、论证、协调、审议机制，这实质是对高效权威程序法理逻辑的具体遵循。立法过程中，立法活动依照科学民主、规范透明的法理要求，通过遵循包括合理规划下的程序和时间节点等在内的各项要素的标准和要求，使通过立法程序产生的法律决定对这些要素有所体现，确保法律决定是在遵循具备合法、公正、透明、科学、效率和稳定等程序要素的法律程序的基础上产生的，使社会和公众对此产生足够的信赖和认可，从而推动法治实施高效化，使宪法法律在社会公众心目中权威化。

高效权威程序法理强调，法律程序应当具备效率和效力的品质，法律程序应当能够迅速、有效地处理法律决定，以保证法律程序在具备合理性和公正性的前提下，尽可能地提高程序的执行效率，减少程序运行周期，确保法治实施机关能够及时为公民提供法治服务和保障。这包括确立明确的法律程序和规则，简化烦琐的诉讼程序，以及提供适当的资源和设施，以促进法律程序的高效进行。这是程序法理对法律程序高效性的要求。权威性方面，指的是法律程序的合法性和公信力，以及法治实施机关的权威地位和决定的权威性。高效权威的程序法理要求，法治实施机关的法律决定能够得到公民的尊重和遵守，保障法律的权威性和执行力，这就需要法治实施机关依据法律程序和规则，以公正、客观、独立的态度产生法律决

---

① 习近平. 论坚持全面依法治国 [M]. 北京：中央文献出版社，2020：96.

② 中共中央党史和文献研究院，中央学习贯彻习近平新时代中国特色社会主义思想主题教育领导小组办公室. 习近平新时代中国特色社会主义思想专题摘编 [G]. 北京：党建读物出版社，中央文献出版社，2023：299.

定，确保法律决策的合法性和公正性，从而增强公众对法律程序的信任和尊重。高效权威的程序法理还要求，法律程序在追求高效性的同时，要保持法律程序的平衡性和公正性，这包括平衡对法律决定的快速处理和对当事人权利的保护，平衡法治实施机关的权威和公民的权利，以及平衡法治实施效率和法治实施质量。只有在保持平衡的前提下，法律程序才能既高效又具有权威性。因此，高效权威的程序法理旨在建立一个既能快速解决法律问题，又能保障公民权益的法律和法治实施体系，以确保社会的公平、正义和法治。

二、严格公正

严格公正是习近平法治思想对执法、司法实施程序提出的法理要求。2017年1月7日，习近平总书记在中央政法工作会议讲话中强调指出，"严格文明公正执法是一个整体，要全面贯彻。文明执法、公正执法要强调，严格执法也要强调，不能畸轻畸重"①。2019年5月7日，习近平总书记在全国公安工作会议上的讲话中再次强调，公平正义是执法司法工作的生命线。该法理要求，法治实施过程中对事实审查、判断和认定，必须严格依照法律规定和程序要求进行，遵循程序公开、透明、中立等价值准则，尽量做到完备真实，不扭曲事实和基本价值认知，保证法治实施活动合法合理、公平公正。为此，习近平总书记还提出要严格执法、公正司法，让执法司法权在制度的笼子里运行。具体而言，执法、司法层面分别要求"全面推行行政执法公示制度""深化司法体制综合配套改革，全面落实司法责任制"。

严格公正程序法理主要强调，在法律实施和司法程序中，要确保程序的严谨性和公正性，以维护法治和保障公民权利。严格公正的程序法理

---

① 中共中央文献研究室. 习近平关于全面依法治国论述摘编 [M]. 中央文献出版社，2015：8.

要求，法律程序能够按照法律规定和程序要求进行，避免程序上的任何错误或偏差。这包括确立严密的程序和规则，确保每个程序环节上都能够严格执行，以防止程序上的任何瑕疵或违规行为，保障程序的完整性和严谨性。公正性是严格公正的程序法理核心要求之一。它要求法律程序能够保障所有当事人在司法过程中的平等地位和权利，不偏不倚地对待每一个当事人，确保司法裁决的公正性和公平性。这包括在程序设计和实施过程中，充分考虑各方利益和权利，确保程序的公开透明，以便公众监督和审查。严格公正的程序法理同时要求，法律程序能够有效保障当事人的各项权利，包括诉讼权利、辩护权利、证据权利、申诉复核权利等。这包括确保当事人能够获得公正的审判、拥有充分的辩护权利、合法收集和使用证据、对执法机关和司法机关的法律裁决提出申诉和复核等，确保法律裁决的合法性和正当性。严格公正的程序法理还要求建立独立、公正的司法机关，确保司法裁决独立于政治和其他外部干扰，并以客观、公正的态度进行审判。这包括司法机关的独立性和公正性，以及对司法人员的职业操守和道德标准作出规制和规范的要求。总之，严格公正的程序法理旨在建立一个严谨、公正、公平的法律和执法司法体系，确保每一个人在执法司法过程中都能够获得公正对待和司法保障，维护社会的公平、正义和法治。

三、依法办事

　　法治的重要目标之一就是要在公众中树立法治权威和法治意识，而法治的权威则来自于老百姓对法律最朴素的情感期待。当公民遇到问题就要寻求"上访""找关系"等法外途径和方式解决时，意味着法律在公众中尚未形成最高权威、法治意识在公众中尚未树立。习近平法治思想中的依法办事程序法理，是对法治原则的深化和具体化。习近平总书记在党的十八大报告中提出的"全民守法"、"坚持法律面前人人平等"及"有法必依"都是围绕守法主体对实现依法治国提出的明确要求，表明"守法"是一项"全民"事业。^① 依法办事体现了公民、社会组织等主体对法治权威和法治意识的尊重和崇尚。程序法理层面依法办事是一种法治状态，是法治追求的目标之一；法治实践层面，依法办事是一种法律行为过程，是公民、社会组织等主体尊崇法治权威和法治意识的具象化。它既包含守法主体依照法律程序参与社会公共事务、解决矛盾纠纷的积极守法行为，也包括守法主体在法律规定的底线内依法生活的消极守法状态。它是指在行政、司法和其他各领域内，各级政府机关、法律机构、社会组织和个人在处理事务和解决争议时，必须严格按照法律规定和程序要求进行操作的原则和理念。积极守法过程中，守法主体经由法律程序指引，通过依法产生重大公共决策、参与重大公共决策、司法调解、司法听证等重大法律和司法活动，有效实现知情权、参与权、诉讼权、救济权、监督权等权益保障，同时也对国家机关行为产生监督和批评实效，表明法治权威在公民日常生活中超越了权力权威，法治在公众中得以认同和尊重，法治意识在公众中得以建立。《法治社会建设实施纲要（2020—2025年）》对全民守法的法治社会的构筑规划和思路体现和遵循了习近平法治思想中依法办事的程序法理原则。

依法办事是法治国家的基本原则之一。它要求所有行政机关、司法机关、社会组织和全体公民在处理事务和解决争议时，必须遵守法律和法规的规定，依据法定程序进行操作，确保行为的合法性和合规性。从国家机关、社会组织团体角度而言，依法办事强调行政和司法程序的合法性和正当性。这包括在程序设计和实施过程中，确保程序的合法性和公正性，遵循法定程序和规则，不得任意扩大或限制程序的范围和要求。依法办事还要求程序具有公平性和公正性。这意味着程序运行过程中，必须确保各方当事人的权利得到充分保障，不偏不倚地对待每一个当事人，确保程序的公开透明性，以便公众监督和审查。从公民个体角度而言，应从以下四方

---

① 李林，莫纪宏. 全面依法治国建设法治中国 [M]. 北京：中国社会科学出版社，2019：123.

面理解依法办事：首先，依法办事要求遵守国家的法律法规。这意味着在个人行为和社会活动中，公民必须遵循国家制定的法律规定，不得违法违规，不得损害社会公共利益和他人合法权益。其次，依法办事要求公民在处理事务时，必须遵守法定程序要求，包括遵循程序规定、尊重程序性权利、履行程序义务等，确保行为的合法性和程序的合规性。再次，公民依法办事还要求个人处理事务时，必须合理公正，不得滥用权力，不得违法违规，不得以非法手段谋取私利等。最后，公民依法办事也涵盖了对个人责任和义务的履行。这包括尊重社会公共秩序、维护社会稳定、履行公民义务等，以确保个人行为和社会活动的合法性和正当性。总之，就公民而言，依法办事是建立在法治原则基础上的一种公民行为规范和社会规范，旨在保障个人权利和社会公共利益的平衡，维护社会的公平、正义和法治。

第三节　法治监督程序法理

习近平总书记提出要构建党统一领导、全面覆盖、权威高效的法治监督体系，法治监督程序作为法治监督体系的重要组成部分，必然覆盖法治建设的各个环节，因此程序法理也必然贯穿于上述全过程。

一、合宪性审查

习近平总书记指出："有关方面拟出台的法规规章、重要政策和重大举措，凡涉及宪法有关规定如何理解、如何适用的，都应当事先经过全国人大常委会合宪性审查，确保同宪法规定、宪法精神相符合。"[①]这是习近平法治思想中的合宪性审查程序法理思想的具体体现之一，表明合宪性审查是实现依法治国、依宪治国的重要手段，对于维护宪法权威和法治统一具有重要意义。为了推进合宪性审查工作，党中央出台了关于推进合

---

① 习近平. 论坚持全面依法治国 [M]. 北京：中央文献出版社，2020：206.

宪性审查的指导文件，明确了从事前、事中和事后全过程的合宪性审查责任、程序和机制，这说明合宪性审查工作不仅是理论上的要求，也是实践中的具体措施。

合宪性审查是指通过一定的法律程序对法律、法规、规章或政府有关重要决策和重大举措行为进行审查，以确定其是否符合宪法规定的原则、精神和价值观。这种审查通常由全国人大常委会这一专门机构进行，旨在确保立法、行政、司法等行为符合宪法规定的基本原则，如党的领导、人权保障、人民主权、民主集中制、权力监督和制约原则等。合宪性的基础是宪法至上性原则，意即宪法是国家的根本法，任何法律都必须符合宪法并依据宪法制定，针对的对象主要是法律、法规、规章及各类规范性文件的制定和实施。通过合宪性审查，对可能存在的违反宪法问题予以发现和纠正，维护宪法权威。具体来说，就是要建立健全包括备案审查程序、审查范围、审查标准、纠正措施在内的法律、法规、规章等规范性文件备案审查制度。其目的在于：一是保护宪法权利和宪法所确立的法治精神和价值观。通过审查法律、法规、规章或政府行为，确保经过科学民主程序制定的法律、法规、规章等规范性文件同宪法精神、原则和内容保持一致，使所立之法不违背宪法，也确保政府及其他权力机构的行为符合宪法规定的原则、精神和价值观。二是通过审查确保政府及其他权力机构的行为符合宪法规定，维护宪法的权威性和合法性，保护公民的基本权利和自由，防止权力滥用或权力运行违反宪法精神和原则。三是合宪性审查程序强调法律的约束力和司法独立性，通过合宪性审查，有助于促进法律的公正适用和法律适用的统一性和一致性。四是合宪性审查程序法理上允许公民通过司法途径对政府行为和部分层级权力机构的立法行为进行监督，由此促进民主原则的实现，确保政府及权力机构在行使权力时能够充分考虑公民的意愿和利益。五是在现有权力配置体系框架下，合宪性审查可以作为解决不同权力机构之间权力分歧的一种机制，以此维护权力机构之间的平衡。

习近平法治思想中提到,要完善宪法监督制度,积极稳妥推进合宪性审查工作,加强备案审查制度和能力建设。这意味着合宪性审查制度需要不断完善,以适应新时代中国特色社会主义法治建设的需要。合宪性审查程序法包括合宪性审查启动主体、受理、初步审查程序、正式审查程序、审查的基准、审查的方式、审查初步意见等环节。这些程序的设计旨在确保合宪性审查能够公正、有效地进行。我国的合宪性审查由全国人大及其常委会负责。这一点体现了我国在合宪性审查方面的组织结构和权力分配,确保了宪法监督的有效性。总之,习近平法治思想中的合宪性审查程序法理涵盖了合宪性审查的重要性、推进措施、制度完善、程序设计、审查主体、法理基础等多个方面,体现了依宪治国的核心理念和实践要求。

二、执法公开

执法公开是新时代中国特色社会主义程序法理对行政执法行为提出的程序性要求。习近平总书记曾强调要加强对执法活动的监督。[①] 阳光是最好的防腐剂,"公开"意味着透明和公之于众,将行政执法行为公开就意味着执法过程应当是公开透明并为公众所知晓的,使执法过程暴露于阳光之下,让公众能够了解执法机关的工作方式、程序和决策依据,以便接受公众监督,从而促进和保障执法过程的公正性和合法性。因此,习近平法治思想中的执法公开程序法理主要体现在五方面。一是强调要尊重人民群众的主体地位,要求执法过程应当确保程序参与各方当事人的程序性权利得到保护,包括听证权、辩护权、申诉权等。执法机构在行使职权时应当遵守公平、公正、独立和客观的原则,不偏袒任何一方,确保当事人在执法过程中获得平等对待。这意味着执法公开程序应当充分考虑人民群众的意见和需求,确保执法活动更加透明、公正。二是执法内容和范围必

---

① 中共中央文献研究室.习近平关于全面依法治国论述摘编[G].北京:中央文献出版社,
2015:60.

须公开。这包括执法过程、执法依据、执法结果等，例如，行政机关应当向社会公众公开行政处罚决定、行政复议结果等生效的法律文书。这些规定体现了行政执法公开程序应当涵盖执法的各个方面，确保公众能够全面了解执法过程。三是执法行为必须符合法律规定和程序要求，不得违反宪法、法律或其他法规规定。执法机关在行使职权时必须依法办事，不能滥用职权或越权行使权力。四是执法过程所遵循的执法程序要具有一定的规范性，即按照既定的程序和标准进行操作，包括对证据的收集、审查、采纳，以及对当事人的通知、听证和决定等程序性要求，没有法定事由和情形，不得任意简化程序和缩减当事人的程序性权利。五是要完善行政执法程序，全面推行行政执法公示制度，包括按照行政执法类型制定完善行政执法程序规范，以及据此进行执法的过程公开等。总之，执法公开程序法理强调尊重人民，参与公开、公正、透明的原则。执法公开的程序法理的核心要义在于，执法机关在处理执法事项过程中，执法人员应当具有符合法律要求的执法资格，执法行为应当有明确的执法程序和规则依据，执法过程应当通过法定途径和方式向社会予以公示和公布。同时，执法机关有义务告知公民由于执法行为原因需要运用诉讼程序、申请行政复议、调解等保护合法权益的救济机会和途径。通过全面推行行政执法公示制度、强化事前公开等措施，旨在提升行政执法的透明度和公众的满意度，从而推动法治中国建设向纵深发展。

执法公开，有助于法治国家建设。一是可以有效增进公众对执法机构的信任度。因为在执法公开的过程中，公众可以清晰地了解执法机构的工作方式和决策依据，从而认为执法程序更为公正和透明。同时，执法公开过程中，公众通过参与执法过程也能够提高社会责任感和法治意识。二是能够有效保障个人的合法权益。例如，在执法过程中，听证权、辩护权、申诉权等的行使能够让当事人和公众对执法机构的执法行为形成监督之势，确保执法程序的规范运行和执法行为的公正性和合法性，从而防止权力滥用和越权等不当行为对公民的合法权益造成不法侵害。三是有助于维护社会稳定和法治秩序。这是因为公开的执法程序能够增加社会的公正感和信任度，减少社会矛盾和纠纷的发生，从而促进社会的和谐与进步。四是提升执法机构的效率和效果。因为公开的执法过程能够让当事人和公众更加理解和配合执法机构的工作，减少误解和抵触，从而更好地实现执法目标和维护社会秩序。

三、司法公开

司法公开是实现司法公正的重要途径之一，但司法公开必须以程序公开为前提，通过司法公开，可以有效防止权力滥用等腐败现象，确保每一个案件都能得到公平公正处理。习近平总书记指出："要坚持以公开促公正、树公信，构建开放、动态、透明、便民的阳光司法机制，杜绝暗箱操作，坚决遏制司法腐败。"[①] 司法公开意味着，除了法律规定的特殊情况外，所有与案件相关的信息都应向公众公开，以保障公民的知情权和参与权。这就要求司法过程的每个环节都应当是规范透明和公正公平的，即案件整个审判过程需要在公开环境中进行，使公众及时了解司法程序进展和审判结果，包括诉讼材料、裁判文书、审判信息等情况，确保司法规范、独立和透明，保障诉讼参与主体各方在司法活动中获得平等对待。体现在审判程序环节，司法过程要求审判程序要公开进行，以便公众能够了解案件审理的全部过程和结果，促进司法机关自觉接受各项监督，依法履行职责，旨在增进社会公众对司法机构的信任，提高司法的透明度和公正性，增强司法公信力，确保司法公正。司法过程要求法官在审理案件时要公正、独立和客观，不受任何非法干扰和压力，在审理案件和作出司法裁决时，应当依法审理案件并依法作出裁决，保持不偏不倚的客观中立态度，不能偏袒任何一方，确保案件审理过程的公正性和司法裁决结果的公正性。司法过程要求司法程序应当公正、合法和规范，包括要遵循当事人的平等对

---

① 习近平.论坚持全面依法治国 [M].北京：中央文献出版社，2020：115.

待、公正听证、证据采信和争议解决等程序性要求，确保案件获得公正审理，案件审理程序合法合规。司法公开要求司法机关对案件办理流程、案件收费标准、裁判文书等应当及时、完整地进行公开，旨在让社会公众和当事人全面地了解司法过程、案件的事实、理由和裁判结果，从而增加司法透明度、司法公正性和可接受性，促进司法实践的一致性和稳定性。

在我国，司法程序主要包括刑事司法程序、民事司法程序和行政司法程序。刑事司法公开程序，主要强调国家在对犯罪行为进行审判时，除依法列入不能公开事项的范围外，均应就审判过程及其结果依法向公众公开。在此过程中，司法人员应当秉持公正、无私、廉洁态度，积极主动作为，实现公正审判；被告人依法享有辩护、申辩、诉讼和不受非法羁押逮捕与刑讯逼供等权利；裁判结果公布后执行阶段也应当公开进行，不能秘密执行或包庇犯罪人员，确保司法公正。民事司法公开程序是法治社会中保障司法公正和提高司法透明度的重要机制。民事司法程序遵循公开审判原则和例外保密原则。公开审判原则即民事案件的审理过程原则上应公开进行，以确保公众对司法活动的知情权和监督权。例外保密原则即在特定情况下，如涉及国家机密、商业秘密或个人隐私等，可以不公开审理。具体程序方面，如发布公开审理的公告，也即法院应在开庭前通过公告等方式，告知公众案件的审理时间、地点等信息；公开审理的实施，法院在案件审理过程中，允许公众旁听，并通过媒体等方式向社会公开审理情况。在公开审理的内容方面主要体现为，庭审过程的公开和裁判结果的公开。庭审过程的公开主要包括法庭调查、证据展示、法庭辩论等环节；裁判结果公开主要指法院的裁判文书应公开发布，让公众了解案件的审理结果和法律依据。行政司法公开程序的具体逻辑展开主要体现为，公告或通知与相关当事人和公众有关的案件或行政司法程序信息，包括案件性质、当事人身份、法律依据、诉讼请求、时间地点等相关信息。公告和通知可以通过官方网站、公告栏、报纸、手机短信等方式进行。行政司法过程通常还包括听证和辩论环节，允许相关当事人在公开场合进行陈述和辩论。听证会上，当事人可以陈述自己的意见和提供有利证据，并与其他诉讼参与人进行辩论和交流，从而确保案件的公正审理和当事人权利的有效保障。行政司法公开程序的最终结果是行政司法裁决的作出。裁决结果通常以裁判文书的形式进行公开，其中包括案件事实、裁判理由、裁判结果等内容。这样有助于司法透明和公正，促进司法实践的一致性、法律适用的统一性和司法的稳定性。

第四章

新时代中国特色社会主义程序法理的实践指向

第一节　监督和制约权力

一、监督与制约权力的程序法理逻辑

理想状态下，围绕程序法理构建起来的程序法律制度及程序实践机制，通过确立规则标准、强化监督机制、提升透明度和公开性、建立救济机制以及强化司法保障等多种方式，在权力的监督和制约方面发挥着至关重要的作用，为权力的合法行使和社会公正的实现提供了有效的制度保障。

首先，确立权力行使的规范标准，防止权力滥用或任意行使。一是程序法治通过明确的法律规定和程序规则程式，为权力执行设定明确的运行边界和规范标准，这些规范标准为权力的监督和制约提供了法律依据和指导准则。其中包括权力机关行为的合法性界限、程序公正标准、程序透明规则等。程序法治强调权力机构只能在法律授权的范围内行使权力，即法无授权不可为。这意味着行政机关必须依据法律的规定和程序制度规定的程序步骤行使权力和履行职责，不能有滥用权力的行为或者超越法定权限范围进行权力活动的行为，否则就构成违法，依法应当承担相应的法律后果。因此，程序法治为权力划定了行使规范和标准，确保了权力的合法性和合理性，有效地防止了权力滥用和权力的任意行使。二是确立程序合法性原则，保障通过权力产生的决策的合法性和正当性。程序法治要求国家机关的行为和决定必须符合法律的规定和程序要求。国家机关在行使权力时，必须遵循既定的程序规则，按照程序规则规定的程序步骤和程序要求行使权力，如进行重大公共决策时必须进行公开听证、征求公众意见等，以避免暗箱操作或公共利益部门化、集团化，确保决策的合法性和决策过程的正当性，同时也提升了公众对行政行为的信任度。三是确立程序公正原则，确保经由程序产生的法律决定的客观性和公正性。程序法治要求国家机关在行使权力时必须保持公平公正、客观中立，不得偏袒任何一方利益，不受个人偏见和利益的影响，更不能受到来自程序之外的权力的不当干涉和影响。程序法治以客观中立、公平对待的程序理念为指引，通过设计公正的程序规则运行机制，保证了法律决策的客观性和中立性，避免了公众和程序参与人利益在程序运行中受到权力的不当干涉。四是确立程序透明性原则，有助于公众监督和参与重大决策过程。程序法治要求国家机关在行使权力时必须保持透明和公开，向公众和相关利益方提供必要的信息和决策进程，包括提供决策的依据、程序运行规则和程序运行结果都应当向社会公众进行公开和解释，以便公众对国家机关的行为有所预见，增强国家机关行为的可追溯性，便于公众参与和对其进行监督。

其次，强化监督机制。程序法治建立了多层次、多方面的监督机制，包括内部监督机制、外部监督机制、司法监督机制等，确保权力行使符合法律规定。这些监督机制通过规定权力行使的程序的方式实现对权力行为的审查、监督和评估。程序法治通过建立多层次、多方面的监督机制，有效地制约和监督滥用职权和违法行为的发生，包括内部监督、外部监督、司法监督等。这些监督机制通过程序规定的方式对权力行为进行审查、监督和评估。一是程序法治要求国家机关建立内部监督机制，通过国家机关内部的自我监督和审查，确保权力行使符合法律规定和程序要求。内部监督机制可以包括国家机关内部的审计监督、督查、检查等部门，负责监督和评估国家机关的运行状况和行为合法性。二是程序法治还要求建立外部监督机制，确保其依法行使权力，避免权力滥用和违法行为的发生。外部监督机制包括立法机构、行政监管机构、审计机构、媒体等外部机构对国家机关行为进行的监督和评价。外部监督机制可以通过听证会、调查报告、监察委员会等方式实现。三是程序法治强调建立司法监督机制，即人民检察院对国家机关行为的法律监督、监察委员会对国家机关及其工作人员行为的纪法监督、人民法院对行政机关和司法机关等的行为进行司法审查和裁决的监督。通过司法监督机制，可以有效地纠正国家机关的错误行为，保障个人权利和社会公平正义。四是程序法治强调建立多层次的监督机制，包括垂直监督和水平监督。垂直监督指上级机关对下级机关的监督，确保下级机关的行为符合法律规定和上级指示。水平监督指的是同级机关或其他机构对国家机关行为进行的监督。多层次监督机制增加了监督的全面性和有效性。

再次，提升透明度和公开性。程序法治强调透明度和信息公开原则，要求国家机关在行使权力时公开相关信息和决策过程，接受公众监督，以有效提高国家机关的责任感和自律性，减少权力滥用和腐败现象的发生。程序法治通过透明度原则、信息公开制度、公众参与机制和决策公正原则等方式，增强国家机关权力行使过程中的透明度和公开性，提高公众对国家机关行为的监督能力和信任度，提升权力运行的公正性和民主化程度。一是程序法治要求国家机关在行使权力的过程中保持透明度，即对相关信息和决策过程进行公开和透明，确保公众能够获得足够的信息，了解国家机关的决策依据、程序规定和执行结果，以增强社会公众对国家机关行为的监督能力和信任度。二是程序法治还要求建立信息公开制度，即国家机关应当主动公开相关信息，如国家机关行使权力的依据、程序规则、决策文件等。这些信息公开制度为公民和社会组织提供了获取信息的途径，有助于增强公众对国家机关行为的了解和监督，促进国家机关的透明化和公开化。三是程序法治强调建立公众参与机制，即公民和社会组织参与行政决策的过程，以增强国家机关决策的合法性和可接受性。这些公众参与机制通常包括公开听证、征求意见、社会评估等方式，目的在于鼓励和促进公众参与国家机关的重大决策事务，充分表达自己的意见和建议，使公共决策能够尽可能最大化地反映人民意志、体现客观规律、体现人民性，而非体现部门化或集团化的利益结果。四是程序法治要求国家机关在行使权力时要保持客观公正，不偏袒任何一方。这体现为国家机关的决策依据必须是依据客观的事实和法律的规定，而不是某个权威个人或者利益集团的意志。因此决策过程和结果必须不受个人偏见和利益影响，保证决策的合法性、科学性和公正性。

最后，建立救济机制。程序法治确立了各种救济机制，以有效地纠正国家机关的错误行为，保障个人权利和社会公平正义。这些救济机制如申诉复议救济、行政诉讼救济、国家赔偿救济等，为公民和社会组织提供了追索权利和维护合法权利的途径。一是行政救济机制。行政救济是指公民和组织向行政机关申请救济，要求行政机关进行自我纠正或者撤销不法行为的程序机制。比如，公民可以向行政机关提出申诉、投诉等请求，要求行政机关对其作出的行政决定进行重新审查或者撤销其不当的行政行为。行政救济机制属于行政机关内部的一种自我纠错机制，有助于解决行政纠纷、维护公民的合法权益。二是行政诉讼救济机制。行政诉讼是指公民和社会组织通过司法途径向人民法院提起诉讼的行为，目的是要求人民法院通过依法裁决并撤销违法行政行为来维护自身合法权益的程序救济机制。在这一程序救济机制中，公民、组织可以通过行政诉讼程序，依法行使诉讼权利，追究行政机关的违法责任，实现保护自身合法权益的诉讼目的。这种程序救济机制是一种司法救济机制，有助于解决复杂的行政纠纷和保障个人权利。三是救济效力。程序法治要求救济机制具有一定的救济效力，即救济决定具有约束力和执行力。行政机关在接受行政救济决定或者行政诉讼裁决结论后，必须依法执行救济决定或人民法院的行政裁决，确保公民和社会组织的合法权益获得有效保障。

二、新时代中国特色社会主义程序法理实践指向监督与制约权力

习近平总书记指出："权力不论大小，只要不受制约和监督，都可能被滥用。要强化制约，合理分解权力，科学配置权力，不同性质的权力由

不同部门、单位、个人行使，形成科学的权力结构和运行机制。"[①] "腐败的本质是权力出轨、越轨，许多腐败问题都与权力配置不科学、使用不规范、监督不到位有关。反腐倡廉法规制度建设要围绕授权、用权、制权等环节，合理确定权力归属，划清权力边界，厘清权力清单，明确什么权能用，什么权不能用，强化权力流程控制……"[②] 权力具有公共性后，运行过程中就有异化的可能，即权力主体和客体之间关系发生错位、权力运行偏离了权力公共性的目的和性质。习近平总书记的上列重要论述，一方面强调了权力制约和监督的必要性，另一方面强调了对权力进行制约和监督贯穿于权力的设定、构造、运行和控制等全部过程。

理论上，制约和监督权力的模式主要有四种，即以权力制约权力、以权利制约权力、以法律制约权力和以社会制约权力。[③] 权力制约权力模式中，制约和监督权力的是另一种权力，这种模式容易陷入"谁来监督监督者"的权力监督死循环。权利制约权力模式的基础是恰当配置权利，使权利对权力滥用起到限制和遏制的作用。因此，权利制约权力的关键在于如何在制度中协调配置权利与权力并使之恰当运行，一旦权利保障不足，监督制约实效就无法显现，目的也难以实现。因此，这种制约模式的关键仍在于以法律和法律程序为核心的制度的科学合理介入。以社会制约权力模式的核心在于引入社会公众作为广泛的监督机构，它强调社会作为第三方角色的作用。这种监督模式固然能够对权力行使起到监督和制约作用，但若要将其完整地贯穿于权力设定、构造、运行和控制等全部流程之中，仍离不开法律和法律程序的科学配置。因此，相比之下，以法律制约权力的模式通过法律程序对权力进行监督和制约是最佳手段之一，而法律制约权

---

① 中共中央文献研究室. 习近平关于全面依法治国论述摘编 [G]. 北京：中央文献出版社，2015（4）：59.

② 习近平. 论坚持全面依法治国 [M]. 北京：中央文献出版社，2020：151–152.

③ 赵勇，汪仲启. 权力运行制约和监督体系建设 [M]. 北京：经济科学出版社，2020：18–21.

力仍离不开法律程序。以法律制约权力的模式中，通过法律程序对权力实施主体及其权力实施行为进行监督和制约是最佳手段之一。习近平法治思想中，科学民主、规范透明、权威高效的程序法理既要求立法程序内在设置须遵循科学合理原则，使立法程序构造的内在各个要素符合时代客观需求，符合人民大众对公平参与、合理表达愿望的需求。同时要求，依据内在立法程序设置要素形成的立法程序，其运行过程和结果产出也必须同时符合客观规律和反映人民意愿。其目的在于，通过科学民主、规范透明、权威高效的法律程序设定、运行，使立法权力和各类权力能够在划定的权力界限范围和运行程序轨迹内依法运行，从而实现程序对权力的监督和控制，防止权力恣意和腐败。新时代中国特色社会主义程序法理逻辑下，法律程序实现权力制约和监督，一是通过设定规范科学的立法程序，在立法环节赋予权力合理的范围和界限，实现权力在创设阶段的科学合理配置；二是通过科学规范的立法程序，为权力运行设定科学、民主、规范和高效的运行程序，使权力按照法律设定的步骤行使，进而通过法律程序实现对权力的控制和约束。因此，法律程序实现权力制约和监督，实质是通过将程序法理诸多价值理念和要求输入程序设置，再配置以法律程序的方式实现权力创设、运行、控制等全部过程法定化和法治化。这种法定化和法治化的过程是对权力进行监督和制约的过程。假设权力创设和运行等全部流程严格遵照前述科学民主、规范透明、权威高效的程序法理要求进行科学设置，那么通过法律程序实现权力全流程制约和监督将是可计量和符合客观规律的，并且最为可行。我国立法实践中，2023年3月15日起施行修正的《中华人民共和国立法法》第二章第二节、第二章第三节、第三章、第四章、第五章对全国人大及其常委会等有立法权限的各层级立法主体，从立法权限、立法程序、合法性审查等方面为权力划定了运行轨迹，从权力运行的源头迈出权力制约和监督的第一步。具体而言，《中华人民共和国行政许可法》第四条明确设定和实施行政许可的法定权限和范围，同时还要求行政许可权必须依照法定条件在法定程序内运行。而《中华人民共和国行政许可法》第二章、第三章、第四章又分别规定行政许可设定事项、实施主体、实施程序等，规范行政许可设定条件、权力范围、有权实施行政许可的主体机关、实施行政许可的申请受理、审查决定、期限与听证等程序性事项，为行政许可权力运行划定清晰步骤，确保行政许可权依法运行。由此厘清行政许可权与市场和社会的关系界限，解决行政许可滥设定、滥收费、滥审批和暗箱操作等权力腐败问题，使行政许可权设定和运行得以民主化、科学化和法治化。

第二节　尊重和保障人权

一、尊重和保障人权的程序法理逻辑

从前文新时代中国特色社会主义程序法理关于监督和制约权力的实践指向分析可以看出，对权力进行监督和制约的过程实际上也是尊重和保障人权的过程。程序法治实践围绕新时代中国特色社会主义程序法理，构建体现和反映公平正义的法治程序、公开透明的法治程序、有效力的救济程序机制，确保权力有监督、有制约，同时确保公民和组织在程序构建和执行过程中有依据、有能力、有途径对自己的合法权益进行保障和救济，表明权力的监督和制约过程也是人权获得尊重和保障的过程。这是从权力监督和制约角度看人权的尊重和保障。

理想状态下，就立法程序而言，程序法治要求通过法律的形式直接明确规定和保障人权，具体包括对公民基本人权和公民权利的法律规定。这些权利的确立需要以宪法为基础，通过法律法规或规章等规范性法律文件予以具体体现。法律保障人权是保障人权的基础，通过法律确保人权获得基本的尊重和保护。一是通过宪法确保人权获得尊重和保障。立法程序的第一步是确立宪法。宪法是我国的根本大法，是法律体系中地位层级最高的法律，宪法规定了国家的基本制度、公民的基本权利和义务等。在宪法中明确规定和保障人权是尊重和保障人权的基础。立法者需要通过严格的立法程序，确保宪法中关于人权的规定得到充分体现和贯彻。二是以在宪法中明确规定和保障人权为基础，立法机关需要进一步制定各种有关人权保障的法律规定。这些规定可以包括社会保障法、民法典、监察赔偿法、刑事诉讼法律制度等，旨在具体规定和细化宪法关于尊重和保障人权的各项权利，如言论自由权、人身自由权、合法财产权、国家赔偿权、物质帮助权等宪法基本权利。在制定上述具体法律过程中，立法机关需要严格遵循立法程序，保证法律的合宪性和合法性。三是立法过程的公开和透明。立法过程应当公开透明，关于立法目的、原因、内容和对社会的影响，应当向公众披露，确保公众能够对立法活动及时有效地进行参与和意见表达，使立法过程受到公众监督，立法结果反映民意，使立法过程更为科学民主，提升公众对立法的接受度和信任度。四是审议和修订机制。立法程序应当建立健全的审议和修订机制，以确保立法质量和有效性。立法过程中应当对立法草案进行认真审议，使各方利益和意见获得充分考虑；及时修订和完善陈旧过时等不合时宜的法律，以适应社会发展和人权保障的需要。

从法治实施程序角度来看，尊重和保障人权体现为公正的司法程序、合法的行政程序、公开透明的法律程序和有效的救济机制等。法治实施程序要求司法机关在处理案件时严格遵守法律规定的程序步骤和程序规则要求，包括公正审理、公开审理、举证质证、辩护陈述等，确保当事人的诉讼权利得到充分保障，当事人合法权益依法得到维护。这是对公正司法程序的法治要求。法治实施程序要求政府机关在行使权力时应当严格遵守合法程序，包括行政行为作出的依据的合法性、行为遵照的程序的法定性、决策过程的合法性等，以确保行政权力在法律授权范围内依法行使，不存在越权行使权力和任意行使权力等权力滥用情形。除以上这些尊重和保障人权的程序保障措施外，在监督和制约权力过程中遵循的程序公开透明、有效救济机制等程序原则都是尊重和保障人权的具体体现。

二、新时代中国特色社会主义程序法理实践指向尊重和保障人权

如前文所述，以人民为中心是新时代中国特色社会主义程序法理的重要价值理念之一。习近平总书记指出："要把以人民为中心的发展思想贯穿立法、执法、司法、守法各个环节，加快完善体现权利公平、机会公平、规则公平的法律制度。"① 由此可以看出，以人民为中心价值理念下，尊重和保障人权贯穿于立法、执法等法律程序的全部环节。程序法理层面，尊重和保障人权是以人民为中心价值理念对我国法律程序的必然要求，核心要义在于使人民意志和利益通过法律程序获得充分表达，为人民意志和利益向现实转换提供公平公正的程序保障，使每个人在法律程序中均能享受平等和公正的法律待遇。法律程序中应当将每个人看作是有价值、有尊严的独立个体，每个这样的独立个体都应当受到尊重，其基本权利应当获得平等公正对待。立法领域，习近平总书记指出要"进一步实现社会公平正义，通过制度安排更好保障人民群众各方面利益……通过制度安排，依法保障人民权益，让全体人民依法平等享有权利和履行义务"②。司法领域，"要深入推进公正司法，深化司法体制改革，加快建设公正高效权威的司法制度，完善人权司法保障制度，严肃惩治司法腐败，让人民群众在每一个司法案件中都感受到公平正义"③。在这一重要思想指导下，立案制度、人民陪审员制度、审判制度、裁判文书等制度领域内进行了立案登记、人民群众参与司法、审判公开、检务公开、生效裁判文书公开查询等程序性制度改革实践，目的是保障人民群众参与司法的公平公正性，

---

① 中共中央党史和文献研究院.习近平关于尊重和保障人权论述摘编[G].北京：中央文献出版社，2021：150.

② 中共中央党史和文献研究院.习近平关于尊重和保障人权论述摘编[G].北京：中央文献出版社，2021：138.

③ 中共中央党史和文献研究院.习近平关于尊重和保障人权论述摘编[G].北京：中央文献出版社，2021：143.

使尊重和保障人权在司法领域内得到切实落实。

　　新时代中国特色社会主义程序法理逻辑下，法律程序角度，尊重和保障人权在法律程序层面主要分为两个步骤：一是将人民意志和利益要求通过科学民主、规范透明、权威高效的法律程序上升为法律意志。在此过程中，立法权是否遵照上述程序运行将受到合宪性审查法律程序的监督和制约，确保人民意志和利益的要求真正上升为法律意志。二是通过严格公正、依法办事的法律程序将表达为法律意志的人民意志和利益转换为现实利益。在此过程中，主导该法律程序运行的权力机构及其权力行使同样受到公开公正的法律实施程序控制，达到对程序运行中权力的监督和制约效果，确保人权保障充分实现。基于此，法律程序层面尊重和保障人权，一方面，通过程序控制权力在既定轨迹中运行，防止权力任意侵犯公民权益，达到人权保障的目的；另一方面，通过程序赋予人们充分的程序性权利，确保人们在程序运行中享有充分的平等无罪权，从而获得与权力和权利对抗的能力，以维护和保护自己的合法权益，最终使人权在制度设置和制度实施两个层面获得切实尊重和保障。具体而言，一是通过程序赋予并确保每个人在法律程序中享有公正、平等的程序待遇，包括即便是受到国家追诉的犯罪嫌疑人，也依法享有参加公开庭审的权利，同时还享有在程序中依法为自己辩护的权利，目的是实现与权力的平等对抗，由此实现人权尊重的程序目的。二是通过程序的科学设置和合理运行，确保参与法律程序的各参与主体都能充分地参与法律的创设、实施等各个流程。通过程序参与权的充分实现，使人民意愿在法律中获得充分尊重，同时使权利通过程序运行转换为现实利益，从而使人权切实获得尊重和保障。

第三节　维护和实现社会公平正义

一、维护和实现社会公平正义的程序法理逻辑

程序法治在监督和制约权力以及尊重和保障人权过程中就已经包含有一定程度的维护和实现社会公平正义的逻辑内容。比如，程序法治要求司法和行政程序在运行过程中必须遵循公正原则，确保司法和行政程序公正、裁决结果客观公正，以保证各方当事人的合法权利和合法利益不受非法侵害并获得有效保障。这体现了公正的司法、行政程序在尊重和保障人权的同时，有力地推动了社会公平正义的维护和实现。还比如，程序法治要求程序要公开透明，即法律程序应当公开透明，允许公众监督和参与。在公开透明的程序运行中，公众可以通过参与程序实现利益表达和对权力的监督制约，从而推动社会公平正义的维护和实现。有效的救济机制的设立和运行，也为公民和组织提供了维护合法权益的法治途径，从而监督和促进权力机关对自身违法行为予以纠正，公民合法权益获得维护，社会公平正义获得维护和实现。

但维护和实现社会公平正义并非单纯依靠上述程序规则、原则及其运行机制。在程序法治中，保障每个人的平等权利和平等机会也是维护和实现社会公平正义的重要途径和方式之一。这意味着每个人在法律程序中均应当受到平等保护和对待，不区分其社会地位、财富状况、种族性别、宗教信仰等因素，一律平等对待和保护。程序法治通过确立平等保护和平等机会的原则，保障每个人在法律程序中的公平地位，防止权力滥用和歧视行为的发生。具体而言，一是平等保护。程序法治要求，在法律程序中，每个人都能够平等地依据法定程序方式和程序规则要求行使权利、履行义务。例如，在民事诉讼程序中，原告为维护自己的权益享有依法向人民法院提起诉讼的权利，这里的原告角色并不会因为权力地位的高低大小、民

族种族性别和财富而有所区分，任何组织、个人、机关单位都可以依法享有作为原告身份向人民法院提起诉讼的权利。二是平等机会。程序法治要求为当事人提供平等的机会，确保每个人在法律程序中有平等行使权利和参与法律程序的机会。这意味着法律程序应当为每个人提供公平的机会平台，包括参与诉讼、申请复议复核救济、提起上诉、提出申诉等，而无论个人经济条件、社会地位、权力大小或其他因素如何，法律程序都应当保证他们有平等的机会来行使其合法权利和维护其合法权益。三是防止歧视和不平等现象。程序法治要求要防止法律程序中的歧视和不平等现象，采取适当的措施消除对特定群体或个人的歧视，确保每个人都能够在法律程序中享有平等的权利和受到平等的保护。这里仍然以民事诉讼程序为例，作为民事诉讼程序中的被告一方，也并不因为其作为被告的程序角色而受到歧视，相反，在整个诉讼程序中，被告与原告的程序性权利总是对等出现，原告享有起诉权，被告就会依法享有提起反诉的权利；原告在诉讼程序中有向法庭依法出示证据的权利，被告就享有依法对原告提供的证据进行质证的权利；原告有依法向法庭陈述提起诉讼的事实与理由的权利，那么被告就依法享有对原告起诉事实和理由当庭进行答辩和反驳的权利；等等。在这种权利对等行使的程序中，当事人双方权利均能够平等地获得对待和保护，由此也一定程度地维护和实现了社会公平正义。

二、新时代中国特色社会主义程序法理实践指向维护和实现社会公平正义

习近平总书记指出："公平正义是我们党追求的一个非常崇高的价值，全心全意为人民服务的宗旨决定了我们必须追求公平正义，保护人民权益、伸张正义。"[①] 对此，他强调："法治不仅要求完备的法律体系、完善的

---

① 中共中央党史和文献研究院．习近平关于尊重和保障人权论述摘编 [G]．北京：中央文献出版社，2021：145.

执法机制、普遍的法律遵守，更要求公平正义得到维护和实现。"① 这一重要论述表明，第一，完备的法律体系和完善的执法机制是法治的前提条件和基础，但不是最终价值和终极目标，法治的终极价值和目标是维护和实现社会公平正义，然而，只有具备前述法治的前提条件，维护和实现社会公平正义才具备基础条件。第二，徒法不足以自行，普遍的法律遵守也是维护和实现公平正义不可或缺的关键因素。如果法律仅存在于纸面而未得以广泛遵守，公平正义也仅是形而上的口头空谈，无法落实到现实社会当中。第三，公平正义是立法、执法和守法的终极价值目标，法治全过程和各环节的最终目的就是通过保障权利，实现对社会公正的维护，否则法律及其实施手段将成为权力暴力的工具。法治的全部过程和环节既包括立法过程及其运行细节，还包括法律被广泛运用于社会生活各个方面的实施过程及其运行细节。因此，在新时代中国特色社会主义程序法理中，维护和实现社会公平正义贯穿于法治建设的全部过程和所有细节。维护和实现社会公平正义不仅是良法追求的终极价值目标，也是以追求生产良法为目标的立法程序及以良法为前提的善治实施程序的终极价值目标。这就必然要求法律的制定、完善和实施都必须围绕维护和实现社会公平正义进行设计和展开。法律程序层面，所有程序的设置必须合乎正义、运行必须遵循法律法规规定、程序运行中所有权利都应获得平等对待，确保法律法规得到公正遵循、权利受到平等保护和尊重。

体现在立法环节，习近平总书记在强调完善我国法律体系时指出，"越是强调法治，越是要提高立法质量"，要通过"完善立法工作机制和程序，扩大公众有序参与，充分听取各方面意见"的方式提高立法质量，实现科学立法、民主立法。② 由此看出在立法层面，习近平法治思想，一是十

---

① 中共中央党史和文献研究院.习近平关于尊重和保障人权论述摘编[G].北京：中央文献出版社，2021：140.

② 中共中央文献研究室.习近平关于全面依法治国论述摘编[G].北京：中央文献出版社，2015：43，44.

分重视提高立法质量；二是更加注重从制度源头提升立法质量。其工作方法和切入视角是为公众提供科学、完善、民主的立法参与程序，使立法在良善的法律程序下进行，确保法律制度真正体现、维护和实现社会公平正义的目的。因此，科学良善的法律程序是良法产生的保证，也是从立法源头维护和实现社会公平正义的关键性保障措施。为此，立法领域须"完善法律草案表决程序，增强法律法规的及时性、系统性、针对性、有效性，提高法律法规的可执行性、可操作性"[①]，目的是从制度源头为用于维护和实现社会公平正义的法律把好"入世"关，使之成为好法、管用的法、能解决实际问题的法。总之，立法程序法理中无论是科学民主、规范透明，还是权威高效，其在实践中的最终指向均为维护和实现社会公平正义。

体现在执法司法环节，针对侵犯公民合法权益的执法和司法腐败问题，提出严格公正的执法司法要求，意即严格公正的程序法理主要是针对国家执法和司法机关的法治实施活动，目的在于保障法律的公正实施，维护和实现社会公平正义。基于这一程序法理要求，执法和司法实践中分别展开"放管服"改革，优化政府行政审批程序，提升政府服务质效，营造便利环境，促进公平竞争；全面推进政务公开，推动完善依法行政体制；完善执法程序等制度，确保法律公正、有效实施；推行权力清单制度，依法公开权力运行流程，保证权力正确行使；完善法官办案责任制、健全错案追究制度、严格实行非法证据排除规则等，提高司法权力运行透明度和公信力，确保司法权力依法独立行使，保证执法司法领域社会公平正义依法获得维护和实现。

---

① 中共中央文献研究室. 习近平关于全面依法治国论述摘编 [G]. 北京：中央文献出版社，2015：50.

第四节　推进国家治理体系和治理能力现代化

一、推进国家治理体系和治理能力现代化的程序法理逻辑

法治是国家治理体系和治理能力的重要依托。[①]法治思维作为一种理性的思维方式，强调以法律作为塑造社会秩序的工具，这与传统的人治思维、权力思维形成鲜明对比。在推进国家治理体系和治理能力现代化的过程中，程序法治扮演着至关重要的角色。习近平法治思想强调，法治中包含政治，但没有脱离政治的法治。[②]这表明法治与政治之间存在着相互促进的共生关系。具体到程序法理逻辑，可以从以下几个方面进行阐述。

首先，良法善治论。推进国家治理现代化的法治逻辑起点在于良法善治，即通过制定和完善法律法规，实现治理的制度化、规范化、程序化。这就要求我们在治理过程中，既要注重法律的形式正义，也要追求实质正义，确保法律既能规范行为又能促进公平正义。程序法治角度包括建立法律规范、维护程序公正、增强信息公开、促进多元参与和民主决策、实现国家权力的法定化和法治化运行等方面。通过这些方面的具体实践，可有效提升国家治理的效能和治理能力，进而促进国家治理体系的现代化。维护程序公平正义、增强政府信息公开能力、法治化国家权力运行都是推进国家治理体系和治理能力现代化的重要保障措施。其中，国家治理活动中坚持司法、行政等程序的公平性和公正性，使当事人程序性权利获得平等对待和保护，有助于增强国家治理的合法性和可信度。国家治理活动中增强程序的透明度和强化信息公开，有助于增强公众对国家治理活动的监督

---

① 周佑勇. 推进国家治理现代化的法治逻辑 [J]. 法商研究，2020，37（4）：3-17.
② 吴英姿. 用程序思维破解政治与法治关系难题：对习近平关于程序法治论述的研读 [J]. 法治现代化研究，2021，5（6）：28-46.

和参与，进而促进政府的公开透明和问责机制的建立和完善，由此推动政府治理效能和效率得以提高。国家治理过程中，通过建立健全国家权力运行的法律约束机制、监督和检查机制，确保权力行为受到法律约束和制约，保障权力行使的合法性和规范性，加强公民权利和社会公平正义的程序保障，从而推进国家治理体系现代化过程中国家权力的法治化运行。

其次，法治系统论。国家治理现代化转型的内在法治逻辑还包括法治系统论，即通过系统论的逻辑思维方法统筹推进国家治理各领域的法治建设。① 这意味着在推进现代化的过程中，我们需要通过优化系统布局、完善治理规则等方式，将多样化的技术、程序、机制、策略等引入治理过程中。程序法治层面，具体而言，一是在优化系统布局的过程中，国家治理现代化需要对国家机构和组织结构进行优化和调整，使之更加科学、合理、高效。这包括优化中央和地方政府的职责划分、机构设置和管理体制，促进各级政府的协同合作和资源优化配置，提高国家治理体系的整体效能。通过程序法治实现系统布局优化，要求建立规范的法律程序，包括明确政府机构的设立程序、职责分工、工作流程等方面的规定，确保政府行为的合法性和规范性。规范的法律程序，可以提高政府机构的运行效率，防止权力滥用和腐败现象的发生。二是程序机制的完善。现代化的国家治理需要建立健全的程序机制，确保政府行为和决策程序的合法性、公正性和效率性。这包括规范化的行政程序、司法程序和立法程序。明确各级政府机关和司法机构的职责和权限，保障公民权利和合法权益。

最后，程序治理。新时代中国特色社会主义程序法理中关于程序法治，强调程序是法律规则的运行代码，法治与人治的显著区别在于守法律、重程序。这表明在推进国家治理体系和治理能力现代化时，重视程序正义和程序规范是非常重要的。程序治理的核心在于建立明确的规则和程序。这些规则可以是法律、法规、政策文件或组织内部规章制度等，而程

---

① 吴英姿.用程序思维破解政治与法治关系难题：对习近平关于程序法治论述的研读[J].法治现代化研究，2021，5（6）：28-46.

序则是指在特定情境下按照规则执行的一系列操作步骤。通过制定规则和程序，可以规范社会行为，维护社会秩序和稳定。但程序规则制定应当遵循法律程序，保障各方当事人的合法权益，不偏袒任何一方。同时，程序的执行应当公正、公平，不受任何特殊利益或偏见的影响。法律合法性是规则和程序制定的基本前提，也是程序治理的法理基础。程序规则和程序的制定应当基于法律的授权和规定，确保其合法性。这意味着政府或组织制定的规则和程序必须符合相关法律法规的规定，不能超越法律的范围或违反法律的规定。程序规则和程序的制定过程应当具有公正性。这包括广泛征求利益相关者的意见和建议、公开透明地进行讨论和决策、避免利益冲突和偏袒特定利益群体等。只有在公正的制定过程中形成的规则和程序才能获得广泛的认可和遵守，保障社会治理的稳定性和可持续性。

总之，推进国家治理体系和治理能力现代化的程序法理逻辑，核心在于坚持法治的基本原则，通过完善法律制度、优化治理程序、强化程序正义等措施，实现国家治理的制度化、规范化和程序化。这不仅需要我们深刻理解和把握法治与国家治理之间的关系，还需要不断探索和实践新的治理模式和方法。

二、新时代中国特色社会主义程序法理实践指向推进国家治理体系和治理能力现代化

习近平总书记一直强调："全面推进依法治国是……推进国家治理体系和治理能力现代化的重要方面。"① 国家治理体系和治理能力现代化理念是2013年11月召开的党的十八届三中全会提出的。此后历次党的全国代表大会报告都将推进这一理念作为国家战略目标予以列明。国家治理，是一个比政府治理更为广泛和包容的概念，内容涵盖社会发展、政府能力建

---

① 中共中央文献研究室．习近平关于全面依法治国论述摘编 [G]．北京：中央文献出版社，2015：7.

设、权力治理等多个领域，目的是确保国家安全、促进社会发展和公平正义、增强政府能力和权力建设，促进国家治理现代化。具体而言，国家安全方面，主要指为保障国家安全、维护国家主权和领土完整等重大利益，开展国家政治、经济、军事和文化等方面的管理和决策活动。社会发展方面，主要是通过多种治理方式和手段，促进社会和经济的稳定发展，推进社会公平正义，实现人民生活幸福。政府能力建设方面，主要指国家机构和政府部门的建设，涉及政府治理水平和协调能力建设，旨在提高政府有效运转水平、实现宏观调控，增强政府公信力。权力能力建设的国家治理主要是通过权力制约和监督制度建设，确保各类权力在既定职责范围内正确行使，防止任意越轨和侵犯公民权益，维护社会公平正义。手段包括但不限于制度建设、法治建设、数字建设、科技创新等。而国家治理体系和治理能力现代化则是以治理为中心，通过建立起一套有效运作的管理体系和制度框架构建起先进的治理思维和管理机制，并使之有效运作，不断完善治理体系，提高社会和政府的治理管理水平、能力和质量，构建起高效、可持续、公正、合理的治理模式，实现社会稳定与和谐发展。通过开展促进社会发展和公平正义、增强政府能力以及权力建设等一系列治理活动，推动实现国家治理现代化。因此，国家治理体系和治理能力现代化强调国家治理现代化过程中，一是以治理为中心展开的管理和决策活动中政策、法律、规章制度的制定要科学化、体系化和具有强可操作性；二是科学化、体系化的政策、法律等规章制度的实施要高效、持续、公正、合理。从法律角度概括便是"良法善治"。如前文阐释，良法需要以科学民主、规范透明和权威高效的立法程序展开建设，而依据良法展开的善治也需要在合宪性审查和执法司法公开的法治程序监督下，通过严格公正、依法办事的法律实施程序予以实现。这一程序法理逻辑下，程序法理在国家治理现代化中的具体运用可以有效统一决策制定程序，使决策制定过程规范化、制度化和科学化，进而保证国家治理决策策略的合理和清晰明确。在维护社会公平正义、实现人民生活幸福和政府能力建设方面，程序法理能够有效指导法律实施过程中的程序更加严格规范，在确保权力合理合法行使的同时，能够更好地保障公民及组织的合法权益。另一角度，还可在提高政府治理水平的同时增强法律和执法的权威性，增强人们遵从法律的意识，从而增强国家治理体系的合法性和可信度，提高国家治理能力水平，最终推动国家治理体系和治理能力现代化。

习近平总书记还强调："法治是国家治理体系和治理能力的重要依托。"我国改革发展中遇到的种种不平衡、不协调和不可持续等问题都需要密织法律之网、强化法治之力。① 而密织法律之网和强化法治之力均须以法律程序为依托。党的十八大及之后党的历次全国代表大会报告均要从法治角度为推进国家治理体系和治理能力现代化提供具体指导思想和实践路径。党的十八大提出要全面推进依法治国，并从完善立法、执法、司法、宣传、监督机制等法律制度体系层面，提出实现国家治理体系和治理能力现代化。党的十八届三中全会以此为指导思想提出，通过推进公正、有效、便捷的司法体制改革提高国家治理体系和治理能力水平建设；建立行政复议和行政诉讼制度、扩大公民行政诉讼权等强化治理体系法治化，提高治理能力规范化；通过推进公安机关内部监督和制度建设推进公安机关法治化建设，提升国家治理能力效率和质量。党的十九大进一步强调以完善司法体系、加强宪法实施推动国家治理体系和治理能力的规范性、合法性。党的二十大围绕法治国家建设及保障和促进社会公平正义，从国家、政府和社会三位一体视角，运用依法治国、依法执政和依法行政共同推进的方法，提出从立法、执法、司法和守法各个环节和全部过程全面推进国家各方面工作法治化，目的在于通过更好发挥法治"固根本、稳预期、利长远"的保障作用，提升这一现代化水平，使国家治理体系更为科学、有效、合理和规范，在法治轨道上全面建设国家治理体系和治理能力现代化。但无论上述哪条路径，均离不开前述程序法理逻辑下的法律程序

① 中共中央文献研究室. 习近平关于全面依法治国论述摘编 [G]. 北京：中央文献出版社，2015：6，10-11.

支撑。

　　程序法律规范及程序本身具有调整、分配和实现权利义务关系的国家治理功能。但中国传统法律并不认可法律程序的独立地位和价值，程序被看得很轻。随着时间的推移，中国的法律程序及其法理理论不断发展。改革开放的深入推进，使中国的法律程序法理理论获得了一系列的进步和完善。新时代，中国法律程序法理在促进当事人权益保障方面取得了一定突破。近年来，在加强对当事人权利保护方面，司法领域通过加强审判透明度、提高当事人参与度等方式，使得法律程序更加公平公正，从而构建了公正、公平、高效的诉讼制度；通过建立独立的审判工作机构、完善审判责任制等方式，深化司法体制改革，强化司法独立，提高司法公正性和司法效率。由此也推动了国家治理领域内多方面治理能力和治理体系的现代化。然而，我国程序法理实践领域依然存在不公正、不透明等诸多问题，当事人合法权益保障仍不够充分。因此从程序法理视角如何对习近平法治思想进行系统化和类型化梳理分析与概括凝练，使法律程序为公民提供更加公正、公平、高效的服务，仍是新时代中国特色社会主义程序法理理论研究面临的重要课题之一。

第五章

新时代中国特色社会主义程序
法理的法治实践与成效

习近平总书记指出，"准确把握全面推进依法治国重点任务，着力推进科学立法、严格执法、公正司法、全民守法"，"推进科学立法，关键是完善立法体制，深入推进科学立法、民主立法，抓住提高立法质量这个关键"，"推进严格执法，重点是解决执法不规范、不严格、不透明、不文明以及不作为、乱作为等突出问题"，"推进公正司法，严以优化司法职权配置为重点，健全司法权力分工、相互配合、相互制约的制度安排"，"推进全民执法，必须着力增强全民法治观念"。①程序法理视角下，任何一项法律制度的建设与实施，都必须经由程序而具体展开。从立法、执法、司法、守法等环节落实全面推进依法治国的重点任务，也必须经由具体的程序予以展开。新时代以来，新时代中国特色社会主义程序法理视角全面推进依法治国的法治实践主要体现在党内法规、立法、法治实施与监督领域。

第一节　党内法规领域内程序法理的实践与成效

政党是国家治理体系的重要部分，在国家治理的法治建设过程中，政党通过内部教育和外部宣传，促进党员和公民增强法治意识，弘扬法治精神，推动全社会形成尊法守法的文化氛围；通过领导或参与法律的制定、修改和废止，促进法律法规体系的完备性和适应性；通过加强组织内部法规的制定和执行，促进党内权责关系明晰、监督机制健全，确保党内组织关系的公正性与政党决策的合法性、合理性，从而为国家治理提供法治指导。因此，政党的法治建设不仅对国家治理体系的完善至关重要，同时也

---

① 中共中央党史和文献研究院，中央学习贯彻习近平新时代中国特色社会主义思想主题教育领导小组办公室．习近平新时代中国特色社会主义思想专题摘编 [G]．北京：党建读物出版社，中央文献出版社，2023：296-298.

影响社会的法治化程度和法治文化的培育。

在我国，中国共产党是执政党，是中国特色社会主义事业的领导核心，也是中国特色社会主义最本质的特征，是中国特色社会主义法治的根本保证，居于我国国家治理体系的核心地位。在我国，党的建设与国家治理紧密相关，党通过培养和选拔优秀的党员干部，形成一支纪律严明、忠诚高效的领导核心队伍，从而引领国家政治、经济、社会建设；党通过制定完善党内法规制度，为党内组织结构稳定性和组织行为合法合规性提供依据，从而为党在国家治理过程中决策建设提供科学合理且合法的制度支撑。因此，党内法规是党的建设的重要组成部分，也是国家治理体系建设的关键部分。党的十八届四中全会将形成完善的党内法规体系确定为中国特色社会主义法治体系建设的重要组成部分。同时明确，建设中国特色社会主义法治体系，必须坚持立法先行。这表明，党内法规同时也是国家法治建设的一部分，党内法规是中国共产党党内法规的简称，也就是党内的制度规范。这一概念是1938年毛泽东同志在《中国共产党在民族战争中的地位》的报告中明确提出的，[①] 表现为党章、准则、条例、规则、办法、细则、党规解释、党规惯例等形式。党内法规主要由党的全国代表大会、中央委员会、中央政治局及其常务委员会、中央军事委员会与总政治部、中央纪律检查委员会、中央各部门及党的地方各级常务委员会（这里的各级常务委员会指的是省、自治区、直辖市党委的常务委员会）等主体制定，通过党员管理、组织建设、干部队伍建设、党的纪律、党组制度等方面予以展开和完善。[②]

党的十八届四中全会的上述表述表明，新时代，党的建设领域，尤其应当通过党内法规，将其按照中国特色社会主义法治体系建设的要求和标准予以建设和完善，遵循立法先行，恪守以民为本、立法为民的

---

① 王勇 . 全面从严治党 [M]. 北京：人民出版社，2016：11.

② 邹庆国 . 党内法治：管党治党的形态演进与重构 [J]. 山东社会科学，2016，（6）：114–121.

习近平法治思想，把法治思维和法治方式及公正、公开、公平原则贯穿党内法规制定的全过程，增强党内法规的及时性、系统性、针对性和有效性，使党内法规制度化、规范化、程序化，由此促使法治观念深入党组织各个层面，推动党的工作更加规范、有序，为党在国家治理中的核心地位提供有力支撑，为中国特色社会主义法治体系的建设提供坚实的基础。

新时代，关于党的建设的基本思路就是全面从严治党。2013年11月，中共中央发布《中央党内法规制定工作五年规划纲要（2013—2017年）》（简称《规划纲要》），以"坚持党要管党、全面从严治党，以党章为根本，以民主集中制为核心，积极推进党内法规制定工作，加快构建党内法规制度体系，为全面提高党的建设科学化水平、加强和改善党的领导、确保党始终成为中国特色社会主义事业的坚强领导核心提供坚实制度保障"为指导思想，提出要"为到建党100周年时全面建成内容科学、程序严密、配套完备、运行有效的党内法规制度体系打下坚实基础"。遵循的基本要求包括"宪法为上、党章为本""发扬民主、科学制定""改革创新、与时俱进""严谨规范、有效管用"等。内容包括完善党的领导和党的工作党内法规、党的思想建设党内法规、党的组织建设党内法规、党的作风建设党内法规、党的反腐倡廉建设党内法规、党的民主集中制建设党内法规和提高党内法规制定质量和执行力等。这表明，全面从严治党的关键是党的制度建设和完善。在程序规则建设方面，我们强调要在党内活动中确保公正、合法、规范的程序，以维护党内民主、加强党内监督、提高党的建设的法治化水平。具体而言，党的领导和党的工作方面要建立健全相互制约又相互协调的决策权、执行权、监督权权力架构和权力运行机制；明确党组的设立、职权职责和工作方式，规范党组决策程序；规范党领导立法的工作程序。党的组织建设方面，完善干部考察方法，规范公开选拔和竞争上岗，完善任职回避制度；规范问责方式，严格被问责干部复出条件、程序等；改进党管人才工作方式。党的作风建设方面，要求完善作风建设监督惩戒机制。党的反腐倡廉建设方面，要求进一步完善办案程序、规范办案措施；健全网络举报和受理机制、网络信息收集和处置机制；完善党员申诉程序、畅通申诉渠道，健全申诉办理机制。党的民主集中制建设方面，要求细化党员权利保障措施，明确保障程序；从改进候选人提名方式、规范差额提名等方面进一步严格党内选举程序；把调查研究、征求意见、法律咨询、集体讨论决定作为必经程序，完善地方党委讨论决定重大问题和任用干部票决制，提高党委决策的科学性、民主性和合法性。党内法规制定和执行力提高方面，要求从做好规划计划、组织起草、前置审核、审议批准、审核签批、公开发布等环节履行好党内法规制定程序，确保党内法规制定质量；从"有规必依、执规必严、违规必究"三个方面健全党内法规执行机制。

2013 年 11 月，党的十八届三中全会上，习近平总书记提出要通过构建程序合理、环节完整的协商民主体系，拓宽民主协商渠道，通过完善党务等领域办事公开制度，推进决策公开、管理公开、服务公开、结果公开，推动党的纪律检查工作双重领导体制具体化、程序化、制度化。2014 年 10 月 8 日，习近平总书记在党的群众路线教育实践活动总结大会上的讲话中提出了全面从严治党的党的建设思想，强调要从落实从严治党责任、坚持思想建党和制度建党紧密结合、严肃党内政治生活、严明党的纪律、发挥人民监督作用等八个方面坚持全面从严治党。全面从严治党就是要在全面推进党的政治建设、思想建设、组织建设、作风建设、纪律建设过程中，将制度建设贯穿其中，深入推进反腐败斗争。① 由此可见，在全面从严治党的党建思想中，党的制度建设依然是党的建设的关键部分，只不过不再予以单列，而是贯穿党的建设的全过程、全领域。具体而言，新时代以来，党内法规领域关于新时代中国特色社会主义程序法理的主要制度实践有以下六个方面。

---

① 刘红凛.新时代党的建设理论和实践创新研究[M].北京：人民出版社，2019：41.

一、党的组织建设方面

党的组织建设方面，制定和完善了《中国共产党地方委员会工作条例》（2015年12月），其中要求党的地方委员会工作要遵循"坚持立党为公、执政为民，认真践行党的宗旨和群众路线""坚持民主集中制，增强党的地方委员会领导集体活力和党的团结统一""坚持在宪法和法律范围内活动，依据党章和其他党内法规履职尽责"等原则，党组织的主张要成为地方法规、地方政府规章或者其他政令的，必须通过法定程序实现。此外，该条例还就党的地方委员会的组成和成员的产生、任职、职责履行、组织原则、议事和决策、监督和追责等程序内容和原则要求作了详细的规定。如规定，党的地方委员会及其常委会的重大决策一般应当在调查研究的基础上先提出方案，在充分听取各方面意见、进行风险评估和合法合规性审查后，经过全会或者常委会会议讨论和决定。《中国共产党支部工作条例（试行）》（2018年10月），围绕党支部工作应遵循"坚持民主集中制，发扬党内民主，尊重党员主体地位，严肃党的纪律，提高解决自身问题的能力，增强生机活力"等原则，就党支部的组织设置、工作机制、组织生活、党支部委员会建设等具体的程序性制度进行了明确且具体的规定。此外，2018年12月制定完善了《中国共产党农村基层组织工作条例》，2019年4月制定完善了《中国共产党党组工作条例》，2021年9月发布实施《公务员初任培训办法（试行）》、《公务员录用考察办法（试行）》和《公务员公开遴选办法》。

教育培训方面，2015年10月发布实施《干部教育培训工作条例》，围绕"依法治教，从严管理"等教育培训工作原则，就干部教育培训工作的管理体制，教育培训对象、内容、方式方法，教育培训机构的建设分工，培训考核与评估等内容进行了程序性的明确与规范，推动了干部教育科学化、制度化、规范化，一定程度提高了干部德才素质和履职能力。2017年12月制定和完善了《中国共产党党务公开条例（试行）》，强调党务公开应坚持正确方向、发扬民主、积极稳妥、依规依法的原则，就党务公开的内容、范围、程序和方式等进行了科学规范，增强了党务公开的科学性、严肃性和公信力，一定程度提升了党务公开工作的制度化和规范化水平。《社会主义学院工作条例》（2018年12月）围绕巩固和发展新时代爱国统一战线，加强党对社会主义学院的领导，推进社会主义学院工作科学化、制度化、规范化，就社会主义学院的设置、班次和学制设置、教学科研工作等进行了规范。

此外，在党的干部管理等方面，还制定完善了《事业单位领导人员管理暂行规定》（2015年5月28日发布实施，2022年1月14日再次修订完善）、《推进领导干部能上能下若干规定》（2015年7月19日发布实施，2022年9月8日再次修订发布）、《省级党委和政府扶贫开发工作成效考核办法》（2016年2月）、《专业技术类公务员管理规定（试行）》（2016年7月8日制定发布，2023年9月1日再次修订发布）、《行政执法类公务员管理规定（试行）》（2016年7月8日制定发布，2023年9月1日再次修订发布）、《县以上党和国家机关党员领导干部民主生活会若干规定》（2016年12月施行）、《聘任制公务员管理规定（试行）》（2017年9月施行）、《干部人事档案工作条例》（2018年11月施行）、《公务员职务与职级并行规定》（2019年6月施行）、《党政领导干部选拔任用工作条例》（2019年3月施行）、《党政领导干部考核工作条例》（2019年4月施行）、《中国共产党党员教育管理工作条例》（2019年5月施行）等。

二、党的领导建设方面

2015年5月制定和完善了《中国共产党统一战线工作条例（试行）》，条例从统一战线的工作范围和对象、组织领导与职责等方面就党的统一战线工作作出了具体明确的规范，为加强和规范统一战线工作提供了依据。2019年1月施行的《中国共产党政法工作条例》，规定政法工作应当坚持党的绝对领导、坚持以人民为中心、坚定不移走中国特色社会主义法治道路、坚持走中国特色社会主义社会治理之路等工作原则，就请示报告工作、决策部署和执行工作、监督和责任追究等事项从程序和实体两个方面进行了具体规定，为政法工作的展开和党对政法工作的领导提供了制度依据。2019年1月施行的《中国共产党重大事项请示报告条例》，规定开展重大事项请示报告工作应当坚持政治导向、权责明晰、客观真实、规范有序等原则，就重大事项报告工作开展的主体、范围、程序和方式等作出明确规定，为加强和规范重大事项请示报告工作提供了制度根据。此外，关于加强党的领导建设方面的具体制度实践还包括《健全落实社会治安综合治理领导责任制规定》（2016年2月施行）、《党政主要负责人履行推进法治建设第一责任人职责规定》（2016年11月施行）、《地方党政领导干部安全生产责任制规定》（2018年4月施行）、《地方党政领导干部食品安全责任制规定》（2019年2月施行）、《信访工作责任制实施办法》（2016年10月施行）、《信访工作条例》（2022年5月1日施行）等。

三、党的政治建设方面

2016年10月，党的十八届六中全会通过《关于新形势下党内政治生活的若干准则》。面对新形势下党内政治生活出现的理想信念不坚定、纪律松弛、脱离群众、独断专行、个人主义、滥用权力等突出问题，该准则明确指出，"新形势下加强和规范党内政治生活，必须以党章为根本遵循，坚持党的政治路线、思想路线、组织路线、群众路线，着力增强党内政治生活的政治性、时代性、原则性、战斗性"，并围绕坚定理想信念、严明党的政治纪律、保持党同人民群众的血肉关系、坚持民主集中制、发扬党内民主和保障党员权利、严格党的组织生活制度、加强权利运行的制约和监督等实体和程序内容的规定，强化党内对理想信念的坚定、人民立场的坚守、民主原则的坚持及权力运行的制约和监督。

四、党的作风建设方面

2013年11月发布《党政机关厉行节约反对浪费条例》，该条例围绕党政机关应当遵循的坚持依法依规、坚持总量控制、坚持实事求是、坚持公开透明等工作原则，从经费管理、公务接待、公务用车、办公用房、会议活动、监督检查、责任追究等方面对党政机关厉行节约反对浪费的工作作风进行了规范，为推进党政机关厉行节约反对浪费，建设节约型机关提供了制度依据。在上述制度基础上，中共中央办公厅、国务院办公厅于2013年12月，又通过制定和完善《党政机关国内公务接待管理规定》，对党政机关公务接待制度按照有利公务、务实节俭、严格标准、简化礼仪、高效透明等原则进行了细化和完善。2017年12月，又就办公用房事宜，在坚持依法合规、科学规划、规范配置、有效利用、厉行节约等原则的基础上，通过制定《党政机关办公用房管理办法》，就办公用房的公用房屋的权属管理、配置管理、使用管理、维修管理、处置利用管理等问题予以明确规范，有效地推进了办公用房资源的合理配置，保障了正常办公并降低了办公成本，促进了党风廉政建设。同年同月，还就党政机关公务用车管理事宜通过制定《党政机关公务用车管理办法》进行了细化和完善。

五、党的纪律建设方面

2018年8月，为了维护党的团结统一，保证党的路线、方针、政策、决议和国家法律法规的贯彻执行，中共中央对2003年12月31日制定实施的《中国共产党纪律处分条例》进行修订完善，本次条例修订主要围绕党的纪律处分工作应当坚持的党要管党、全面从严治党，党纪面前一律平等，实事求是，民主集中制等原则，就纪律处分及其运用规则问题进行了详细的规定，一定程度严肃了党的纪律，保证了党的路线方针政策决议和国家法律法规的贯彻执行。同年12月，中共中央办公厅制定了《党组讨论和决定党员处分事项工作程序规定（试行）》，就党组讨论决定和党员处分事项的工作程序进行了规范，从程序角度确保了上述事宜结论作出的客观性、准确性、真实性、恰当性和合规性。2023 年 12 月 8 日，为进一步严明政治纪律和政治规矩，带动各项纪律全面从严，释放越往后执纪越严的强烈信号，发挥纪律建设标本兼治作用，为以中国式现代化全面推进强国建设、民族复兴伟业提供坚强纪律保障，中共中央再次就《中国共产党纪律处分条例》进行修订，并于 12 月 19 日发布，本次条例修订全面贯彻习近平新时代中国特色社会主义思想和党的二十大精神，坚持严的基调，坚持问题导向和目标导向相结合，坚持与时俱进。

六、党的监督保障规定

为规范和强化党的问责工作，2016 年 7 月 8 日，中共中央印发《中国共产党问责条例》，该条例从党的问责原则、问责主体、问责对象、问责情形、问责方式、问责决定的作出等方面，对党的问责工作机制问题作出了具体规范。2016 年 10 月 27 日，党的十八届六中全会通过了《中国共产党党内监督条例》，该条例对党内监督的主要内容、要求及各级党组织的监督机制等问题进行了规范，其目的在于加强党的建设，全面从严治党，强化党内监督，保持党的先进性和纯洁性。2017 年 7 月，中共中央对《中国共产党巡视工作条例》进行了修改，2024 年 2 月再次进行修订，从组织领导和机构职责、巡视对象和内容、工作程序方式和权限、巡视整改和成果运用、队伍建设、责任追究、巡察工作等方面对党的巡视工作机制进行了细化和完善。此外，关于党的监督保障方面的制度实践还有《领导干部干预司法活动、插手具体案件处理的记录、通报和责任追究规定》（2015 年 3 月 18 日起施行），《中国共产党工作机关条例（试行）》（2017 年 3 月 1 日起施行），《防范和惩治统计造假、弄虚作假督察工作规定》（2018 年 8 月 24 日起施行），《中国共产党纪律检查机关监督执纪工作规则》（2019 年 1 月 1 日起施行），《法治政府建设与责任落实督察工作规定》（2019 年 4 月

15日起施行），《干部选拔任用工作监督检查和责任追究办法》（2019年5月13日起施行），《中国共产党纪律检查委员会工作条例》（2021年12月24日起施行）。

以上党内法规制度的建设与实施，在实践中取得了规范党内行为、强化党的自律机制、维护组织稳定、推动党风廉政建设、确保党能够科学执政的制度实效。这些党内法规为党员提供了明确的行为规范和要求，使党组织内部的工作、活动和决策更加有序和规范，有助于维护组织的纪律和稳定。党内法规作为一种自律机制，通过规范党内决策权、执行权、监督权的权力配置和运作关系，①确保党内权力的规范化运行，从而防范和纠正党内不正之风，确保党始终保持先进性和纯洁性。党内法规还通过规范党内民主、党员权利和党内责任追究，有效处理党内矛盾和问题，帮助党组织更好地管理冲突和纠纷，确保组织内部稳定和团结，提高组织的凝聚力。此外，党内法规的制定、完善和实施，还有助于加强党风廉政建设，规范党员的行为，预防腐败现象发生，提高党的形象和信誉。

2023年4月，中共中央发布了《中央党内法规制定工作规划纲要（2023—2027年）》。其目的在于通过对今后五年党内法规制定工作进行顶层设计，引领党内法规制度建设，以完善党内法规深入推进依规治党、推动党内法规制度建设高质量发展。这表明，党内法规建设已进入高质量发展阶段。该规划纲要强调党内法规高质量发展阶段，一是要从健全用习近平新时代中国特色社会主义思想武装全党、教育全体人民的制度，党中央对重大工作的领导体制，党中央领导各级各类组织的制度，党中央重大决策部署落实机制，保证全党同党中央保持高度一致的制度，党员干部政治能力建设制度六个方面坚持完善"两个维护"制度，以保证全党团结统一、行动一致。二是要从完善党在各种组织中发挥领导作用的制度、党领导各项事业的制度、把党的领导贯彻到党和国家机构履行职责全过程的

---

① 冯浩.中国共产党党内法规的功能与作用[J].河北法学，2017，35（5）：117-128.

制度、提高党的执政能力和领导水平的制度四个方面完善党的领导法规制度，保证党总揽全局、协调各方。三是要从完善党的选举制度、党的组织体系建设制度、增强党组织政治功能和组织功能的制度、党的干部工作制度、党员队伍建设制度、党的人才工作制度六个方面完善党组织法规制度，全面贯彻新时代党的组织路线。四是要从完善党的宣传教育制度、健全党内民主制度、纠正形式主义官僚主义制度、反对特权制度、党的纪律建设制度、党的工作防错纠偏机制和一体推进不敢腐不能腐不想腐制度七个方面完善党的自身建设法规制度，坚定推进党的自我革命。五是要从完善监督制度、健全追责问责制度、党的纪检制度、健全激励干部担当作为制度、党政机关运行保障制度五个方面完善党的监督保障法规制度，激发党员干部秉公用权、干事创业。

从党的自身而言，党内法规是强化党的领导的制度保障，制定和执行党内法规有助于提高党组织的治理能力。因此党内法规是规范党的组织和党员的行为的规范，其调整范围既包括党的自身建设领域，即以党组织和党员为主的调整对象，也包括党的执政领域，即以构成党务关系主体的党组织和相对方为主的调整对象。① 它是围绕执政权力而建设起来的一系列具体而明确的规章制度，这些规章制度旨在通过制度化、规范化的手段，约束和规范党的内部行为，特别是党的领导层的权力运行和党员的行为，以确保权力行使的合法性、合规性和公正性。通过这些规章制度的规范性规定和制度建设，为党内权责关系、决策程序、纪律约束等提供明确的指导，从而有效实现党的自身管理和建设，确保党在公共治理领域内实现科学执政，保持党组织与其他社会组织和各个群体之间关系的和谐融洽，从而使党能够始终保持先进性、纯洁性，更好地履行其历史使命，为党的建设和发展提供制度保障。从国家治理体系角度而言，党内法规是国家治理体系的重要组成部分。党内法规通过在党内建立规章制度，协助构建健全

---

① 欧爱民. 中国共产党党内法规总论 [M]. 北京：人民出版社，2019：44.

的国家治理体系。充实和完善党内法规有助于提升国家整体治理水平，确保国家治理体系更为完备和高效。

因此，整体分析党内法规建设领域的程序法治实践，强调党内法规建设应当体现合法性原则，确保党内活动必须在法治框架内活动；强调党内法规建设要体现党内程序的公正性，包括党的决策、选拔等程序应当符合公正原则，保障党员平等权利和机会；强调党内法规建设须遵循民主和透明原则，包括党内决策程序中的广泛参与、信息的公开透明，以及对党内活动进行合法性监督等机制的建立；强调党内法规建设应当注重党纪程序的建立健全，包括对违规行为的调查、审查、处分等，确保纪律处分的程序合法、公正、透明；强调党内法规建设在党内干部选拔和培养程序建设中，应当遵循公开、公正等程序，建立科学的干部培养和晋升机制。

第二节　立法领域内程序法理的实践与成效

立法是法治的基石。立法通过法律规范社会行为，确保一切行为都在法治框架内进行。一方面，立法通过法律制定和解释，为权力机关的权力来源和运行提供法律依据，通过划定权力边界、职责范围，确保其行为合法合理；另一方面，立法通过法律制定，合理确定社会中的权利义务分配，从而为社会提供一种共同的、明确的价值观和道德标准，引导和规范人们的行为。因此，立法是现代社会制度的基础。2013年12月，党的十八届三中全会上，习近平总书记强调要维护宪法法律权威，进一步健全宪法实施监督机制和程序，把全面贯彻实施宪法提高到一个新水平。建立健全全社会忠于、遵守、维护、运用宪法法律的制度。普遍建立法律顾问制度。完善规范性文件、重大决策合法性审查机制。建立科学的法治建设指标体系和考核标准。健全法规、规章、规范性文件备案审查制度。因此，新时代以来，在习近平法治思想及其程序法理指导下，国家立法领域内，中国特色社会主义程序法治建设主要为良法善治和以人民为中心的价值追求，围绕维护宪法权威、加强宪法实施和科学民主立法展开实践。

一、法律制定

在上述思想指导下，2015年3月15日，全国人大就《中华人民共和国立法法》进行了修改。《中华人民共和国立法法》是宪法实施的最直接方式，宪法是国家的最高法，它规定了国家的基本制度和原则，也为国家法治框架提供了基本原则，而《中华人民共和国立法法》则通过指明国家立法机关的组织、职权、程序等方面的法律规定，明确国家立法的具体程序和方式，为国家建立一套相对固定的立法程序，实现对宪法进行补充和具体实施的实际效果。《中华人民共和国立法法》同时也是我国其他法律制度制定和形成的基础。《中华人民共和国立法法》是一项基础性法律，它通过规范国家立法机关的组织、职权及立法程序等事项，为其他法律制度的制定提供法定程序和框架，确保了法律制定的有序性及法律体系的一致性和协调性。因此，《中华人民共和国立法法》对我国立法质量的提升具有决定性作用，《中华人民共和国立法法》本身质量的好坏，一方面决定了宪法能否得以切实地贯彻落实，另一方面决定了我国法律乃至法律体系的整体质量。

2015年《中华人民共和国立法法》修改，是在保持原有大的立法框架不变的基础上进行的，主要发生了以下几个变化：一是增加了体现立法过程科学性、民主性、公开性、公众参与性的内容。如，第五条的内容修改为"立法应当体现人民的意志，发扬社会主义民主，坚持立法公开，保障人民通过多种途径参与立法活动"。二是增加了立法内容应当遵从实事求是、科学合理、权责一致、具体明确、具有针对性和可操作性的立法要求，如第六条规定："立法应当从实际出发，适应经济社会发展和全面深化改革的要求，科学合理地规定公民、法人和其他组织的权利与义务、国家机关的权力与责任。法律规范应当明确、具体，具有针对性和可执行性。"三是增加了赋予设区的市、自治州就城乡建设与管理、环境保护、历史文化保护等方面的事项制定地方性法规的权力。四是就第五章法律、法规、地方性法规、规章等法律的适用与备案审查根据《中华人民共和国立法法》修改情况作了适当调整与修改。2023年3月13日，全国人大再次对《中华人民共和国立法法》进行修改，并于3月15日开始实施。此次修改最突出的亮点是增加了体现新时代中国特色社会主义程序法理的原则和内容，比如要求立法应当在法定权限内依照法定程序坚持依宪立法、德法合治、全过程人民民主的原则，目的在于尊重和保障人权，保障和促进社会公平正义。两次修改，大幅度提升了立法法自身的立法质量和品质，同时也规范和提升了其他法律制度的立法质量。

《中华人民共和国立法法》修改实施后，国家通过不断制定、修改、废止、备案审查、发布法律草案意见稿等方式，实现立法质量的不断提升，同时也强化了宪法的实施，彰显了合宪性审查的程序法理价值和独特功效，推动了以人民为中心价值理念和全过程人民民主、依宪立法等原则的具体化和现实化，增强了法律的合宪性、合法性、适当性、针对性和科学性，使立法更能贴近民意、反映民意和体现民意，有效地维护了宪法权威。截至2024年2月27日，现行有效的宪法相关法共52件，民法商法共24件，行政法共96件，经济法共84件，社会法共28件，刑法共4件，诉讼与非诉讼程序法11件（见表5-1）。[①] 中央人民政府公开数据显示，截至2024年8月22日，现行有效行政法规共599部，[②] 国家规章共计10689部，包括部门规章2572部和地方政府规章8117部。[③] 其中，突出体现和反映新时代中国特色社会主义程序法理的宪法相关法和其他法的主要有以下几个方面。

---

① 统计数据来源及具体情况参见现行有效法律目录（300件）– 中国人大网。2024年8月22日最后访问。

② 统计数据来源参见国家行政法规库 – 中国政府网。

③ 统计数据来源参见国家规章库 – 中国政府网。

表5-1　立法法修改以来现行宪法相关法和诉讼与非诉讼程序法细目

类别	名　称	备　注
宪法相关法	《中华人民共和国地方各级人民代表大会和地方各级人民政府组织法》	1979年通过，1982年修正，1986年修正，1995年修正，2004年修正，2015年修正，2022年修正
	《中华人民共和国全国人民代表大会和地方各级人民代表大会选举法》	1979年通过，1982年修正，1986年修正，1995年修正，2004年修正，2010年修证，2015年修正，2020年修正
	《中华人民共和国人民法院组织法》	1979年通过，1983年修正，1986年修正，2006年修正，2018年修订
	《中华人民共和国人民检察院组织法》	1979年通过，1983年修正，1986年修正，2018年修订
	《中华人民共和国全国人民代表大会组织法》	1982年通过，2021年修正
	《中华人民共和国全国人民代表大会常务委员会议事规则》	1987年通过，2009年修正，2022年修正
	《中华人民共和国全国人民代表大会议事规则》	1989年通过，2021年修正
	《中华人民共和国城市居民委员会组织法》	1989年通过，2018年修正
	《中华人民共和国全国人民代表大会和地方各级人民代表大会代表法》	1992年通过，2009年修正，2010年修正，2015年修正
	《中华人民共和国国家赔偿法》	1994年通过，2010年修正，2012年修正
	《中华人民共和国法官法》	1995年通过，2001年修正，2017年修正，2019年修订
	《中华人民共和国检察官法》	1995年通过，2001年修正，2017年修正，2019年修订
	《中国人民解放军选举全国人民代表大会和县级以上地方各级人民代表大会代表的办法》	1981年通过，1996年修订，2012年修正，2021年修正
	《中华人民共和国村民委员会组织法》	1998年通过，2010年修订，2018年修正

类别	名　称	备　注
宪法相关法	《中华人民共和国国家安全法》	2015年通过
	《中华人民共和国监察法》	2018年通过
	《中华人民共和国人民陪审员法》	2018年通过
	《中华人民共和国英雄烈士保护法》	2018年通过
	《中华人民共和国公职人员政务处分法》	2020年通过
	《中华人民共和国香港特别行政区维护国家安全法》	2020年通过
	《中华人民共和国监察官法》	2021年通过
诉讼与非诉讼程序法	《中华人民共和国刑事诉讼法》	1979年通过，1996年修正，2012年修正，2018年修正
	《中华人民共和国行政诉讼法》	1989年通过，2014年修正，2017年修正
	《中华人民共和国民事诉讼法》	1991年通过，2007年修正，2012年修正，2017年修正，2021年修正，2023年修正
	《中华人民共和国仲裁法》	1994年通过，2009年修正，2017年修正
	《中华人民共和国国际刑事司法协助法》	2018年通过

一是规范和限制国家权力依法运行的包括法院、检察院在内的国家机关组织法和监察法。新时代中国特色社会主义程序法理强调依法行政、严格执法、公正司法。这类法律通过规定国家机构的组织结构、职权权限、职责范围、行权程序和步骤，明确各级国家机关和组织的职能和权限，以确保国家机关的权力严格按照法律规定的既定步骤和范围依法运行。2018年颁布实施的《中华人民共和国监察法》既是一部实体法，也是一部程序法，该法为国家监察机关行使监察权设置了具体的权能，同时还为监察机关履行具体权能时应当遵循的法定程序进行了设定。如该法在第五章就以专章的形式对监察程序作了专门的规定，如其中规定"调查人员采取讯问、询问、留置、搜查、调取、查封、扣押、勘验检查等调查措施，均应

当依照规定出示证件，出具书面通知，由二人以上进行，形成笔录、报告等书面材料，并由相关人员签名、盖章"。

二是体现和反映人民民主意志的组织类法和人民陪审员法、人民监督员制度。这类法律制度都着重强调的是人民群众参与行政管理和司法的重要性，体现了新时代中国特色社会主义程序法理中以人民为中心的价值理念。其中该类法律通过在程序规定中强调公平、公正、公开、公众参与原则，强调行政过程和司法过程中对人民权利的尊重和保障，体现了新时代中国特色社会主义程序法理中的公正司法和依法行政理念。如《中华人民共和国人民陪审员法》第一条就开宗明义地指出制定本法的目的是保障公民依法参加审判活动，促进司法公正，提升司法公信。第二条指出公民依法参加人民法院的审判活动的，同法官有同等权利。此外，第五至十二条还规定了人民陪审员的选任条件和产生程序。还如，《中华人民共和国村民委员会组织法》第一章第一条明确规定制定该法的目的是保障农村村民实行自治，由村民依法办理自己的事情，发展村民基层民主，维护村民的合法权益，促进社会主义新农村建设。第二章则规定了村民委员会的组织架构及职责范围。第三章规定了村民委员会的选举程序和相关事宜。第五章则规定了村民委员会的民主管理和民生监督相关程序规则和内容。

三是为公民权利提供保障和救济渠道的三大诉讼法。习近平法治思想强调依法治国、依法执政，注重加强和完善法治体系，保障公民的合法权益，维护社会公平正义。在这一背景下，三大诉讼法（《中华人民共和国民事诉讼法》、《中华人民共和国刑事诉讼法》和《中华人民共和国行政诉讼法》）体现了新时代中国特色社会主义程序法理。首先，这些诉讼法均强调了公正审判和法治原则。它们规定了诉讼程序的基本要求，包括公开审理、合法证据、当事人权利等，以确保司法公正和法治的实现。其次，这些法律强调了人权保障和司法公正。它们规定了被告人的权利，包括辩护权、知情权等，保障了当事人在诉讼过程中的合法权益，体现了习近平法治思想中"人民至上"即以人民为中心的发展思想。尤其在刑事诉讼领域内，从司法效率和程序正义的平衡关系考虑，建立起了认罪认罚从宽制度，从而有力地贯彻落实了宽严相济的刑事政策，优化司法资源配置，且实现了及时有效地惩罚犯罪的目的。此外，还有效地建立了速裁程序、简易程序、普通程序的有序衔接程序制度、繁简分流的多层次诉讼制度体系。这些程序制度的建设落实，有效地优化了诉讼资源的合理配置，提升司法效率的同时，有效保障了当事人的合法权益。最后，诉讼法律制度还加强了司法监督和司法公开。它们规定了对司法机关和司法人员的监督机制，保障了司法公正和司法透明，体现了习近平法治思想中"权力制约和监督"的原则。

二、规范性法律文件的备案审查

从法律法规、司法解释等规范性文件的备案审查工作情况来看，通过备案审查合宪性、合法性的刚性功能的充分发挥，法律法规、司法解释等规范性文件制定的立法质量及其正确实施获得了有效保障，中国特色社会主义法制的统一性获得维护。2022年备案审查工作情况的报告显示，2018—2022年五年间，全国人大常委会接收报送备案的行政法规、监察法规、地方性法规、自治条例和单行条例、经济特区法规、司法解释以及香港、澳门两个特别行政区本地法律共7261件，其中，行政法规157件，监察法规1件，省级地方性法规2935件，设区的市级地方性法规2977件，自治条例和单行条例372件，经济特区法规242件，司法解释346件，香港、澳门特别行政区法律231件。公民、组织提出审查建议共计17769件，其中2018年1229件，2019年226件，2020年5146件，2021年6339件，2022年4829件。根据中国人大官方网站提供的数据统计，2021年度和2022年度法规及司法解释备案数量合计为3876件，其中，2021年备案数量为2125件，司法解释备案数量为27件，行政法规备案数量为18件，监察法规备案数量为1件，地方性法规、自治条例和单行条例备案数量为2079件；2022年度备案数量为1751件，司法解释备案数量为22件，行政法规备案数量为25件，地方性法规、自治条例和单行条例备案数量为1704件

（见表5-2）。2023年备案审查工作情况的报告显示，2023年度，全国人大常委会办公厅收到报送备案的法规、司法解释等规范性文件共1319件，其中，行政法规24件，省、自治区、直辖市地方性法规422件，设区的市、自治州地方性法规664件，自治条例和单行条例100件，经济特区法规41件，浦东新区法规3件，海南自贸区法规8件，司法解释10件，特别行政区本地法律47件。收到公民、组织提出的审查建议共计2827件，其中，书面寄送的有2282件，通过备案审查在线提交平台提出的有545件。接收司法部等其他备案审查工作机构移送的备案审查工作建议90件。

表5-2　2021年和2022年法规及司法解释备案数量

单位：件

省（区、市）	2021年				2022年			合计
	司法解释	行政法规	监察法规	地方性法规、自治条例和单行条例	司法解释	行政法规	地方性法规、自治条例和单行条例	
	27	18	1		22	25		93
河北省				91			48	139
山西省				85			56	141
内蒙古自治区				70			98	168
辽宁省				98			63	161
吉林省				84			45	129
黑龙江省				38			44	82
上海市				44			48	92
江苏省				125			107	232
浙江省				100			52	152
安徽省				58			82	140
福建省				51			40	91
江西省				57			52	109
山东省				91			73	164
河南省				51			81	132
湖北省				89			109	198

续表

省（区、市）	2021年				2022年			合计
	司法解释	行政法规	监察法规	地方性法规、自治条例和单行条例	司法解释	行政法规	地方性法规、自治条例和单行条例	
	27	18	1		22	25		93
湖南省				83			62	145
广东省				99			69	168
广西壮族自治区				72			46	118
海南省				0			40	40
海南和海南经济特区				47			0	47
重庆市				30			42	72
四川省				84			69	153
贵州省				113			43	156
云南省				48			49	97
西藏自治区				22			15	37
陕西省				106			37	143
甘肃省				77			78	155
青海省				47			41	88
宁夏回族自治区				43			24	67
深圳市				14			12	26
珠海市				10			10	20
新疆维吾尔自治区				32			47	79
汕头市				9			14	23
厦门市				11			8	19
合计	27	18	1	2079	22	25	1704	3876

备注：数据来源于中国人大网。

三、法律草案征求意见

从发布征求意见法律草案的数量和参与提交法律草案征求意见的人数和意见条数来看，法律法规、司法解释等规范性文件制定的科学性、民主性、针对性和及时性等法理价值获得切实彰显。自2015年5月5日至2023年11月23日，已经结束征求意见的法律草案233项，在已经结束征求意见的法律草案项目中，参与征求意见人次合计高达1428107人次，意见条数合计达3997480条。在正在进行的法律草案征求意见中，截至2024年1月27日，参与征求意见人次合计为1356人次，意见条数合计为2006条（见表5-3、表5-4）。

表5-3　已结束的法律草案征求意见数量表

时间	参与人数（人）	意见条数（条）	法律草案数量（条）
2015年5月5日—2015年12月5日	90801	176262	13
2015年12月30日—2016年12月17日	31323	112228	20
2016年12月27日—2017年12月6日	8020	27099	21
2017年12月29日—2018年12月1日	272309	742440	21
2018年12月26日—2019年11月29日	355068	518655	32
2019年12月28日—2020年12月3日	302340	1344380	33
2020年12月31日—2021年11月21日	31402	62414	42
2021年12月4日—2022年11月29日	190177	783869	21
2022年12月30日—2023年11月23日	146667	230133	30
合计	1428107	3997480	233

备注：数据来源于中国人大网。

表5-4　2023年12月29日—2024年1月27日法律草案征求意见表

草案名称	参与人数（人）	意见条数（条）
国务院组织法（修订草案二次审议稿）征求意见	59	91
突发事件应对管理法（草案二次审议稿）征求意见	47	82
农村集体经济组织法（草案二次审议稿）征求意见	1106	1598
各级人民代表大会常务委员会监督法（修正草案）征求意见	55	87

草案名称	参与人数 （人）	意见条数 （条）
国境卫生检疫法（修订草案）征求意见	18	33
矿产资源法（修订草案）征求意见	52	86
关税法（草案）征求意见	19	29
合计	1356	2006

备注：数据来源于中国人大网。

综上所述，《中华人民共和国立法法》修改后，立法领域内进行的以上法治实践，既通过修订《中华人民共和国立法法》实现自身质量的提升，又通过具体适用和运行实现法律制度建设质量的提升和保证，在推进科学立法、民主立法、公开立法、依法立法、依照法定职权和法定程序立法程序法理价值的转换方面发挥了重要作用，确保了中国特色社会主义法治体系的统一性、协调性和合宪合法性。其中，宪法相关法与诉讼和非诉讼程序法的制定和完善、司法解释备案及法规条例等的备案等法治实践更是充分彰显了新时代中国特色社会主义程序法理及其良法善治和以人民为中心的价值追求和立法理念。整个国家立法程序法治实践领域，体现了法律制定过程科学、民主、公开、透明和权威高效的新时代中国特色社会主义程序法理。

第三节　法治实施与监督领域内程序法理的实践与成效

一、行政执法领域

习近平总书记强调要推进以建设法治政府为目标的严格执法，通过建立行政机关内部重大决策合法性审查机制、行政执法公开机制、行政执法权力运行程序规范机制等，推进行政执法职能、权限、程序、责任等的法定化和法治化，确保行政执法规范、严格、公正和文明。

行政执法是政府职能的重要组成部分，它是政府通过行政机关对社会成员依法实施管理和监督的活动，是政府职能的具体体现。第一，执法是政府权力的具体行使，政府是依法行使公权力的机构，执法是政府依法行使权力的具体行为，政府通过行政机关对社会成员依法实施管理和监督，维护社会秩序和公共利益，保障公民的合法权益。第二，执法是政府为人民群众提供服务的一种方式。政府执法活动是为了维护社会秩序、保障公共利益和公民合法权益，是为人民服务的一种方式，政府通过执法活动实现维护社会稳定、保障人民生命财产安全，提供公共服务，促进社会发展。第三，行政执法还是法治政府建设的重要内容和手段，法治政府建设涉及法律体系的完善、执法机构的规范、执法程序的公正等多个方面，而行政执法作为政府的一项基本职能，是法治政府建设的重要内容之一，通过加强行政执法，可以不断完善法治政府建设，提高执法的效率和公正性。因此，行政执法质量既直接关系政府职能效能，也直接关系法治政府建设成效。法治政府建设的核心是依法治国，行政执法则是维护法治的重要手段。因此，推进严格执法是推进全面依法治国的重要内容。推进严格执法就是"要以建设法治政府为目标，建立行政机关内部重大决策合法性审查机制，积极推行政府法律顾问制度，推进机构、职能、权限、程序、责任法定化，推进各级政府事权规范化、法律化。要全面推进政务公开，强化对行政权力的制约和监督，建立权责统一、权威高效的依法行政体制。要严格执法资质、完善执法程序，建立健全行政裁量基准制度，确保法律公正、有效实施"①。

从与人民群众日常生活密切相关的角度分析，我国行政执法领域内的

---

① 中共中央党史和文献研究院，中央学习贯彻习近平新时代中国特色社会主义思想主题教育领导小组办公室．习近平新时代中国特色社会主义思想专题摘编[G].北京：党建读物出版社，中央文献出版社，2023：297.

行政程序法治实践活动，主要围绕行政许可、行政公开、行政复议、行政强制、行政处罚及公共法律服务等内容展开。新时代以来，这些行政程序法治实践的执法活动依据主要有《中华人民共和国行政许可法》（2003年通过，2019年修正），《中华人民共和国政府信息公开条例》（2007年4月5日公布，2019年4月3日修订），《中华人民共和国行政复议法》（1999年通过，2009年修正，2017年修正，2023年修订），《中华人民共和国行政强制法》（2011年6月30日通过，2012年1月1日起施行），《中华人民共和国行政处罚法》（1996年通过，2009年修正，2017年修正，2021年修订）等。此外，以上述执法依据和宪法、《中华人民共和国立法法》等为根据，国务院及全国各地依法享有立法权的省、市地方人大常委会也都在以人民为中心和良法善治的立法理念和价值追求的指引下，围绕权力制约与监督，在行政执法领域内展开了以行政执法制度建设为主要法治实施方式的行政执法活动。遵循的主要原则有职权法定、公平公正、程序正当、高效便民、权责统一。目标任务主要为建立健全行政执法责任制度、行政执法公示制度、重大行政执法决定法制审核制度、行政执法全过程记录制度等。制度建设涵盖类型主要有四个大类：一是行政执法类条例，二是行政执法程序类条例，三是行政执法责任类条例，四是行政执法监督类条例（见表5-5）。

表5-5 新时代以来国务院及全国部分地方人大常委会行政执法法制建设概览

类型	主要条例	通过或公布、修订（修正）时间
行政执法类条例	《湖北省行政执法条例》	2015年9月23日修正
	《河南省行政执法条例》	2016年3月29日通过
	《四川省城市管理综合行政执法条例》	2012年11月30日通过
	《海口市城市管理综合行政执法条例》	2016年12月30日通过
	《福建省行政执法条例》	2019年7月26日通过
	《山西省行政执法条例》	2019年7月31日修订
	《淮南市城市管理行政执法条例》	2019年3月29日通过

续表

类型	主要条例	通过或公布、修订（修正）时间
行政执法类条例	《辽宁省行政执法条例》	2020年3月30日第二次修正
	《甘肃省建设行政执法条例》	2020年6月11日修订
	《内蒙古自治区基层综合行政执法条例》	2020年7月23日通过
	《曲靖市城市管理综合行政执法条例》	2020年10月29日通过
	《包头市城市管理行政执法条例》	2022年12月27日修正
	《浙江省综合行政执法条例》	2021年11月25日通过
	《河北省乡镇和街道综合行政执法条例》	2021年3月31日通过
行政执法程序类条例	《重大行政决策程序暂行条例》	2019年5月8日公布
	《江苏省行政程序条例》	2022年7月29日通过
行政执法责任类条例	《大同市行政执法责任制条例》	2019年8月9日公布
	《武汉市执法责任制工作条例》	2021年1月22日修正
行政执法监督类条例	《山东省行政执法监督条例》	2014年11月27日通过
	《黑龙江省行政执法与监督条例》	2015年8月21日通过
	《内蒙古自治区行政执法监督条例》	2020年11月26日修正
	《吉林省行政执法监督条例》	2020年9月29日通过
	《宁夏回族自治区行政执法监督条例》	2021年11月30日修正
	《四川省行政执法监督条例》	2021年5月28日修订
	《西藏自治区行政执法监督条例》	2021年7月29日通过
	《河北省行政执法监督条例》	2019年5月30日通过

备注：数据来源于国家法律法规数据库。

上述行政执法依据及其法治精神和原则贯彻到具体领域内，体现在：

行政许可领域，国务院及地方人大常委会相继围绕《中华人民共和国行政许可法》的实施，展开行政许可实施项目清理及行政许可设定、实施等制度的构建，为行政许可的设定和实施奠定合法合理且坚实的实践基础和制度基础，确保行政许可的设定和实施有明确具体的法律依据。例如，2016年8月25日，国务院公布了《国务院关于修改〈国务院对确需保留的行政审批项目设定行政许可的决定〉的决定》，对所属各部门的行政审批项目依照《中华人民共和国行政许可法》第二十条规定进行了全面清理，并对确需保留的行政审批项目设定行政许可予以保留，同时对保留的目录予以公布。2016年2月6日，国务院发布修订后的《危险废物经营许可证管理办法》，对申请领取危险废物经营许可证的条件、申请领取程序、监督管理及法律责任等事项进行了规定，就此类行政许可的实施及其经营活动进行了规范。2017年3月29日，海南省第五届人民代表大会常务委员会第二十七次会议通过了《海南省人民代表大会常务委员会关于在海南经济特区暂停实施部分行政许可事项的决定》和《海南省人民代表大会常务委员会关于在海南经济特区下放部分行政许可事项的决定》，一定程度上促进了政府职能转变，提高了行政效率。2019年12月31日，海南省第六届人民代表大会常务委员会第十六次会议通过了《海南省排污许可管理条例》，该条例就海南省内排污许可的申请、审批、实施及其监督管理行为进行了规范，加大了污染物排放监管和环境保护力度，一定程度上改善了海南省生态环境质量。2017年11月30日通过、2022年1月13日修正的《青海省行政许可监督管理条例》，就行政许可管理、服务、监督检查等行为进行了规范，一定程度上规范和监督了行政许可行为，保护了公民、法人和其他组织的合法权益。

行政公开领域，国务院办公厅于2017年2月10日发布《推行行政执法公示制度执法全过程记录制度重大执法决定法制审核制度试点工作方案》，确定在天津、甘肃、河北等32个地方和部门开展推行行政执法公示、执法全过程记录、重大执法决定法制审核三项制度的试点工作，目的在于促进行政执法公开透明、合法规范，维护人民群众合法权益，推进法治政府建设，坚持的原则在于依法有序、科学规范、便捷高效。2019年1月3日，国务院办公厅又发布《关于全面推行行政执法公示制度执法全过程记录制度重大执法决定法制审核制度的指导意见》，直指行政执法中不严格、不规范、不文明、不透明等执法问题。目的是在各级行政执法机关全面推行上述三项制度，通过执法行为过程信息全程记载、执法过程可回溯管理、重大执法决定法制审核全覆盖，全面实现行政许可、行政处罚、行政强制、行政检查、行政征收等行政执法领域内的执法信息公开透明、执法全过程留痕、执法决定合法有效，严格规范公正文明行政执法，使行政执法更为透明、合法和公正。2019年4月，国务院对《中华人民共和国政府信息公开条例》进行了修改，要求各级人民政府对其在履行行政管理职能过程中制作或获取的以一定形式记录和保存的信息，应当在遵循公正、公平、合法、便民原则的基础上依法、及时、准确地进行公开。同时明确行政机关应当建立健全政府信息公开协调机制、公开审查机制、管理动态调整机制、信息发布机制、信息公开申请渠道、公开工作考核制度、社会评议制度和责任追究制度等。在此基础上，国务院办公厅政府信息与政务公开办公室于2019年12月3日发布《关于规范政府信息公开平台有关事项的通知》，就政府信息公开平台内容建设从"统一规范、优化功能、注重衔接、加强管理"四个方面提出了具体要求，并就公开栏目页面设计提供了参考方案。2021年9月29日发布《中华人民共和国政府信息公开工作年度报告格式》，对政府信息公开工作年度报告的内容、方式、时间等作出明确规定，并就报告格式给出了具体的模板。2020年12月21日，国务院办公厅发布《公共企事业单位信息公开规定制定办法》，对公共企事业单位信息公开内容及具体要求作出了明确规定，推进公共企事业单位信息公开的同时，加强了公共企事业单位的监督管理。在地方层面，浙江省于2015年1月15日发布《浙江省行政处罚结果信息网上公开暂行办法》，就行政处罚结果公开情形、内容、时限及公开信息的撤回等进行了明确规定，目的在于促进严格规范公正文明执法。2015年11月16日，上海市人民政府发布《上海市行政处罚案件信息主动公开办法》，从目的和依据、适用范围、公开主体、公开内容和范围、公开原则和信息更正等方面，就行政处罚案件信息主动公开作出具体规定。2023年1月20日，河北省人民政府发布《河北省行政权力公开透明运行规定》，对河北省行政机关行使的包括但不限于行政许可、行政强制、行政处罚、行政奖励等行政权力规范运行作出规定，旨在规范和促进行政权力运行的公开透明性。

行政复议领域，司法部法治政府建设年度报告显示，2018年各级行政复议机关共办结行政复议案件22.4万件，直接纠错率达15.1%。针对办案中发现的违法共性问题，制发行政复议意见书4958份，责令有关行政机关限期改正。其中，办结国务院行政复议案件2536件，案件涉及土地征收、食药品审批、金融监管、环境生态保护等诸多领域，国务院裁决直接纠错率达18.7%。2019年，全国各级行政复议机关共办结行政复议案件21.1万件。全年各级行政复议纠错率达16.04%，其中国务院行政复议裁决纠错率达26%。针对办案中发现的共性违法问题，各级行政复议机关共制发行政复议意见书4319份。2020年全国各级行政复议机关共办结行政复议案件21.1万件。全国各级行政复议机关针对办案中发现的共性违法问题，下发行政复议意见书4726份，办结的立案受理案件中，作出撤销、变更、确认违法和责令履行决定等纠错决定2.6万件，直接纠错率为14.6%。国务院行政复议裁决案件纠错率为11.8%；国务院行政复议监督案件纠错率为19.2%。在推进行政复议体制机制改革方面，2020年2月5日，中央全面依法治国委员会第三次会议审议通过了《行政复议体制改革方案》，截至2020年年底，天津、内蒙古、浙江、山东、河南、广西、海南7个省（区、市）已印发本地区具体实施方案，辽宁、黑龙江、安徽、福建、江西、湖南、广东、贵州、陕西9个省已将本地区具体实施方案报省政府或依法治省办审议。2021年，司法部办结国务院行政复议案件6046件，指导监督各级复议机构办结行政复议案件25.4万件，指导各级行政应诉机关办理一审行政案件28.3万件，23个省（区、市）全面完成行政复议体制改革，实现各级政府"一口对外"受理复议案件。2021年，复议案件数量比改革前增长了22.3%。2022年，共依法办结行政复议案件25.6万件，31个省（区、市）和新疆生产建设兵团全部出台了本地区改革实施方案。

此外，2023年9月5日，国务院办公厅发布了《提升行政执法质量三年行动计划（2023—2025年）》，指明要"以提升行政执法质量和效能为目标，着力提高行政执法队伍能力素质，规范行政执法行为，完善行政执法体制机制，强化行政执法监督问责，全面推进严格规范公正文明执法"，提出重点任务：一要从着力提高政治能力、大力提升业务能力、切实加强全方位管理三个方面全面提升行政执法人员能力素质；二要从强力整顿行政执法突出问题、建立健全行政执法标准规范和完善行政执法工作机制三个方面全面推进严格规范公正文明执法；三要从协调推进行政执法体制改革，做好乡镇、街道赋权有关工作，大力推进行政执法协作三方面健全完善行政执法工作体系；四要从完善行政执法监督制度、健全行政执法监督机制、创新行政执法监督方式三方面加快构建行政执法协调监督工作体系；五要从加强队伍建设、强化权益保障和加大财政支持力度三方面不断强化行政执法保障能力。最后，还就组织实施作出了计划安排。因此，该行动计划中从程序法治角度提出的，无论是建立健全行政执法标准规范、完善行政执法工作机制，还是加快构建行政执法协调监督工作体系、强化行政执法保障能力，其目的都是为全面提升行政执法质量和效能提供坚实的程序制度基础，确保行政执法合法合规、公正透明、高效常态。

二、司法领域

司法是法治的基石，司法机关通过对法律进行解释和适用，确保社会以法治为准则，维护社会公平正义，防范权力滥用和违法行为。司法机关也是公平正义的最终裁决机构，司法机关通过遵循司法审判程序解决社会纠纷，保障每个人的合法权益，防止不法行为侵犯社会成员的正当权利。由此，司法机关通过司法过程及其结果的公正性和及时性，一方面，有效帮助解决社会矛盾纠纷，防止因不公正裁决引起社会秩序动荡，从而实现社会秩序的维护；另一方面，有效实现对权力滥用行为和违法犯罪行为的监督、制约和规范，从而在鼓励合法行为的同时，引领社会成员遵纪守法，促进社会的法治化发展。司法程序法治实践的程序法理主要强调在司法活动中，通过确保程序公平、公正、合法，保障和维护个体权利和公共利益，其表现为司法活动必须在法定程序框架内进行。这包括司法机关应当在法律规定的程序下对案件进行调查、审理和裁决，确保司法行为的合法性；所有当事人都应当在法庭上享有平等的权利，而法官和其他司法参与者在审判中应当保持公正；司法程序中，当事人有权获知自己在司法程序中的包括但不限于有权利提供证据和出示证人等各项程序性权利，确保当事人在司法程序中进行陈述和辩护；审判程序应当在公开透明的原则下进行，确保社会对司法活动进行监督的权利，以提高司法活动的公信力。

关于我国司法程序法治实践，习近平总书记以司法问题为导向，指出司法领域存在司法不公、司法公信力不高等突出问题，并分析其中深层次原因主要在于司法体制不完善、司法职权配置和权力运行机制不科学、人权司法保障制度不健全。为此，他提出以维护社会公平正义为方向、提高司法公信力为价值目标、践行司法为民为主要功能，深化司法体制综合配套改革，实现"公正司法"，"努力让人民群众在每一个司法案件中感受到公平正义"。基于此，司法领域内围绕全面落实司法责任制、司法公开、司法权力运行机制和人权司法保障等内容展开深化司法体制综合配套改革。

（一）顶层设计

2014—2023年，中央深改小组会议和最高人民法院等审议通过、制定印发多项围绕全面落实司法责任制、司法公开、司法权力运行、人权司法保障的意见和方案，为司法改革的深入开展确立了总体思路、提供了具体依据。

一是改革的总体思路和执行依据。中央全面深化改革领导小组第三次会议于2014年6月6日审议通过《关于司法体制改革试点若干问题的框架意见》，对完善司法人员分类管理、完善司法责任制、健全司法人员职业保障和推动省以下地方法院检察院人财物统一等司法体制改革基础性问题的改革试点工作作出具体安排，旨在推动形成权责明晰、权责统一、管理有序的司法权力运行机制和公正高效权威的社会主义司法制度。2015年1月30日审议通过《关于贯彻落实党的十八届四中全会决定进一步深化司法体制改革和社会体制改革的实施方案》，就司法改革而言，该实施方案从完善司法管理体制和司法权力运行机制、建设高素质司法法治专门队伍等方面提出了进一步深化司法体制改革的目标任务和要求，为改革任务的具体落实提供总体依据。2019年，最高人民法院为贯彻实施《人民法院第五个五年改革纲要（2019—2023）》，制定《关于深化人民法院司法体制综合配套改革的意见》，该改革意见以坚持正确政治方向、坚持以人民为中心等为基本原则，以"完善人民法院坚持党的领导制度体系，健全人民法院服务和保障大局制度体系，健全以人民为中心的诉讼服务制度体系，健全开放、动态、透明、便民的阳光司法制度体系，健全以司法责任制为核心的审判权力运行体系，完善人民法院组织体系和机构职能体系，健全顺应时代进步和科技发展的诉讼制度体系，健全切实解决执行难长效制度体系，健全人民法院人员分类管理和职业保障制度体系，建设现代化智慧法院应用体系"为主要任务，旨在深化新时代人民法院司法体制综合配套改革，全面提升司法能力、司法效能和司法公信力，促进社会公平正义。

二是完善司法权力运行机制。中央全面深化改革领导小组于2014年12月2日审议通过《最高人民法院设立巡回法庭试点方案》和《设立跨行政区划人民法院、人民检察院试点方案》，旨在探索设立跨行政区划的人民法院、人民检察院，便于当事人诉讼，保障审判权和检察权的公正行使。2015年2月27日审议通过《领导干部干预司法活动、插手具体案件处理的记录、通报和责任追究规定》和《深化人民监督员制度改革方案》，目的在于制约领导干部违法违规干预司法活动，确保司法机关依法独立行使职权，促进和保障司法公正；进一步拓展人民群众有序参与检察机关查办职务犯罪案件的司法渠道，健全司法的外部监督制约机制，保障犯罪嫌疑人、被告人的合法权益，改革完善司法权力制约机制。2015年4月1日审议通过《人民陪审员制度改革试点方案》，就人民陪审员选任条件和选任程序、人民陪审员参审案件范围和机制、人民陪审员职权、退出和惩戒机制等内容进行了完善，旨在推进司法民主，促进司法公正和司法公信力提升。2016年4月18日审议通过《保护司法人员依法履行法定职责的规定》，目的在于加强司法人员职业保障，确保审判权和检察权依法独立公正行使。2016年6月审议通过《关于推进以审判为中心的刑事诉讼制度改革的意见》，发挥审判程序的重要作用，推动实现实体公正，促进司法公正。

　　三是完善司法责任制。顶层制度设计围绕"让审理者裁判、由裁判者负责"和"谁办案谁负责、谁决定谁负责"的司法责任制要求，从办案责任制、案件分配机制、审判监督管理机制、专业法官会议制度、审判委员会制度、统一法律适用制度、法官惩戒制度、司法人员依法履职保障制度等方面推动全面落实司法责任制。中央全面深化改革领导小组于2015年4月1日审议通过《关于人民法院推行立案登记制改革的意见》，其中，人民陪审员制度改革的试点方案、人民法院立案登记制改革旨在切实解决人民群众"立案难"、加强诉讼诚信建设的问题。2015年6月5日审议通过《关于招录人民法院法官助理、人民检察院检察官助理的意见》和《关于进一步规范司法人员与当事人、律师、特殊关系人、中介组织接触交往行为的若干规定》，旨在通过建立公开、平等、竞争、择优的招录机制，推进人民法院和人民检察院队伍正规化、专业化、职业化建设；通过完善预防措施和司法行为监督规范机制，优化司法环境，确保司法公正廉洁。2015年8月18日审议通过《关于完善人民法院司法责任制的若干意见》和《关于完善人民检察院司法责任制的若干意见》，通过明晰审判组织权限和审判人员职责、检察人员职权和检察责任认定追究，落实"让审理者裁判、由裁判者负责"和"谁办案谁负责、谁决定谁负责"的办案质量终身负责制，构建科学的人民法院司法责任制、公正高效的检察权运行机制和公平合理的司法责任认定追究机制。2015年9月15日审议通过《法官、检察官单独职务序列改革试点方案》和《法官、检察官工资制度改革试点方案》，是为了促进法官、检察官专业化、职业化建设。2016年3月22日审议通过《关于建立法官检察官逐级遴选制度的意见》和《关于从律师和法学家中公开选拔立法工作者、法官、检察官的意见》，目的是加强司法队伍专业化建设，提升司法队伍专业素养和水平。2017年8月29日审议通过《关于加强法官检察官正规化专业化职业化建设全面落实司法责任制的意见》和《关于上海市开展司法体制综合配套改革试点的框架意见》，旨在加强司法队伍正规化专业化职业化建设，推动全面落实司法责任制，不断提升司法质量、司法效率和司法公信力。2016年10月12日最高人民法院印发《关于建立法官、检察官惩戒制度的意见（试行）》，旨在促进司法责任制的落实。2018年12月，针对司法改革中存在的部分地方改革落实不到位、配套不完善、推进不系统等问题，最高人民法院印发《关于进一步完善人民法院司法责任制的若干意见》，要求深刻认识全面落实司法责任制的重大意义，牢牢把握全面落实司法责任制的目标导向和问题导向，切实落实"让审理者裁判、由裁判者负责"的要求，完善新型审判权力运行机制和监督管理惩戒机制。2020年7月，最高人民法院印发《关于深化司法责任制综合配套改革的实施意见》，从落实全面从严治党主体责任、健全审判监督管理机制、加强廉政风险防控机制建设、切实提升审判效能四个方面深化司法责任制的综合配套改革。

四是完善人权保障机制。2014年，中央政法委印发《关于严格规范减刑、假释、暂予监外执行　切实防止司法腐败的意见》，通过完善减刑、假释、暂予监外执行的实体条件和程序规定，严格惩处其中的腐败行为，加强人权保障。2015年5月5日，中央全面深化改革领导小组审议通过《检察机关提起公益诉讼改革试点方案》和《关于完善法律援助制度的意见》，旨在通过探索建立检察机关提起公益诉讼制度，充分发挥检察机关法律监督职能作用，维护好国家利益和人民利益；通过扩大法律援助范围、提供优质高效法律援助服务、放宽法律援助门槛，努力实现让人民群众在每一个司法案件中都能感受到公平正义。2015年10月13日审议通过

《关于完善矛盾纠纷多元化解机制的意见》，旨在通过将预防矛盾纠纷贯穿司法诉讼全过程，建立司法调解联动协调机制，高效便捷地化解纠纷矛盾，促进社会公平正义。2016年7月22日审议通过《关于认罪认罚从宽制度改革试点方案》，旨在加强人权保障。2017年4月18日审议通过《关于办理刑事案件严格排除非法证据若干问题的规定》，旨在加强对刑讯逼供和非法取证的源头预防，依法追究犯罪、保障人权，有效防止冤假错案的产生。2017年10月，最高人民法院和司法部联合发布《关于开展刑事案件律师辩护全覆盖试点工作的办法》，使刑事案件审判阶段所有被告人均得到律师辩护或法律帮助。2018年10月26日，认罪认罚从宽制度正式纳入《中华人民共和国刑事诉讼法》，认罪认罚从宽制度在全国推行。2019年10月，最高人民法院联合最高人民检查院等部门印发《关于认罪认罚从宽制度的指导意见》，就认罪认罚从宽制度法律适用及程序运行进行了细化。

（二）实践成效

2014—2022年，司法领域通过有效落实上述改革措施和意见方案，司法程序法治理念在司法公开、司法责任制的有效落实等方面取得显著成效。2014年，审判领域全面启动审判流程公开、裁判文书公开、执行信息公开三大平台建设。8月，最高人民法院率先推进审判流程公开；11月，开通中国审判流程信息公开网，开通中国裁判文书网。9月，建立全国法院失信被执行人名单信息公布与查询平台、被执行人信息查询平台和执行案件流程信息公开平台，实现执行案件全程、全案、全面公开；建立典型案例月度发布制度，公开发布一批事关民生、社会关注的案例。审判领域，最高人民法院裁判文书网显示，2015—2024年1月19日，全国法院上传判决书共39775689份，其中，行政案件判决书696194份，民事案件判决书33583767份，刑事案件判决书5445694份，管辖案件462件，判决书462份；上传裁定书共62265103份，其中，行政案件裁定书1991715份，民事案件裁定书27003530份，刑事案件裁定书2857219份，管辖案件裁定书617957份；上传调解书共计264160份；上传执行类案件裁判文书共35847309份。

检察领域，《公益诉讼检察工作白皮书（2023）》显示，2023年，全国检察机关共办理公益诉讼案件189885件。其中，行政公益诉讼案件167776件，约占立案总数的88.4%；民事公益诉讼案件22109件，约占立案总数的11.6%。《行政检察工作白皮书（2023）》显示，2023年全国检察机关共受理行政诉讼监督案件79209件，其中，行政生效裁判监督案件24975件，占比31.5%；行政审判活动监督案件14967件，占比18.9%；行政执行活动（含非诉执行）监督案件35933件，占比45.4%；行政类案监督等案件3334件，占比4.2%。此外，"诉讼外"监督实现新突破。2023年，办理行刑反向衔接案件中，对被不起诉人应受行政处罚的提出检察意见11.3万人，办理行政违法行为监督案件提出检察建议3.2万件。针对行政诉讼、行政执法和执行活动存在的问题，以抗诉、检察建议等方式提出监督意见17.4万件。民事检察工作方面，2023年，全国检察机关全年共受理各类民事检察案件33.29万件。其中，民事生效裁判监督案件约占受理总数的25%，民事执行活动监督案件约占23%，民事审判活动监督案件约占21%，民事支持起诉案件、民事虚假诉讼监督案件等其他类案件约占31%。民事检察工作整体呈现监督效能逐步有效实现、监督力度加大、监督质量较高、工作成效明显和其他重点工作不断加强的实践效果。

2024年1月至6月，全国检察机关主要办案数据体现了检察机关作为我国司法机关在为民司法方面持续落实"高质效办好每一个案件"基本价值理念的实际行动。2024年1月至6月，全国检察机关共批准和决定逮捕各类犯罪嫌疑人36.7万人；不捕19.1万人，不捕率34.2%。共决定起诉76.1万人；不起诉18.6万人，不诉率19.7%。刑事诉讼监督办案方面，对公安机关开展立案监督7.1万件；监督后公安机关已立案（撤案）6.4万件。针对侦查活动违法行为，提出纠正19.2万件次，监督采纳率98%；提出抗诉3300余件，法院采纳抗诉意见改判和发回重审1900余件，占法院审结总数的78%。针对刑事审判活动中的违法行为，提出纠正6000余件次，法院同期采纳率98.1%。对"减刑、假释、暂予监外执行"不当提出纠正1.1万人；对刑事执行活动违法行为提出纠正5.3万件；对监外执行活动违法行为提出纠正4.3万人；对财产性判项执行履职不当提出纠正3.7万件。立案侦查1200余人，其中直接立案侦查司法工作人员相关职务犯罪案件1100余人，机动侦查（对公安机关管辖的国家机关工作人员利用职权实施的重大犯罪立案侦查）170余人。民事检察工作方面，办结民事生效裁判监督案件3.7万件，提出监督意见6500余件，其中提出抗诉1800余件，法院再审改变率91.1%；提出再审检察建议4600余件，法院裁定再审后改变率97.4%。对民事审判活动违法行为提出检察建议2.2万件，法院同期采纳率94%。对民事执行活动违法行为提出检察建议2.5万件，提出的民事诉讼监督意见中涉及虚假诉讼3800余件。办理支持起诉案件4.9万件，其中支持农民工起诉案件2.3万件。行政检察工作方面，办结行政生效裁判监督案件1万件，其中向法院提出抗诉80余件，法院再审改变率68.8%；提出再审检察建议140余件，法院裁定再审后改判率89.2%；同步向行政机关提出检察建议2400余件。对行政审判活动违法行为提出检察建议5600余件，法院同期采纳率95.2%。对行政执行活动违法行为提出检察建议1.1万件，法院同期采纳率91.1%。促进行政争议实质性化解3800余件。公益诉讼检察工作方面，立案办理公益诉讼案件8.6万件。其中，民事公益诉讼类立案8800余件，行政公益诉讼类立案7.7万件。提出行政公益诉讼检察建议4.9万件，检察建议整改率96.9%。提起公益诉讼4200余件。法院同期一审裁判支持率99.7%。[①] 据12309中国检察网统计，截至2024年8月22日，公开法律文书总量为10862件，其中文书类型主要包括起诉书、抗诉书、不起诉决定书、刑事申诉结果通知书以及其他法律文书。重要案件信息总量显示为6196件；中国检察听证网显示，全国累计直播检察听证7554件，直播观看总量22万次，点播观看总量182万次。

---

① 2024年1月至6月全国检察机关主要办案数据 [EB/OL]. 最高人民检察院网，https://www.spp.gov.cn/xwfbh/wsfbt/202408/t20240806_662470.shtml#1.

三、法治社会领域

公共法律服务方面，司法部2018年法治政府建设年度报告显示，2018年就已建成县级公共法律服务中心共计2917个、乡镇（街道）公共法律服务工作站39380个，覆盖率分别为99.97%和96.79%，全国各省（区、市）均已建成"12348"公共法律服务热线平台；覆盖城乡的公共法律服务体系初步形成。司法部2019年法治政府建设年度报告显示，2019年，司法部推动出台《关于加快推进公共法律服务体系建设的意见》，并建成省、地（市）、县（区）、乡（镇）四级公共法律服务实体平台4.1万余个，常驻实体平台法律服务人员8.1万余人；实现全国村（居）法律顾问全覆盖；出台全国刑事、民事、行政法律援助服务行业标准，出台《关于完善法律援助补贴标准的指导意见》《关于适用认罪认罚从宽制度的指导意见》。2020年，司法部发布全国人民调解工作规范，推动粤港澳大湾区调解平台和国际商事调解组织建设；推进公共法律服务网络、实体、热线三大平台融合发展，加快公共法律服务体系建设。推动印发《法律援助值班律师工作办法》，健全法律援助值班律师制度。截至2020年年底，全国共有人民调解委员会70.8万个，人民调解员320.9万名。律师调解工作室达到8600多个，律师调解员4.9万多人。全国各地辩护法律援助案件达59.1万件。2021年，司法部印发《全国公共法律服务体系建设规划（2021—2025年）》，与有关部门联合印发《关于深化公共法律服务专业人员职称制度改革的指导意见》，加强公共法律服务体系建设。司法部2021年法治政府建设年度报告显示，截至2021年年底，建成省、地（市）、县（区）、乡（镇）、村五级公共法律服务实体57万个，为乡村群众提供多层化、多样化的公共法律服务。司法部2022年法治政府建设年度报告显示，2022年，司法部制定出台《现代公共法律服务体系建设评价验收标准》，组织开展公共法律服务体系建设自评和第三方评估；与有关部门联合印发《商会调解培育培优行动方案（2022—2023）》《关于进一步加强劳动人事争议协商调解工作的意见》；建成全国律师执业诚信信息公示平台，组织动员14个省（市）46家律师事务所到西藏、青海等6省（区）46个"无律师县"设立分所，基本解决全国"无律师县"问题；修订《办理法律援助案件程序规定》《法律援助投诉处理办法》等，加大法律援助力度。

法治宣传方面，2016年4月，中共中央、国务院转发《中央宣传部、司法部关于在公民中开展法治宣传教育的第七个五年规划（2016—2020年）》（以下简称七五普法规划），指出要进一步健全完善党委领导、人大监督、政府实施的法治宣传教育工作领导体制，完善国家工作人员学法用法制度，健全普法宣传教育机制，试行国家机关"谁执法谁普法"的普法责任制，健全媒体公益普法制度，旨在推动全社会树立法治意识，形成守法光荣、违法可耻的社会氛围。基于此，根据《中国法治建设年度报告（2016年）》关于法治宣传、法学教育和法学研究的内容，2016年，全国成立"七五"普法讲师团，并在中青年法学骨干、中央政法机关领导干部中遴选43名讲师团成员。2017年，为推进七五普法规划，司法部、全国普法办印发了《司法部、全国普法办关于开展全民国家安全教育日法治宣传教育活动的通知》《关于加强民法总则学习宣传的通知》，中共中央宣传部、司法部、全国普法办联合印发《关于开展尊法学法守法用法主题法治宣传实践活动的意见》，中共中央办公厅、国务院办公厅印发《关于实行国家机关"谁执法谁普法"普法责任制的意见》，同时利用旁听庭审、微视频展播、视频公开课、微信公众号、微博、客户端、中国普法网等活动和形式展开法治宣传教育。根据《中国法治建设年度报告（2017年）》关于法治宣传、法学教育和法学研究的陈述，2017年，"中国普法"微信公众号的粉丝人数达到了110万，年阅读量达到了3000万；"中国普法"官方微博的粉丝总人数达到了366.1万，发文总条数为4.2万；"中国普法"手机客户端平台的订阅人数达到了171.6万，发文总条数为1.2万。2021年6月，中共中央、国务院转发《中央宣传部、司法部关于开展法治宣传教育的第八个五年规划（2021—2025年）》，明确普法重点内容为"突出学习宣传习近平法治思想、宪法、民法典、党内法规"等，旨在进一步提升公民法治素养，推动社会治理法治化水平。2021年、2022年，通过成立了习近平法治思想研究中心、设立相关重大重点课题，旨在对习近平法治思想进行深入的理论研究和阐释。

第六章

新时代中国特色社会主义程序
法理实践的问题与隐患

第一节　程序性权利结构不均衡

一、程序性权利结构均衡的价值功能

有程序性权利并不必然意味着通过程序就一定能够确保实现程序正义、实现权力制约、有效保障人权和抑制腐败现象。法律科学领域内，程序性权利具有十分关键的作用，它是确保法治公平正义的关键性要素之一。尤其在司法体系中，它是确保司法程序公正、合法和公平的关键要素之一。司法体系中，司法程序权利涵盖了原告、被告、公检法机关以及其他司法程序参与主体的权益保障。司法程序确立了原、被告双方平等的程序法律地位，同时通过赋予双方一些对等的，如言论自由、隐私、财产等基本权利和一些如诉权、委托代理、律师辩护、举证辩论、陈述申辩、提出异议、回避申请、上诉和抗诉、请求国家赔偿等合法的程序性权利，避免司法程序中出现当事人被不公正对待和因地位不平等引发的不公平现象，防止司法程序运行过程中滥用司法程序侵犯个体权益的问题发生，确保程序参与主体合法权益依法获得维护。尤其在刑事司法程序中，通过程序适当分离权力和合理配置检察机关、审判机关和犯罪嫌疑人、被告人的程序性权利，一方面能够依法保障犯罪嫌疑人、被告人的合法权益，另一方面能够有效防止司法机关的权力滥用，避免司法的随意性和不确定性，确保权力行使的合法性和正当性。司法程序确立了公检法之间各自享有的司法权，使侦查权、公诉权、审判权分别隶属不同国家机关，权力由此获得分离，并同时要求三者相互配合、相互制约和监督，从而一定程度确保权力在相互监督的程序法治框架下合法公正运行。司法程序还确立了其他程序参与主体的合法程序性权利，如听证权、证据收集权、质证权、回避权利等，以确保司法程序中其他程序参与主体能够得到公正对待，不受来自司法程序内在和外在的不当压力和干扰，确保程序公开透明，程序参与主体权利获得充分行使，保障司法程序公正、维护社会公平正义的同时，增加公众对司法程序的信任度，当公众相信司法程序是公正的，他们更有可能尊重法律和司法决定。此时，程序性权利的合理配置又有助于推动社会信任的构建。

因此，法律科学领域内，程序性权利的确立，从理论层面分析，有助于使程序的天平最大限度地趋向公平正义，有利于程序正义的实现，有利于权力的约束和提高程序参与主体对通过程序作出的法律决定的接受力。同时，程序通过平等对待程序运行过程中的各个参与主体，使各方观点、利益和权利获得充分尊重，由此推动民主价值的充分实现。从实践层面分析，程序运行过程即程序性权利行使的过程，程序通过引导程序性权利行使，使程序当事人与其他程序参与主体各方实体权利获得充分表达，由此实现保障人权的程序法律实效。而程序运行过程中，程序通过赋予程序参与主体以知情权、陈述辩护权、提交证据权、救济权等程序性权利，同时确保其获得充分尊重和行使，进而约束权力不得利用其强势地位任意侵犯和剥夺权利，达到程序对权力的监督和制约，由此实现抑制由权力恣意造成的腐败现象。但是，程序规则体系中配置的程序性权利并不意味着人民的程序主体地位就有了法治保障，公民权利就一定能够获得保障，公平正义就一定能够获得维护和实现。当程序运行中程序性权利结构失衡时，一方面，有可能导致程序法治中的民主成为暴力的工具；另一方面，有可能导致程序性权利成为暴力工具。但无论是前者当中的哪一种，都会影响到程序公平正义价值的实现。因此，平衡的程序性权利架构的设计，首先，要确立公民在法律和法律程序运行过程中的平等地位和权利，即无论是强势群体还是弱势群体都能够依照公平正义的程序规则体系，依法平等地享有权利，既包括言论自由权、隐私权、生命健康不受非法侵犯的权利等实体性法律权利，也包括诉讼权、辩护权、申诉权等程序性权利。这种公平的程序性权利结构为公民合法参与程序运行提供了正当性法律依据和规则保障，使人民能够更加积极地参与社会事务，推动以人民为中心价值理念的具体落实。其次，通过优化权力资源配置，一方面，为权力划定边界和限度，确保权力在法律规定的范围内依法行使，有效防止权力滥用；另一方面，为权力运行设计既定的运行轨道，确保权力行使过程中能够客观公正、不偏不倚地对待所有公民，有效保护人民的合法权益。

中国古代"法治"并非不存在法律程序和程序法律，也并非不存在程序性权利。古代的"狱""讼""诏狱""公室告""非公室告""登闻鼓""案验""劾罪"等均是有关诉讼法律程序的程序法律规定，这些程序法律对程序参与主体的程序性权利进行了规定，但这些程序性权利的规定并非完全按照程序参与主体的程序角色分配而予以配置。现代程序法理及其法治实践，关于程序参与主体的程序性权利配置均以程序主体在程序运行过程中的角色为主进行配置，如司法程序法律对审判机关程序性权力的规定会因为审判机关这个角色赋予审判机关以审判权及其一系列的程序性权能的配置，关于原告的程序性权利会以原告这个程序角色为固定程序角色配置一系列诉权请求权权能，而被告的程序性权利则会因为被告的程序角色而配置符合被告身份的系列程序性权利。但中国古代法律程序并非完全如此，以司法程序为例，司法程序在运行过程中，当特权阶级成为诉讼程序参与主体时，与同样作为诉讼程序参与主体的其他普通老百姓相比，因其拥有特权阶级地位优势而使其程序性权利不同于普通老百姓，而非以其在程序运行中为原告或被告角色而定。汉代确立的"先请"制度就体现了这一程序性权利特色。"先请"制度规定，官僚贵族犯罪的案件，必须秉承皇帝旨意裁决处理，官僚贵族犯罪，如需逮捕、审理治罪，必须先向皇帝奏请逮捕、审理治罪，经皇帝劾罪后，会以下诏书的形式对其进行逮捕、审理和裁决。①因此，"先请"制度中，被告人是否予以逮捕、审理和裁决治罪，全凭皇帝个人喜好决定，其他司法机构无法直接对其依法治

① 赵晓磊，侯欣一．汉代司法程序中的先请与上请辨析[J]．江苏社会科学，2017（3）：141-150.

罪，这是一种由官僚贵族身份带来的程序优待，是一种程序特权。相比较而言，普通老百姓作为司法程序中的被告人，是无法享受到这种程序性权利的。这种情形下，程序本应蕴含的正义、民主和人权保障等法理价值根本无法实现，这是程序性权利结构严重失衡带来的后果。

通常来讲，法律科学领域内，程序是为保障程序参与主体行使权利和履行义务而设定的，但就程序自身而言，是经由权利义务关系架构而成的流程和步骤，程序需要依赖程序权利和程序义务的相互平衡与协调才能持续进行。程序参与主体程序性权利在获得程序保障的同时，也有义务遵循法律程序规则，由此才能确保整个程序能够在法治框架内有序运行。因此，科学合理的程序性权利和义务配置是支撑程序正常运行和可持续存在与发展的基本且关键性要素，否则，程序会因失掉平衡而导致程序运行结果不合理、不正当，公众对因程序运行产生的决策决定的信任度和接受度也会逐渐丧失，直至程序因此失去存在的价值而消亡。因此，程序的健康运行与程序性权利及程序义务的科学配置之间是相伴相生、互相促进和相互保障的关系。程序中程序参与主体程序性权利结构的均衡配置对于司法体系乃至整个法治实施体系都至关重要。这种均衡能够确保法律关系各方利益的合理平衡，促使法治实施程序更加公正和有效。程序性权利结构均衡意味着在程序运行过程中，程序参与各方主体都能够获得平等对待，权利可以平等行使，偏见和不当会受到有效约束，人权将依法受到保护，程序将更加合理、公平和公正；程序运行将会更加独立，不易受到外部势力的不当干预，内部也会因为权利（力）受程序分离而相互制约制衡，权利（力）行使更加合法、高效、正当，法律将会获得平等适用，司法的独立性将获得有效维护。

二、新时代程序法治实践中程序性权利结构不均衡的问题表现

人是社会的主体，也是法律的主体。新时代中国特色社会主义程序法

理中关于程序性权利均衡的思想主要体现在，要求以人民为中心的程序法治更为规范合法、公开透明、公平公正、权威高效，社会公平正义能够通过程序获得有效维护，人权在程序实践中获得充分保障，权力受到合理有效制约，司法更加高效权威，人民群众在每一个案件中都能感受到公平正义。这表明我国程序法治实践中人民是程序法治的主体，人民利益是程序法治的出发点和落脚点。然而，新时代以来，新时代中国特色社会主义程序法理的法治实践表明，我国程序法治领域内的程序性权利配置结构并不十分均衡，这种不均衡包括双方之间权利义务总量的不平衡和各自的权利与义务的不平衡，这两类总量的不平衡在一定程度上限制了法治实践中以人民为中心价值理念的实现。此外，有些方面公民程序性权利的结构性配置明显要弱于国家机关权力配置；甚至有些公民程序性权利配置呈现"半截"状态，并不完善或者说处于沉睡在纸上的状态；有些程序性权利虽然存在于法律之中，但却无权利救济或实现和转换为现实利益的途径，导致程序性权利根本无法实现具体转换，无法发挥人权保障和权力制约的程序功能和价值，更无法论及维护社会公平正义的社会功能。这些问题在刑事诉讼法和监察法领域内体现得尤为明显。

认罪认罚从宽制度是新时代中国特色社会主义程序法理在刑事司法程序领域内的法治实践。认罪认罚从宽制度设立的意义在于，通过优化配置控、辩、审三方甚至多方程序性权利资源，构建恢复性司法样态实现和谐社会关系，体现了新时代中国特色社会主义程序法理以人民为中心和良法善治的价值理念。我国传统对抗式刑事诉讼模式中，主要的刑事诉讼关系如侦控、控辩、控审关系一直在《中华人民共和国宪法》和《中华人民共和国刑事诉讼法》确立的"分工负责、互相配合、互相制约"基本原则下呈流水线式"配合与制约"关系。这种流水线式刑事诉讼关系中，以侦查为中心主导的诉讼活动，导致审查起诉和法庭审判环节成为对侦查结果进行确认的诉讼程序。① 以审判为中心的诉讼制度改革在一定程度上扭转了上述局面。以审判为中心要求刑事诉讼活动必须以庭审为中心、以证据为中心。这种逆向要求下，检察机关进行审查起诉时必须审慎考虑所持证据的全面性、合法性等证据资格和能力问题。否则，公诉机关可能承担败诉风险。基于司法责任原因，检察机关选择积极主动监督和引导侦查机关侦查取证等行为，以降低自身司法责任风险。侦查主导诉讼的时代，庭审实质虚化，侦、控配合有余，辩护主体权利受到阻碍。以审判为中心的诉讼制度改革之后，虽然侦、控主体在实现"追诉犯罪"目标方面仍是"利益共同体"，但鉴于上述原因，侦、控关系开始循序进入"分工负责、互相配合、互相制约"良性互动，侦、控主体已成为合二为一的追诉主体。

认罪认罚从宽制度实施后，认罪认罚从宽案件的诉讼关系发生了变化。有学者将这种变化称为"检察主导"认罪认罚从宽程序模式。这种模式下，刑事诉讼职能关系和行权模式均不同于以往：检察机关主导侦查环节，认罪认罚从宽具体内容沟通、量刑建议提出及具结书内容的认定与审查，均由检察机关主导进行。检察环节主导审判环节，检察机关控诉意见对诉讼结果产生"预决"效力。② 根据认罪认罚从宽制度规定，认罪认罚从宽案件中，控、辩互动关系应建立在共同"商量"的基础之上，犯罪嫌疑人有选择认罪认罚的自愿和是否同意检察机关量刑建议的权利。因此，由检察机关最终提交至法庭审判阶段的量刑建议书实质承载着控辩双方的合意结果。所以在此基础上形成的认罪认罚与从宽控辩关系呈现协商性质的特点。同时为确保控辩协商平等，制度要求检察机关应当听取犯罪嫌疑人、辩护人或者值班律师的意见。但实践中，检察机关并不实质听取。因此，控辩关系实际处于不平衡状态。

认罪认罚从宽制度同时要求，检察机关提出的量刑建议适当的，人民

---

① 杨云峰，张茜，黄方."以审判为中心"视野下侦诉关系重构之思考 [J]. 理论观察，2020（3）：105-110.

② 闫召华. 检察主导：认罪认罚从宽程序模式的构建 [J]. 现代法学，2020，42（4）：37-51.

法院一般应当采纳。该规定在实践运行中出现了两种极端现象：一是庭审沦为审核程序，流于形式。[①] 二是"一旦法院未采纳量刑建议，检察机关便以抗诉宣示其对案件的主导权力"[②]。庭审流于形式现象中，因法院对检察院提出的量刑建议基本照单全收，故在法庭审判过程中，一旦出现被告人认罪认罚但辩护律师发表不同于认罪认罚具结书或量刑建议认定事实和法律适用的辩护内容，检察机关便撤销原来的量刑建议，重新建议法院判处更重的刑罚，法院可能据此认定被告人不符合认罪认罚从宽制度的适用条件，从而变相剥夺律师独立辩护权和被告人认罪认罚的从宽利益。这些做法实际造成律师独立辩护权与检察机关控诉权之间关系紧张。法院未采纳量刑建议、检察机关提出抗诉现象中，由于审判机关认为检察机关的量刑建议权侵蚀了审判机关的量刑裁判权，导致控审权力冲突也较为突出。这些现象体现了认罪认罚从宽制度中，控、辩、审权利结构的严重失衡。

2018年《中华人民共和国宪法》修改和《中华人民共和国监察法》颁布实施，是新时代中国特色社会主义程序法理在新时代的又一程序法治实践。其目的在于通过深化国家监察体制改革，健全党和国家的权力监督体系。2021年9月20日公布实施的《中华人民共和国监察法实施条例》是一部以规范监察活动为主要内容的法规，也是具体贯彻党的十九大关于深化监察体制改革精神、落实健全党和国家监督体系重要部署的具体体现。宪法修改和监察法、监察法实施条例的颁布实施等一系列国家监察体制改革，塑造了一种独立且法律地位平行于行政权、司法权、立法权的国家监察权，同时也赋予了国家监察权一系列集中统一且高效权威的监察权能，初步实现对所有公职人员的监察全覆盖，有效地推进了反腐败工作法治化、规范化，有力地强化了不敢腐的震慑、扎牢了不能腐的笼子。但集中

---

① 闫召华. "一般应当采纳"条款适用中的"检""法"冲突及其化解：基于对《刑事诉讼法》第201条的规范分析 [J]. 环球法律评论，2020, 42（5）：133-148.

② 闵丰锦. 检察主导抑或审判中心：认罪认罚从宽制度中的权力冲突与交融 [J]. 法学家，2020（5）：148-162, 195.

统一的监察权同时也打破了以往国家权力配置模式和体系架构，使国家现有权力出现结构性失衡，导致一定程度的法治风险。如监察权具有强大的调查权能，内容包括实施谈话、讯问、查询、冻结、调取、查封、扣押、搜查、留置、技术调查、限制出境等一系列强制性的监察调查措施。关于这些强制性的监察调查措施的实施，一方面，监察法规定不适用刑事诉讼法；另一方面，监察法律规范又对此缺乏一定的程序控制和有效的监督手段，而已有的人大监督、检察监督、司法监督等监督手段，也因监察权的超然地位，难以发挥监督实效。这在一定程度上使得监察权处于权力监督的"虚弱"地带，容易导致监察权因丧失公共性而成为权力寻租的对象，进而导致权力腐败。与此同时，对于监察对象而言，监察权过于强势和对其制约监督不力极其容易造成监察对象合法权益损害，但监察法律制度并未因此就监察对象的相应权利从制度上予以重视和保障。由此表明，监察法律制度范围内，监察权与监察对象权利之间的结构配置存在明显的不对等关系，监察对象权利保障明显处于弱保护状态。

第二节　程序性权利保障不充分

一、程序性权利保障的价值功能

权利是个体在社会中自由发展、享受尊严的基础，权利能够确保个体受到公平对待，促进社会稳定和进步。其包括言论自由、个人隐私、监督控诉等基本权利和辩护权、申诉权、上诉权等程序性权利，共同构成公正、自由的社会基石。科学合理的程序不仅具有促进决策民主化、理性化、规范化和正当化的价值功能，同时也具有保障权益、维护社会秩序、促进公平正义的社会价值。但科学合理的程序构建离不开程序性权利的充分保障。

程序性权利的存在有助于确保程序的公正性。司法程序中被告人辩护权的存在能够确保其有机会提供辩护意见，从而促进法院公正审判的进行。为程序性权利提供充分的制度保障，有助于预防权力滥用、打破不公正的体制，并为个体提供权利救济的途径。通过法律框架确保程序性权利的充分行使，能够为社会建立起稳定、公正和尊重个体尊严的基础，有助于维护社会的平衡和秩序，维护程序的合法性和正当性。司法程序运行中，被告人权利获得尊重和保障，可以有效确保司法程序在法定框架内运行，从而防止权力干扰程序的依法进行，预防程序不当行为。就此逻辑而言，程序性权利的存在、保障和实现是程序价值的具体体现和反映，而保障程序性权利的实现实际上也在促进程序价值的实现。因此，确保程序性权利的存在和行使是程序公正的基础，程序通过确保包括知情权、辩护权、回避申请权等程序参与主体程序权利的实现而获得尊重和认可，从而使程序正常运行和长期存续。如此才能，一方面，提升程序运行的公开透明度，建立一个开明、公开的程序系统，推动实现公开透明的程序价值；另一方面，保障程序运行中的公平公正，从而体现和实现程序的公正价值和人权保障价值。显然，程序性权利保障是否充分和完善，影响甚至制约着程序价值的实现。一旦程序性权利保障不充分或者缺乏有效的制度保护，可能导致的后果：一是个体面临各种不公正对待和虐待，破坏社会和谐；二是权力恣意行使，社会将出现系统性不公平、不公正问题，个体自由、安全、尊严都会受到不当威胁，社会安定秩序受到破坏，公众对社会产生不满和不信任，此时，程序有可能沦为暴力的工具。

新时代中国特色社会主义程序法理中，关于程序性权利保障的思想主要体现在：一是立法领域，提出良法善治理念，加强人权保障的立法。要求加快完善体现权利公平、机会公平、规则公平的法律制度，确保公民各方面权利保障都得到落实，实现公民权利保障的法治化。二是执法领域，提出要依法行政，建设法治政府。要求确保行政决策过程是在保障人民群众通过多种有效途径的民主参与下形成的，保证行政决策是符合客观规律、体现客观实际需求和绝大多数人民群众利益的行政决策。要求坚持严格规范公正文明执法，目的在于通过严格规范执法行为、提升执法素养，在执法过程中实现对公民权利的依法保障。要求全面推进政务公开，充分保障人民群众的知情权、参与权、表达权、监督权。三是司法领域，提出推进司法改革，实现公正司法。要努力让人民群众在每一个司法案件中都能感受到公平正义。

二、新时代程序法治实践中程序性权利保障不充分的问题表现

如前文所述，程序性权利的保障在程序法治实践中具有重要的价值意义和功能作用，而在司法实践中，程序性权利的保障尤其对于弱者的诉讼权利具有至关重要的影响。新时代程序法治实践领域内，认罪认罚从宽制度的设置和实施是新时代中国特色社会主义程序法理中关于公民权利保障思想的重要体现和落实。认罪认罚从宽制度明确赋予犯罪嫌疑人、被告人自愿认罪认罚权利的同时，也规定认罪认罚从宽案件中，律师行使辩护权时依法享有独立的辩护权，检察机关无权擅自剥夺。[①] 律师行使辩护权的依据主要是事实和法律，而非完全依赖于犯罪嫌疑人或被告人的主观意愿，[②] 行使辩护权的目的为提出有利于被追诉人的辩护意见。辩护律师对量刑建议提出异议，内容可以是无罪异议，也可以是罪轻异议，还可以是减轻或免除刑事责任异议。因此，辩护律师对量刑建议提出的异议必然包括无罪、罪轻等有利于被告人的辩护内容。认罪认罚从宽案件中，具结书形成

① 刑事诉讼法第二百零一条第二款规定，认罪认罚从宽案件的被告人、辩护人对量刑建议提出异议的，人民检察院可以调整量刑建议。人民检察院不调整量刑建议或者调整量刑建议后仍然明显不当的，人民法院应当依法作出判决。

② 刑事诉讼法第三十七条规定，辩护人的责任是根据事实和法律，提出犯罪嫌疑人、被告人无罪、罪轻或者减轻、免除其刑事责任的材料和意见，维护犯罪嫌疑人、被告人的诉讼权利和其他合法权益。《律师执业管理办法》第二十四条第二款也明确律师执业必须以事实为根据，以法律为准绳；第三十一条规定律师担任辩护人的必须按照刑事诉讼法第三十七条的规定履行辩护人职责。

过程并非是在检察机关和辩护律师之间进行，主要在检察机关和犯罪嫌疑人或被告人之间进行。其前提条件是基于被追诉人自愿认罪认罚的主观意愿，意即量刑建议必须经被追诉人同意才可产生法律实效，辩护律师或值班律师的同意并无实质效用。因此，案件是否适用认罪认罚从宽制度主要以被告人主观意愿为根据，在被告人不改变主观意志的情况下，律师提出不同于量刑建议且有利于被告人的辩护意见，并不能导致先前形成的量刑建议的变更或认罪认罚具结书撤销的法律后果。反过来说，在辩护意见不同于认罪认罚从宽合意时，被告人认罪认罚意愿具有独立性和应受法律保护性，检察机关不能以辩护意见与量刑建议内容不符，任意给予认罪认罚具结书否定性评价或将其撤销。此外，也需指出，实践中辩护律师在认罪认罚具结书上签字，仅起到见证作用，而非律师辩护权的行使。因此，认罪认罚从宽案件中，律师辩护权独立于被告人或犯罪嫌疑人认罪认罚的主观意愿与认罪认罚具结书。

认罪认罚从宽法律制度将"应当听取意见"明确规定为认罪认罚从宽案件量刑建议形成过程中检察机关必须履行的一项法定义务。[①] 作为法定义务，检察机关办理认罪认罚案件应当尽到忠实勤勉之责。然而，在司法实践中，该项法定义务的实际履行情况并不尽如人意。多数情况下，认罪认罚从宽案件中检察机关在听取辩护律师意见前就已经得到犯罪嫌疑人愿意接受拟定量刑建议或者量刑优惠幅度的明确表示，[②] 因而听取意见已经没有实际意义，导致检察机关对待辩护律师等的意见往往"听而不取"。一些极端例证中，尤其是犯罪嫌疑人已经委托有辩护律师的案件中，检察机关通常在律师会见前已单独听取犯罪嫌疑人意见，并在双方信息不充分对等

---

① 刑事诉讼法第一百七十三条第二款和《关于适用认罪认罚从宽制度的指导意见》第二十七条均规定认罪认罚从宽案件办理中检察机关应当听取犯罪嫌疑人、辩护人或者值班律师的意见，同时明确，检察机关未采纳辩护人、值班律师意见的须说明理由。

② 李奋飞.量刑协商的检察主导评析 [J].苏州大学学报（哲学社会科学版），2020，41（3）：36-47.

情况下达成认罪认罚具结书签署意向。因此，在辩护律师意见不同于犯罪嫌疑人意见时，为防止辩护律师影响或动摇犯罪嫌疑人认罪认罚意志，检察机关便拒绝辩护律师参与具结书签署过程，甚至拒绝听取辩护律师相关意见，转而要求值班律师代行见证具结书签署过程等刑事职能。

此外，有些认罪认罚从宽案件在审查起诉及法庭审判阶段，存在被追诉人认罪认罚同辩护律师独立发表无罪、罪轻辩护意见共存的情形。对此检察机关认为，虽然被追诉人认罪认罚，但由于辩护律师辩护意见与被追诉人意见相左，该情形违反认罪认罚具结书，据此对量刑建议予以变更，或撤回原先量刑建议，重新建议法院判处更重的刑罚。这不仅体现在个案当中，一些地方司法文件中也有反映。罗某某行贿案中，被告人罗某某对检察机关指控的事实和罪名均没有异议，自愿认罪认罚。但法庭审判中，辩护律师作无罪、罪轻辩护，认为对被告人罗某某应当判处无罪或者免除刑事处罚，或者适用缓刑。对此公诉机关认为，辩护人作无罪辩护违反认罪认罚具结书约定，因此撤回原来量刑建议，重新提出比之前量刑建议更重的刑罚建议。[①] 本案中检察机关的做法并未最终获得判决支持，形式层面，律师独立辩护权在司法结果中最终获得维护，但实践中却产生诸多不良影响：一是辩护律师不敢轻易尝试作无罪或罪轻辩护。实践中，尤其对于在认罪认罚具结书上签字的辩护律师，检察机关通常认为该行为是辩护律师对认罪认罚具结书中定罪和量刑内容的认可。律师参与认罪认罚具结书签订过程后，检察机关便告知律师已丧失作无罪辩护的权利，且不能再对案件事实等提出任何异议，否则就改变量刑建议。为此，辩护律师顾虑，一旦辩护意见未被采纳，被告人通过认罪认罚获得从宽权益受损后将对律师产生抱怨心理，从而影响律师自身执业声誉及业务承接。二是被告人担心律师发表不同于认罪认罚具结书内容的辩护意见会导致刑罚加重，因此阻挠律师作无罪或罪轻辩护。检察机关上述做法致使被追诉人对辩护

---

① （2017）闽0121刑初556号罗某某行贿一审刑事案。

律师的信任度相对于检察机关更低。这种情况反映的并非被追诉人对检察官职业技能和素养的认可，而是对权力的惧怕抑或是崇拜，但这种实践效果在崇尚法律至上的法治国家是不被期望的。类似情况在浙江省2020年12月23日，由省最高人民法院、省人民检察院、省公安厅和省司法厅联合发布的《浙江省刑事案件适用认罪认罚从宽制度实施细则》通知中也有体现。[①] 该实施细则看似仅仅是针对认罪认罚具结书作出规定，实则是通过检察机关对具结书命运的掌控，实现逼迫辩护律师与被告人就认罪认罚意见保持一致态度。认罪认罚从宽案件的各个诉讼环节均可适用认罪认罚从宽制度，故认罪认罚具结书的签署和量刑建议的形成也有可能与认罪认罚同步实现。因此，有量刑建议的形成过程，检察机关"应当听取意见"的法定义务就不应当被免除，而不分案件所处的刑事诉讼阶段。因此，法庭审判阶段，即便是被告人认罪认罚且已和检察机关签订认罪认罚具结书，检察机关仍然有听取辩护律师辩护意见的法定义务。这是"应当听取意见"法定义务对检察机关的强制性约束，而非选择性权利。由此可以看出，浙江省上述实施细则的有关规定明显违背上位法。

认罪认罚从宽案件中的被追诉人主要通过值班律师和辩护律师获得有效法律帮助，检察机关"应当听取意见"法定义务的司法实践表明，律师独立辩护权受到检察权阻碍。尤其反映在检察机关对待律师辩护意见的态度方面：一是检察机关通常借助手中掌握的丰富信息资源优势，利用与被追诉人之间的信息差，对律师辩护意见走过场、留形式，"听而不取"，使律师独立辩护权无法实质行使。二是检察机关借助值班律师发挥辩护律师某些程序性功能而拒绝听取辩护意见，实质妨碍辩护律师辩护权的独立行使。

认罪认罚从宽案件的协商性司法特性要求控辩平衡，但控辩平衡的关键要素在于控辩双方信息对称和力量平衡。认罪认罚从宽案件被追诉人依

---

① 该实施细则第四十九条载明，认罪认罚从宽案件中，犯罪嫌疑人、被告人认罪，但辩护人坚持作无罪辩护或者对主要犯罪事实提出异议的，检察机关可以根据案件具体情况撤销具结。

法并不享有阅读案卷和证据材料的权利，而实践中通过辩护律师获取前述信息的方式也尚存在诸多法律风险，律师对此做法的选择也十分谨慎。实践中，律师辩护权在受到严重阻碍的情况下，基于信息不对称因素的考量，如果不加强辩方力量保障，控辩冲突关系难以实现调和，量刑协商容易"走过场、留形式"。认罪认罚从宽制度中创设值班律师制度的初心是为弥补律师辩护权不足、对认罪认罚从宽案件中刑事被追诉人律师辩护权进行保障。但司法实践表明，由于认罪认罚从宽制度关于值班律师和辩护律师职能定位与职责衔接不清，在强大的检察职权压力下，值班律师在一定程度上为检察机关不如实履行"应当听取意见"义务提供助力作用。

而在认罪认罚从宽制度关于检察机关"应当听取意见"方式、程序以及相应责任机制等问题均不够明确的情形下，检察机关不履行该项义务并不负担任何法律成本和代价。尽管法律要求，检察机关未采纳辩护人、值班律师意见的应当说明理由，但由于制度并未就说明理由的方式等事项作出具体规定，加上"说明理由"本身也受限于主办案件检察官自身专业素养和职业水平等因素，因此，上述规定对检察机关是否履行"应当听取意见"的法定义务并不能实质形成强制规制。因此，关于律师辩护意见，实践中检察机关通常"爱听不听"。导致的结果是，认罪认罚从宽案件中检察机关不充分履行该项法定义务时，辩护律师无法实质参与量刑协商，由此妨碍律师辩护权利的实质行使。由此表明，认罪认罚从宽制度中，程序性权利保障的制度设计并不健全和完善，体现了程序性权利保障的不充分性问题突出。

此外，监察程序的法治实践中也存在类似上述程序性权利保障不足的现实问题。如监察调查程序中，一是"谈话"程序中监察对象的权利保障不足。监察法没有提及"谈话"措施中的权力限制和约束。监察机关对被调查人采取"谈话"措施前、实施措施中，应当履行一定的前置性义务，并对某些权力运用的尺度给予一定的限制和约束。一方面，这样做能够使被谈话对象提前了解自己在监察谈话中的权利与责任，以便其在信息对称的情况下权衡利弊，作出较为理性的选择。另一方面，通过对监察机关义务的设置、被谈话对象权利的规定，保证监察调查权的合法运行。这既是赋予被调查人一定的权利，用以和强大的监察调查权抗衡，起到保障被调查人人权的法治作用，同时也是用以监督和制约权力，起到约束和限制权力恣意的作用。但监察法对这些关键性事项的规定语焉不详，比如，监察法未明确"谈话"不得以诱导的方式进行的限制，监察机关对被调查人采取谈话措施前应当告知其法定的权利义务等。^① 二是"询问""讯问"程序中监察对象程序性权利保障不足。监察法对"讯问"措施仅作了简单规定，^② 对于"讯问"中"审讯"的判断依据、讯问的条件、时间、地点、流程、方式、讯问中调查人员的人数要求，以及讯问过程中的权利法律救济如何展开等细致内容，监察法均未作具体回应。监察法明确了在调查过程中监察机关可以询问证人等人员。系统理解监察法不难看出，"询问"措施从性质和适用目的上来看实质上承担着监察委调查案件事实的工作，适用"询问"措施的目的是收集、获取证据以便查明违纪、违法乃至犯罪的案件事实，以便确定案件当事人法律责任的有无。这一关乎当事人切身合法权益事项的重要措施，监察法及其相关制度就适用"询问"的具体条件、证人范围的确定、询问证人采取的方式、每次询问的最长时长等程序性事项，均未作出任何具体规范。同时，对监察机关实施上述两项调查措施应当履行的义务、需要遵循的要求和条件、应当承担的法律责任，以及被询问对象应当享有的权利和应承担的义务等事项，监察法律制度也没有制定相应具体细致的规范予以明确。^③ 三是监察技术调查程序中被调查对象程序性权利保障不足。由于技术调查措施自身特性，采取技术调查措

①　拜荣静，罗桂霞．监察委调查权程序审视 [J]．宁夏党校学报，2021，23（2）：84–93.

②　监察法第二十二条第二款规定，对于涉嫌贪污贿赂、失职渎职等职务犯罪的被调查人，监察机关可以进行讯问，要求其如实供述涉嫌犯罪的情况。

③　拜荣静，罗桂霞．监察委调查权程序审视 [J]．宁夏党校学报，2021，23（2）：84–93.

施对私权侵犯的可能性较大，因此监察规范应当就其适用条件和程序等事项作出更为详尽、严格的规范。同时，也为防范监察机关可能出现的权力过限行为，法律应当赋予被采取技术调查措施的对象以一定的权利救济途径。然而，有关技术调查权的程序性规范，监察法仅作了宣示性规定。对于其中"严格"的标准、"批准"的具体内容，决定主体，程序、技术调查措施适用的主体、对象条件，技术调查措施被"批准"后执行机关如何确定，以及"手续"的具体指代等问题所涉及的相关法律事项，监察法无明确具体规范。关于技术调查措施的各内容事项，监察法也只规定"批准决定应当明确采取技术调查措施的种类和适用对象"，而具体采取的种类、适用对象以及对象范围的确定、适用技术调查措施必要条件的限定等事项均未涉及。①

第三节　程序性权利的程序性救济机制不健全

一、权利的程序性救济机制的价值功能

有权利必有救济，无救济则无权利。程序性救济机制是指通过法律程序来保障公民权利和利益的一种机制，它的价值功能主要体现在以下几个方面。

（一）保障公民权利

首先，程序性救济机制为公民提供了通过法律程序来维护自己权利和利益的途径。无论是在行政领域、民事领域还是在刑事领域，在公民权利和权益受到不法侵害或不公正对待时，公民都可以通过复议、申诉、诉讼或上诉等程序性救济机制向有关机关提出自己的权利诉求，并通过法律程序来解决问题，以此寻求法律的保护，确保自己的权利不受侵犯。其次，

---

① 　拜荣静，罗桂霞．监察委调查权程序审视 [J]．宁夏党校学报，2021，23（2）：84–93．

程序性救济机制通过规范的法律程序，保障了公民在法律程序中的各项权利，如听证权、辩护权、诉讼权、法律帮助权、程序选择权等，这意味着公民在程序性救济过程中，不仅有权利获得法律帮助和咨询，还能享有充分的辩护权利，确保自己的声音得到充分听取和尊重。再次，程序性救济机制使得法律在公民之间得以平等适用。无论公民的身份地位如何，通过程序性救济机制都能够确保每个公民都依据法律程序来解决问题，而不会因为身份地位、阶级阶层、物质贫富的影响受到歧视或优待。这种平等性保障了"公民在法律面前人人平等"的宪法原则得以落实和实现，确保了宪法法律的公正执行。最后，公民通过程序性救济机制对司法机关的不当行为进行申诉和监督，促使司法机关依法履行职权，确保司法公正和合法的同时，保障了公民权利。

（二）维护司法公正

程序性救济机制有助于维护司法的公正和公平。当公民在司法程序中受到不公正待遇或不法侵犯时，公民可以通过程序性救济对司法机关的不正当行为进行投诉、控告、申诉和监督，促使司法机关及时纠正自己的错误行为，依法正确行使职权和履行职责，确保司法决定的公正性和合法性。首先，程序性救济机制为公民提供了监督司法机关的程序途径。公民通过程序性救济机制可以对司法机关的不当行为进行申诉和监督，包括对法官的裁判是否合法、是否违背了法律、是否存在利益冲突等进行监督，从而确保司法机关依法行使职权，维护司法公正。其次，程序性救济机制为公民提供了追索权利的机制。当公民认为自己的权利受到侵害时，可以通过程序性救济机制来申诉和诉讼，向司法机关提出自己的诉求，并要求司法机关依法进行裁决，从而保障公民的合法权益，维护司法公正。再次，程序性救济机制有助于确保司法程序的合法性。公民通过程序性救济机制可以对司法程序的合法性进行监督和检验，如是否符合法律规定、是否有过程性违法等，从而促使司法程序的合法性得到维护，保障司法公正。最后，程序性救济机制有助于提高司法的透明度。公民通过程序性救济机制可以了解司法机关工作程序和决策过程，监督司法机关的工作是否公正、透明，从而促进司法机关公正行使职权，维护司法公正。总之，程序性救济机制实现和维护司法公正的法理逻辑在于监督司法机关、提供追索权利的机制、确保司法程序的合法性，以及加强司法透明度等方面。通过这些途径，程序性救济机制能够有效地维护司法公正，保障公民的合法权益，促进以人民为中心的价值理念的实现。

（三）促进法治建设，增强法治权威

程序性救济机制是法治建设的重要组成部分。首先，它通过规范的法律程序和程序性保障来保障公民的合法权益，促进法治精神贯彻落实的同时，增强人民对法治的信任和认同，从而推动法治建设的深入发展。其次，程序性救济机制要求司法机关必须依法行使职权，确保司法活动的合法性和正当性。这强调了法律的规范性和约束力，增强了公民遵守法律、尊重法律的意识，有助于建立一个以法律为准绳的社会秩序。最后，程序救性济机制为公民提供了一种监督司法机关和行政机关的机制。公民通过程序性救济机制可以对司法机关和行政机关的行为进行申诉和监督，促使公职人员依法履职，加强了对权力的制约和监督，有助于建立一个依法执政、依法行政和公正司法的社会秩序。整体而言，程序性救济机制通过强化法律保障、强调法律规范、加强法律监督和强调法治精神等方面的法理逻辑功能，促进法治建设的深入发展，推动了以人民为中心的价值理念的实现。

（四）化解社会纠纷矛盾，维护社会稳定

首先，程序性救济机制为公民提供了合法的途径来解决个人权益受损或纠纷的问题。公民通过程序性救济机制来解决纠纷，避免采取不合法或暴力的手段解决矛盾，从而降低了社会矛盾的激化程度，有利于社会稳定。其次，程序性救济机制有助于缓解社会的压力。在社会生活中，不可避免地会出现一些纠纷和矛盾。通过程序性救济机制，公民可以通过合法途径解决自己的问题，获得法律保护，减少了对社会秩序和稳定的压

力。再次，程序性救济机制有助于预防和化解社会的不稳定因素。通过提供合法的途径来解决纠纷和矛盾，程序性救济机制能够减少不公平和不正义的现象，增强社会的公平正义感，有助于预防和化解社会不稳定因素的产生。最后，程序性救济机制有助于促进社会的和谐发展。通过提供合法的途径来解决纠纷和矛盾，程序性救济机制能够增强社会的公正感和公平感，促进社会各界的和谐相处和共同发展，有利于构建一个和谐稳定的社会环境。总之，程序性救济机制通过提供合法途径解决纠纷、缓解社会压力、预防社会不稳定因素和促进社会和谐发展等方面的法理逻辑功能，有助于化解社会矛盾，维护社会稳定，促进社会和谐发展，推动了以人民为中心价值理念的实现。

二、新时代程序法治实践中程序性权利的程序性救济机制不健全的问题表现

程序性权利的救济途径一般包括三种：一是以程序性权利救济程序性权利；二是以程序性法律义务救济程序性权利；三是以程序法律责任救济程序性权利。整体来讲，程序性权利、程序义务、法律责任是程序性权利救济的三种主要途径，其中程序性权利和程序义务相伴而生，而法律责任则是程序法律义务的追加形式或者说是加强形式，目的在于促进程序性权利的救济和保障。新时代中国特色社会主义程序法理的法治实践，在程序性权利救济机制的上述三个方面存在不健全和不完善的问题。

（一）程序性权利救济权利的机制不充分

以程序性权利救济程序性权利，意即通过法律规定，为程序性权利主体扩大权利资源分配，以增强权利主体在其权利资源转换实现过程中抗衡其他权利侵犯的力度，或提升权利主体对其权利资源在转换实现过程遭受的损失的修复弥补能力，实现合法权益的正当维护，达到权利救济的目的和实效。一般而言，以权利救济权利的形式，主要有两种形式：一种是在分配建立权利的基础框架结构时，通过对权利资源进行初次分配，以优

化权利结构的方式，使权利在力量平衡的状态中，通过行使法定权利实现权利救济。体现在程序性权利中，例如，监察法第五十八条规定，办理监察事项的监察人员涉及法律规定的四种情形^①之一的，监察对象等有关人员有权要求其回避。通过这种权利资源的初次分配，确保监察对象在监察调查程序中具备一定的抵御权力侵蚀自身合法权益的能力。另一种是在权利资源进行初次分配的基础上，对权利资源进行二次分配，以对抗一次权利资源在具体实现和转换过程中受到的不法侵犯，弥补当时未获尊重和平等对待时的利益损失。体现在程序权利中，例如，监察法第六十条规定监察机关及其工作人员有规定的五种行为^②之一的，被调查人及其近亲属有权向该机关申诉。意即，在监察调查程序中，一旦初次分配到监察对象手中的权利资源无法产生与抗衡的法律实效，监察法即通过二次权利资源配置，赋予监察对象以二次救济的方式，对抗一次权利资源实现转化过程中遭受到的不公正、不合法对待，以求使遭受损失的合法权益得到弥补。

但是，这种程序性权利救济机制在新时代中国特色社会主义程序法理的法治实践中并不健全和完善。例如，监察程序法治领域内，由于监察法赋予监察机关在办理监察案件过程中享有采取一系列强制性措施的权力，而且监察调查措施在实施过程中，因对监察机关赋权重于担责、对被调查人赋权过分轻于监察委调查权，甚至有些被调查人依法应当享有的程序性权利未能明确，如监察措施实施过程中被调查人应获律师帮助等权利的缺失，导致监察法律制度虽然规定被调查人享有一定的知情权、申诉权，但

---

① 监察法第五十八条规定的四种情形为："（一）是监察对象或者检举人的近亲属的；（二）担任过本案的证人的；（三）本人或者其近亲属与办理的监察事项有利害关系的；（四）有可能影响监察事项公正处理的其他情形的。"

② 监察法第六十条规定的五种行为为："（一）留置法定期限届满，不予以解除的；（二）查封、扣押、冻结与案件无关的财物的；（三）应当解除查封、扣押、冻结措施而不解除的；（四）贪污、挪用、私分、调换以及违反规定使用查封、扣押、冻结的财物的；（五）其他违反法律法规、侵害被调查人合法权益的行为。"

由于这些权利规范并不具体和细致，可操作性较差，加上被调查人自身缺乏专业的法律认知和权益维护意识，致使被调查人权利难以获得实质且有效维护。因此，监察程序法治实践中，因程序性权利机制不健全、不完善，导致被调查人部分程序性权利处于缺失状态，程序性权利救济保障不到位。具体如监察法第四十九、六十条虽规定被调查人对监察机关调查行为享有申诉等权利，但因该规定不完善、不具体，对于一旦出现错误实施监察调查措施的机关及其审批机关、维持错误适用监察调查措施决定的复审、复核机关，申诉维持机关的责任及相应的法律制裁措施未作出规定，寻求司法救济的权利规定不到位，使权利救济被虚置，权利流于形式而无法获得实质保障。

认罪认罚从宽制度法治实践领域内，由于案件庭审程序被大幅度简化，被追诉人的辩护权受到大幅度限缩，体现在被追诉人的法律帮助权方面，仅为名义上的获得，实质上因为值班律师权利行使不明确、权利范围小，导致律师帮助权并不够及时和有效。[①] 认罪认罚从宽案件中，权利角度，法律明确律师享有在场权，[②] 但确立律师在场权，并不只让值班律师从形式上见证具结书签署过程。2020年实施的《法律援助值班律师工作办法》第十条规定，值班律师只有对犯罪嫌疑人认罪认罚自愿性、检察院量刑建议、适用程序等均无异议时，才应当在具结书上签名。该条第二款也明确，如果值班律师对量刑建议、程序适用有异议，但确认犯罪嫌疑人系自愿认罪认罚的，应当签字，同时要向检察院提出法律意见。因此，值班律师在场权的根本目的在于监督检察机关依法履职，防范公权力机关为推动案件适用速裁程序而采取威胁强迫或诱骗手段令犯罪嫌疑人作出虚假认

---

① 崔玮.被追诉人权利保障机制的结构性缺陷及其矫正：以认罪认罚案件为中心 [J]. 北方法学，2022，16（3）：109-120.

② 刑事诉讼法第一百七十四条和《关于适用认罪认罚从宽制度指导意见》第三十一条同时规定，犯罪嫌疑人自愿认罪，同意量刑建议和程序适用的，应当在辩护人或值班律师在场的情况下签署认罪认罚具结书。

罪认罚的意思表示。因此，值班律师在场权是具有监督性质的律师权利，[①]监督对象具体为认罪认罚从宽案件中的侦查权及检察权。《中华人民共和国刑事诉讼法》第三十六条明确，刑事案件中值班律师主要职责是为被追诉人提供法律咨询、程序选择建议、申请变更前置措施、对案件处理提出意见等法律帮助。《关于适用认罪认罚从宽制度的指导意见》第十二条对此也有明确体现。这些内容反映，值班律师和辩护律师在侦查阶段和审查起诉阶段行使的辩护权内容有所重合。如果单纯分析《关于适用认罪认罚从宽制度的指导意见》相关规定，认罪认罚从宽案件中，值班律师和被追诉人委托的辩护律师，二者履行职责的界限并不清晰明确。但综观值班律师制度安排，值班律师为被追诉人提供法律帮助职责的时段只在犯罪被追诉人没有委托辩护人，或法律援助机构没有为其指派辩护律师时。换言之，在被追诉人已经委托有辩护律师的情况下，值班律师对被追诉人提供法律帮助的职责即已结束。此时如果需要律师在场履行认罪认罚具结书签署过程的监督职能，主体只能是被追诉人委托的辩护律师而非值班律师。在一些犯罪嫌疑人或被告人已经委托有辩护律师的案件中，检察机关为防止辩护律师影响被追诉人认罪认罚自愿性，拒绝听取辩护律师意见，甚至拒绝辩护律师出现在认罪认罚具结书签署现场，反而令值班律师替代行使在场权、"见证"具结书签署过程。因此，法治实践层面，辩护律师参与量刑协商和监督认罪认罚具结书权利行使实质上受到阻碍。

（二）程序义务的权利救济机制不健全

以程序义务救济程序性权利，就是通过为程序性权利行使的相对方以法律形式分配相应的程序性法律义务，促进权利获得充分的保障和实施。程序运行过程中，程序性权利的行使主体实现程序性权利，一方面，需要履行法律为其设定的一整套参与程序需要遵循的程序性义务规则，例如，

① 胡宇清，侯璐阳. 我国值班律师功能定位的结构性重塑 [J]. 湘潭大学学报（哲学社会科学版），2021，45（3）：61-64.

在司法程序中，程序参与主体拥有知情权、辩护权、申诉权等，这些权利是为了保障程序参与主体在程序中的主体性程序性地位，也是通过对程序参与主体这种主体性地位进行确认，使程序实现保障程序参与主体合法权益的价值功能。但同时，这些权利的行使也伴随着相应的义务、如遵守法庭秩序的义务、提供真实信息协助程序继续进行的义务等。另一方面，还需要程序性权利相对方通过履行必要的法定义务协助程序性权利主体顺利实现权利，主要为否定性的评价。如果说权利是立法上关于特定主体平等获取资源和利益内容方式的确认，那么，义务就是为这种确认范围所划定的界限。对于这种界限，权利主体自身不得突破，权利相对方也不得突破。相对方一旦突破这种法律界限，有可能打破程序平衡，从而可能影响到权利方权利实现的真实性和充分性。更为重要的是，相对方通过突破行为界限行使的权利（力）的合法性、公正性很可能遭受法律上的否定性评价和公众舆论的谴责，由此导致相对方因行使权利（力）而作出的法律决定在法律上不被认可。权利救济机制中的程序性法律义务主要指的就是这一方面。例如，在认罪认罚从宽制度中，法律将"应当听取意见"规定为自愿认罪认罚案件权利主体辩护律师相对方检察机关的法定义务，目的在于确保犯罪嫌疑人、被告人认罪认罚的真实性、自愿性和合法性，切实保障认罪认罚从宽案件中犯罪嫌疑人、被告人的合法权益能够依法实现，同时也在于限定监察机关在办理认罪认罚从宽案件过程中，要依法听取犯罪嫌疑人、被告人及其委托的辩护律师的真实意思表达，在最大限度上维护其法律上对案件事实最真实、自愿的表达权利，而不是因为权力的威胁、利诱、逼迫进行不自愿、不真实表达，使权利获得充分的尊重和维护。监察法第二十四条规定，搜查女性身体，应当由女性工作人员进行。依据这一法律规定，如果监察机关在搜查女性身体时没有遵循该规定，那么由此形成的调查证据的证据能力有可能因违反法定程序性义务而被否定，假如搜查过程中搜查出对被搜查人不利的证据，对这样的证据作出这种法律评价将有利于被搜查人。类似规定还如，监察法第二十七条规定，就监察案件中的专门问题，如果指派、聘请有专门知识的人进行鉴定的话，鉴定人进行鉴定后应当出具鉴定意见，并且签名。反之，如果鉴定人出具的鉴定意见没有签名的，将有可能影响鉴定意见的证据效力，由此形成的案件结论有可能不被法律所认可。

程序法治实践中，这种权利救济机制并不健全。体现在认罪认罚从宽制度领域内，认罪认罚从宽制度要求犯罪嫌疑人、被告人认罪认罚及签订认罪认罚具结书必须出于自愿且应当真实和合法。为此，为了确保认罪认罚自愿性、真实性与合法性，法律规定了检察机关"不得暴力、威胁、引诱犯罪嫌疑人或被告人违背意愿认罪认罚"，"确保犯罪嫌疑人了解认罪认罚从宽制度法律规定及认罪认罚性质和法律后果的有效法律帮助和告知义务"和"应当听取犯罪嫌疑人、辩护人或者值班律师的意见，检察机关未采纳辩护人、值班律师意见的须说明理由"的法定义务，但由于检察机关不履行法定义务的责任规制不具体明确，致使义务规则无法对检察权形成有效制约。

认罪认罚从宽案件中，检察机关是保障被追诉人获得有效法律帮助的主要义务主体：一是检察机关自身负有权利告知和法律释明等义务；二是检察机关负有通知值班律师进行法律帮助的义务；三是检察机关负责保障犯罪嫌疑人、被告人获得来自律师方面的有效法律帮助。但如前文所述，司法实践中，检察机关并不实际按照法律规定充分、完整地履行上述法定义务，主要原因在于法律对此缺乏明确具体的程序规范和责任制约机制，使得检察机关并不会因为不履行这些法定义务而背负相应的法律成本和代价。对义务履行的程序和责任进行规制，方能使义务得以有效落实。但显然，认罪认罚从宽司法实践中，尤其关于"应当说明理由"的程序与责任机制并不健全和完善，因此检察机关对这一法定义务忽略不计甚至视而不见。

（三）法律责任的权利救济机制不完善

以法律责任救济程序性权利的这种救济方式，即通过法律制度向权利行使相对方明确一定的法律责任，通过责任的法律化和法定化，使程序法律权利和法律义务在遭受蔑视对待后，对侵权行为或规避义务的行为进行否定性评价。也即将违反程序法律义务的责任在法律上进行确立，使责任不仅规范权利主体行为的合理界限，而且在这一界限被突破或义务主体履行义务的行为落空之后，成为一种义务追加或权利救济的依据。[①] 这种救济机制与前文通过法律义务救济权利的救济机制有所交叉，但又不完全等同。它的实现转化，主要依靠向程序性权利相对方履行的法定义务施加，不履行义务或突破界限行使权利和履行义务时，需要承担一定的法律后果予以保障。这种法律责任是立法者对主体施展能力的控制，并在该主体的能力超越界限或者其他主体在以作为或不作为的方式损伤了他的能力并造成有害后果时，对有责主体重新划定利益补偿界限的活动。[②] 这种救济方式的典型如监察法第六十七条规定，监察机关及其工作人员行使职权，侵犯公民、法人和其他组织的合法权益造成损害的，依法给予国家赔偿。

2015年6月，习近平总书记在主持十八届中央政治局第二十四次集体学习时的讲话中指出，"铲除不良作风和腐败现象滋生蔓延的土壤，根本上要靠法规制度""反腐倡廉制度建设要围绕授权、用权、制权等环节……，把权力运行置于党组织和人民群众监督之下，最大限度减少权力寻租的空间。"为此，"要责任明确、奖惩严明。反腐倡廉法规制度建设必须做到要素齐全，既有激励性，又有惩戒性，使遵守者得到表彰奖励，违反者受到严厉惩处"。监察权也是公权力，应当自觉接受法律和人民的监督。监察赔偿是反腐倡廉法规制度的重要要素之一，是监察对象在监察程序和监察赔偿程序中重要的程序权利，在监察权运行过程中的激励和惩罚作用不言而喻。监察权在履行职责过程中给监察对象合法权益造成损害的，监察法和《监察法实施条例》虽然分别在第六十七条和第二百八十、

---

① 林喆. 权力腐败与权力制约 [M]. 山东：山东人民出版社，2009：258.

② 林喆. 权力腐败与权力制约 [M]. 山东：山东人民出版社，2009：260.

二百八十一条明确规定监察对象有请求国家赔偿的权利，但一方面，国家监察体制改革中赋予监察权的超然地位；另一方面，监察赔偿程序性权利虽然有法律的明文规定，但因缺乏有效的救济途径，导致监察赔偿权利通过监察法律制度实质无法实现。因此，制度和实践层面，监察受害人获得国家赔偿的权利不具备一个清晰明确且完善的制度路径，法律权利难以转换为现实利益。因此目前监察赔偿权利仍然沉睡于纸张之上，无法被实质激活。

第四节　程序衔接机制不完善

一、程序衔接机制概述

法律科学领域内，静态视角分析程序衔接机制，主要是指在法律解释和适用过程中，不同法律文本之间的联系和衔接方式。这包括法律层级的关系、法律条文的解释原则、先后顺序等方面。通常，法律系统会通过宪法、法律、法规等规范性法律文件的形式来确立这些衔接机制，以确保法律体系的一致性和稳定性。就法律层级的衔接而言，在法律体系中，不同级别的法律文件存在层级关系，如宪法、法律、法规、条例等，这些规范性法律文件之间的层级关系确定了它们的相对权威性和适用范围，从而影响了法律程序之间的衔接方式。法律文件中的条文之间可能存在直接或间接的关联关系。例如，一项法律可能在其条文中明确引用了另一项法律条文，或者两项法律条文内容相互补充或有重叠，由此影响法律程序的选择和适用。在法律解释和适用过程中，会遵循一定的解释原则，如文字解释、目的解释、历史解释等。这些解释原则在一定程度上影响法律程序之间的衔接方式，确保法律适用的一致性和稳定性。在先后顺序的确定方面，如果涉及不同时间点颁布或修改的法律文件，需要确定它们之间的先后顺序。通常，后颁布的法律应当与先前的法律保持一致性，或者通过明确的修改或废止来解决可能存在的冲突。这种情况也会影响法律程序的衔接方式和适用结果。在法律体系中，可能存在不同条文之间的优先级关系，即当两个条文存在冲突时，其中一个条文可能会优先适用于特定情况，这种优先级关系会影响到法律程序的衔接方式和适用结果。通过静态的程序衔接机制，法律体系可以确立法律程序之间的衔接关系，保障法律的正确解释、适用和执行。

动态视角分析法律程序中的程序衔接机制，指的是不同法律程序之间的协调与衔接机制，它是确保整个法治实施体系能够顺畅有序运转的重要机制。动态法律程序衔接机制主要体现在程序法治实践中，程序法治实践中的常态程序衔接机制又主要体现在司法领域内。从程序主体角度分析，主要包括公安、监察、检察、法院、仲裁等国家机关之间办理案件过程中的程序协调与衔接，也包括这些国家机构同其他国家机关之间及其内部上下级之间的程序协调与衔接。此外，当程序运行过程涉及相关利害关系人的利益时，程序衔接关系还体现为该程序与相关利害关系人利益救济程序之间的衔接。以这些程序衔接为主的司法活动主要通过案件办理过程中司法程序对法律关系予以体现和维系，用以维护整个司法体系的正常运作。

从程序运行的阶段或程序环节视角分析，程序衔接关系体现在刑事诉讼程序领域内，主要表现为：一是由公安机关或监察机关作为程序主体的刑事立案和刑事侦查或监察立案与监察调查阶段的程序衔接关系。刑事案件通常从立案开始，然后进入侦查阶段，这两个阶段之间的程序衔接关系确保了立案的合法性和侦查的依法进行。在这类程序衔接关系中，既包括公安机关、监察机关和检察机关关于刑事案件立案受理范围划定的横向程序衔接关系，也包括公安机关、检察机关和监察机关内部关于刑事案件立案范围划定的纵向程序衔接关系。二是由公安机关、检察机关、监察机关作为程序主体的刑事侦查或监察调查与审查起诉阶段的程序衔接关系。刑事侦查或监察调查结束后，检察机关会根据侦查或监察调查阶段取得的证据情况决定是否对案件进行起诉。这一阶段的程序衔接确保了侦查结果的合法性和起诉依据的合法性。三是由检察机关和人民法院作为程序主体的审查起诉阶段与审判阶段的程序衔接关系。在起诉阶段，人民法院会对人民检察院提起公诉的起诉书依法进行审查，并决定是否受理案件。审查起诉结束后，案件进入审判阶段，这一程序衔接关系确保了起诉行为的合法性和审判行为的依法进行。四是由上下级人民法院作为主要程序主体的一审诉讼程序与二审诉讼程序的程序衔接关系。这种程序衔接关系主要发生在人民法院上下级之间，如果被告人对一审判决不服，可以依据程序法赋予的上诉权启动上诉程序，使案件进入二审程序。在案件进入二审阶段，一审程序便和二审程序之间发生了程序衔接关系，这一程序衔接关系确保了司法程序的连贯性和被告诉讼权利的可救济性。当然，启动这一程序衔接关系的程序主体并非完全只有人民法院和被告人。人民检察院作为法律监督机关，在发现案件处理有违背案件事实和法律规定的情形下，也可依据法律赋予的抗诉权启动该种程序衔接关系。五是二审程序和终审程序的程序衔接关系，如果对二审程序作出的判决不服，即可依法提起再审。这一阶段的程序衔接确保了司法程序的完整性和案件终审权的权威性。启动这类程序衔接关系的程序主体既可是人民法院、被告人、被害人及其亲属，也可是人民检察院等。因此，当这类程序启动时，其间既可能产生纵向的程序衔接关系，也可能产生横向的程序衔接关系。具体而言，以"侦查（监察调查）－审查起诉－提起公诉－法庭审理"的程序衔接关系为例，在刑事案件的具体办理过程中，公安机关或监察机关负责对刑事案件进行立案受理及刑事案件犯罪事实与证据的侦查或调查，在公安机关或监察机关对案件进行侦查或调查结束后，将符合法律规定条件的刑事案件移送至检察机关，再由相对应级别的检察机关负责对刑事犯罪案件进行审查起诉，经检察机关依法审查起诉后，向有管辖权的相应级别的人民法院提起公诉，然后再由该人民法院对该刑事案件依照法律规定的程序和步骤，根据实体法律关于犯罪要素要件构成的规定，对刑事案件进行审理并作出最终裁决。由此，刑事诉讼领域内，因办理刑事案件而在公安机关（或监察机关）、检察机关和人民法院之间形成"侦查（监察调查）－审查起诉－提起公诉－法庭审理"的程序衔接关系，这是在刑事案件犯罪嫌疑人、被告人构成犯罪、公（监）检法均认为需要继续追究犯罪嫌疑人、被告人刑事责任的，并需要由人民法院对犯罪分子依法作出惩罚性刑事裁判时，在公（监）、检、法之间形成的程序衔接关系。当检察机关经过审查起诉后对刑事案件作出不起诉决定时，程序衔接关系只在侦查或监察调查机关和公诉机关之间形成"侦查（监察调查）－审查起诉"的程序衔接关系。

因此，综合而言，一是静态法律程序衔接机制为动态法律程序衔接奠定基础。静态机制通过规范性法律文件的表达形式，确定了动态运行的法律程序之间的基本关系和规则，为法律程序的运行提供基础框架。静态法律程序衔接机制包括规范性法律文件的层级关系、条文间的关联、解释原则的适用等，这些基本规则和原则构成了法律程序及其衔接的静态结构。二是动态法律程序衔接机制促进静态法律程序衔接机制完善。动态法律程序衔接机制通过司法实践、社会变革等因素对静态法律程序衔接机制进行调整和完善。例如，当司法实践和社会变革及法律演变等综合因素同时发生时，司法实践可能会因为社会变革、法律演变等因素受到影响而导致司法程序运行和衔接不畅，进而导致现有静态法律程序衔接机制无法适应当前司法实践，由此导致对静态法律程序衔接机制进行调整和完善，以适应新的社会变革和司法需求。三是静态法律程序衔接机制作为动态法律程序衔接的基本框架，稳定了法律程序的基本运行方式，为动态法律程序衔接机制的变化提供稳定的基础。静态机制中的基本规则和原则可以有效帮助应对动态变化中的挑战和问题，保障法律程序运行的稳定性和连续性。

二、新时代程序法治实践中程序衔接机制不完善的问题表现

诚如前文所述，《中华人民共和国监察法》及《监察法实施条例》是我国监察体制改革领域内融监察实体法和程序法于一体的监察法律制度，也是新时代中国特色社会主义程序法理思想的伟大实践。监察领域内存在的程序衔接机制不完善的问题，是我国新时代程序法治实践中程序衔接机制不完善的问题典型。监察法规定，监察机关办理职务违法和职务犯罪案件，应当与审判机关、检察机关、执法部门相互配合、相互制约。但就监察程序法律制度而言，关于监察机关办理职务犯罪案件的程序制度缺乏与其他法律文本之间有效的联系和衔接方式，程序衔接机制并不完善。

关于职务犯罪案件的办理，监察机关与公安机关、人民检察院等之间的程序衔接关系主要有如下两种情况。第一种情况是监察机关与公安机关、检察院之间及监察机关上下级及平级之间，就案件管辖与调查程序衔接关系，即"监察管辖与刑事诉讼管辖"程序衔接关系和"监察立案与监察调查"程序衔接关系。管辖是案件处理的基础，无论监察调查程序还是刑事侦查程序，都需要通过管辖来厘定办案机关的权力涵摄范围。监察体制改革后，监察机关的管辖由监察法进行调整，刑事司法机关的管辖由刑事诉讼法予以规制，不同的法律规范，导致管辖衔接问题的处理具有一定的复杂性。[①] 尤其在一人犯数罪、共同犯罪等关联案件中，犯罪嫌疑人、被告人实施的犯罪既涉及公安机关、检察院管辖的普通刑事案件，又涉及监察机关管辖的职务犯罪案件，这种情形下容易导致公安机关、检察院及监察机关就刑事案件立案管辖问题的程序冲突。对于此问题，监察法第三十四条及《监察法实施条例》第四十六条确立了"监察机关为主，其他机关协助"的原则，由监察机关负责对关联犯罪中的非公职人员一并管

---

① 艾明，桑志强. 论监察机关与公安机关关联案件职能管辖冲突 [J]. 地方立法研究，2023，8（5）：34–51.

辖。但由于监察立案、调查阶段的程序规制并不适用刑事诉讼法，而监察法治实践中，监察调查过程中监察机关就监察调查措施的适用拥有极大自由裁量权、检察监督也很难及时跟进，加上监察调查阶段律师无法介入，致使监察立案及监察调查阶段，监察权缺乏相应的程序控制，容易导致关联案件中"监察为主"原则的滥用，进而导致公安、检察机关在关联案件中的合法管辖权被实质架空。这一法治实践结果实际上是违背宪法及监察法确立的关于公安机关、检察机关、监察机关和人民法院之间"相互配合、相互制约"的原则的。因此，就动态法律程序衔接机制的法治实践来看，关联刑事案件中关于公安机关、监察机关、检察机关之间的程序衔接机制缺乏有效且具体细致和可操作性强的静态法律程序衔接机制。

二是以"监察调查与审查起诉"和"审查起诉与退回补充调查"为主的程序衔接关系，以及围绕这些主要程序衔接关系展开的证据衔接和监察调查措施与刑事强制措施的程序衔接等程序关系。监察制度规定，监察机关对职务违法犯罪案件进行监察调查后，如认为涉嫌职务犯罪的，须制作起诉意见书移送人民检察院依法审查、提起公诉。人民检察院对于监察机关移送的案件，需要依法进行审查后作出起诉或不起诉决定。对于经审查认为需要补充核实的，依法退回监察机关补充调查。这就在监察机关和人民检察院之间形成了"监察调查－审查起诉"和"审查起诉－退回补充调查"的程序衔接关系。这种程序衔接关系中，程序衔接主要围绕"案件事实是否清楚、证据是否确实、充分及是否对被调查人采取强制措施以及采取何种强制措施"展开。其中案件事实是否清楚又主要依赖证据进行判断。监察法规定，监察机关在监察调查阶段办理案件不适用刑事诉讼法，但监察机关依据监察法调查收集的证据，在刑事诉讼中可以作为证据使用，这并不意味着监察调查收集的证据在刑事诉讼中获得了正当性和合法性。按照权力限制理论，刑事诉讼法第三条的"法律特别规定"应作限缩性解释，即授权主体应为"本法"或"上位法"。其他法律不能在刑事诉讼法之外自我授权。根据宪法规定，监察法和刑事诉讼法都是由全国人民代表大会制定的基本法律，两者在法律位阶上并无从属之分。倘若依据监察法之规定，认为监察机关已经获得收集证据的合法性，则不符合法理，有僭越刑事诉讼法之嫌。[①] 虽然 2019 年颁布的人民检察院刑事诉讼规则第六十五条规定，监察机关收集的证据材料，可以在刑事诉讼中作为证据使用。2021 年颁布的《最高人民法院关于适用〈中华人民共和国刑事诉讼法〉的解释》第七十六条第一款同样规定："监察机关依法收集的证据材料，在刑事诉讼中可以作为证据使用。"但这两部法律位阶仍低于刑事诉讼法，"此种创设权力模式的规定存在越权之嫌"[②]。

《监察法实施条例》第二百二十条规定了监察案件移送审查起诉后，已采取留置措施案件的监察留置与刑事强制措施衔接转换的问题，也规定了未采取留置措施的监察案件移送审查起诉后，刑事强制措施的适用问题。但关于这两个问题《监察法实施条例》规定得均较为宽泛的原则并不具体，可操作性不强。刑事诉讼法第一百七十条就监察机关移送审查起诉的已采取留置措施案件规定，监察机关应当对犯罪嫌疑人先行拘留，留置措施自动解除。但是，先行拘留的刑事强制措施在监察体制改革之前一直是由公安机关作出决定并执行，然而监察体制改革后对职务犯罪案件采取先行拘留措施却由检察机关决定，这就导致同一个刑事强制措施却出现两套适用流程，由此造成刑事诉讼法在适用对象上的区别对待，而此处先行拘留措施适用的正当性及其定性问题成了监察程序与刑事诉讼程序衔接的一个重要难题。

监察机关行使监察调查权办理案件是为案件最终进入司法程序服务的，目的在于查明案件事实、依法追究被调查人法律责任，而依照"监察调查 – 审查起诉"和"审查起诉 – 退回补充调查"法律程序衔接关系来

---

① 艾明，桑志强．论监察机关与公安机关关联案件职能管辖冲突 [J]. 地方立法研究，2023，8（5）：34–51.

② 艾明，桑志强．论监察机关与公安机关关联案件职能管辖冲突 [J]. 地方立法研究，2023，8（5）：34–51.

看，包括收集证据和采取调查措施在内的监察机关调查行为最终是要进入检察机关的审查起诉和人民法院法庭审理环节的后续评价，而这两个环节对监察机关所有调查行为的评价仍然需要遵循刑事诉讼法。因此，如何围绕证据、监察、调查措施等内容更好地完善监察程序与刑事诉讼程序的衔接关系是确保反腐败工作依法推进及国家治理体系和治理能力现代化的重要课题，也是优化新时代中国特色社会主义程序法理法治实践的重要内容之一。

第七章

新时代中国特色社会主义程序
法理实践的问题成因

第一节　以人民为中心价值理念落实不到位

目前我国程序法治实践领域内存在的程序性权利结构不均衡、程序性权利保障不充分、程序性权利救济机制不健全等现实问题，都是以人民为中心价值理念未落实到位的具体体现。

一、人民是程序法治的主体

坚持以人民为中心是习近平法治思想的核心价值，也是新时代中国特色社会主义程序法理的应有之义。我国新时代中国特色社会主义程序法理的发展历程表明，人民才是程序法治的主体，一切有关程序的法治实践都应当围绕人民的利益和权利展开，人民是程序性权利的主体。习近平法治思想的程序法治理念中，国家一切权力属于人民，意味着国家权力的合法性来自人民，人民是国家的主人。体现在程序法治中，法律的制定、执行和司法等活动，都应该以人民的意愿和利益为依归，以保障人民的权利和利益为根本出发点，确保人民能够享有合法的权利和公正的司法；人民是程序性权利的主体。程序法治的目标之一就在于保障人民的权利，程序法治中，人民作为权利的主体而存在，法律程序应该确保人民在诉讼过程中能够充分行使自己的权利，如程序运行中的充分参与权、辩论权、公开公正、平等获得程序对待的权利等。保障其合法权益不受侵犯。在这些法律程序实施和运行过程中，人民的合法程序利益要依法获得充分尊重和保护。新时代中国特色社会主义程序法理的法治实践程序建设及其运行过程强调科学民主、公开公正、高效文明、公众参与、合法合理、严格规范，而这一切的实践和落实都需要在人民的参与和支持下才能顺利进行。人民是程序法治的主体，他们有权利通过科学合理正当合法的法律途径参与立法、司法和行政过程，也有权利通过合理有效的法律手段维护自己的合法权益。这些途径如诉讼、申诉、辩论、复议、复核等。此外，人民的监督和舆论也对程序法治的实施起到重要的作用，这也是人民参与程序法治的重要途径和方式。

人民还是程序法治实践中的义务参与者。人民有义务遵守程序规则，程序法治实施过程中，程序参与者不得违反程序义务规定，不得侵犯他人的合法程序权益。因此，人民除了是程序性权利的主体以外，还是程序法治的参与者，人民通过参与程序运行，行使程序性权利，遵守和履行程序义务，成为程序法治的主体。人民也是程序法治权利保障的主要对象。法治的目的之一就是保障人民的合法权益，程序法治也不例外，程序法治实践的主要目的之一就是确保每一个公民都能够在法律框架下，通过程序的实施和运行获得公平公正的待遇和保护。在程序法治理念中，政府机关、司法机关、执法部门等都有义务按照法律设定的权限范围和程序规则行使权力，其目的是确保权力来自人民也切实服务于人民。综上所述，程序法治中，以人民为中心的价值立场意味着程序的构建和运行必须尊重人民的主体地位和人权保障，重视人民的尊严和价值，必须始终将人民的利益和福祉放在首位。程序法治需推崇和体现公开、公平、公正、合法、科学、民主、高效、权威、严格、文明等价值观和价值理念，让人民能够在法律程序运行过程中享有平等机会和权利，真正切实地在每一个政策的制定和决策过程、每一件行政事务办理和司法案件的裁判中感受到公平正义。

目前程序法理法治实践中存在的程序性权利结构不均衡、程序性权利保障不充分、程序性权利救济机制不健全等问题，都是人民作为程序法治主体地位缺失的具体表现。而程序性权利保障不充分、程序权利结构不均衡和程序性权利救济机制不健全等问题之间又相互影响、相互交织、相互塑造。首先，如果程序性权利保障不充分，即个体在程序中的权利得不到足够的保障，那么可能导致程序权利结构的不均衡，即某些群体或利益受损较多，而另一些群体或利益得到更多的保护。这种不均衡可能进一步加剧程序性权利的不充分保障，形成恶性循环。其次，如果程序性权利结构不均衡，即在程序中某些权利受到偏向或优先对待，而其他权利被忽视或较少重视，也会影响到程序性权利的充分保障。这种不均衡可能导致程序性权利保障的不公正和不完善，从而降低程序的公正性和可信度。最后，如果程序性权利救济机制不健全，即个体在程序中权利受到侵害时无法得到有效的救济和补偿，那么即使存在较好的程序性权利保障和相对均衡的权利结构，也无法确保程序中权利的有效保障和实现。因此，一个健全的程序性权利救济机制对于保障程序中权利的充分实现至关重要。并且，程序性权利保障、权利结构和权利救济机制之间存在着紧密的联系和相互作用，它们共同构成了程序公正和效力的基础，需要在法律和制度层面上予以综合考虑和完善。

　　然而，近年来，上述问题在我国司法体制改革和国家监察体制改革中体现得尤为明显，典型的制度性例证主要还体现在前文论及的认罪认罚从宽制度和监察法律制度当中。整体分析这两类制度，人民程序法治主体地位的缺失问题显而易见。认罪认罚从宽制度虽然赋予被告人诸多程序性权利（见表7-1），如获得权利告知和提出意见的权利、自愿认罪认罚的权利、上诉权利等，但是这些程序性权利的实现，主要依靠被追诉人自身意愿和能力，以及对公检法等办案机关是否依法充分履行其法定义务和职责予以保障。依靠被追诉人自身意愿和能力实现的权利内容，如果无法获得来自法律上的完善和保障，该权利只能成为纸上的权利，无法转化为被追诉人的现实利益，因而也就无法兑现成为虚无的权利。法治实践中，由于法律语言不同于生活性语言，具有较强的专业性，如果犯罪嫌疑人、被告人不懂法律、权利意识又淡薄、文化知识水平还不高，那么认罪认罚从宽制度中规定的获得权利义务告知和提出意见的程序性权利，案件的犯罪嫌疑人和被告人是很难真正认识和理解类似法律规定的性质和后果，也很难运用这一法律规定来保护自己的合法权益的。从这个意义上来讲，犯罪嫌疑人、被告人的这些程序性权利实质上无法得到充分实现。

表7-1　认罪认罚从宽制度中犯罪嫌疑人、被告人与检察机关权力结构配置比较

	权利（力）构成	保障性措施或行使特点
刑事被追诉人	上诉权	上诉不加刑原则保障（检察机关提出抗诉的除外）
	案件审理程序适用选择权	依赖被追诉人自我认知能力和办案机关告知义务的履行
	获得权利告知和提出意见	依赖追诉人自我认知能力和办案机关告知义务的履行
	认罪认罚从宽的权利	依赖追诉人自我认知能力和办案机关告知义务的履行
	自愿认罪认罚	依赖追诉人自我认知能力和办案机关法定义务履行
	获得有效法律帮助的权利	依赖追诉人自我认知能力和办案机关等的法律帮助
	量刑协商的参与权	依赖追诉人自我认知能力和办案机关权利义务对等履行
	在辩护人或值班律师在场的情况下，签署认罪认罚具结书	依赖于被追诉人自我认知能力和办案机关、辩护人或值班律师的法律帮助和协助
检察机关	强制措施的批准和决定	自由裁量空间大、选择性强、缺乏责任规制、伤害性极强
	提出量刑建议的权力	
	批准或决定立案的权力	
	决定是否提起公诉的权力	
	抗诉权	

　　而依靠公检法办案机关保障实现的权利，则既需要检察机关能够积极主动履行相应的法律义务，也需要从法律上对检察机关履行相应义务的责任机制予以规定和完善，这样才能确保被追诉人权利获得充分实现。但现实是，司法实践中，因法律对办案机关应当履行的法定义务缺乏具有可操作性的具体明确的程序性指引，因此，实践中这类义务的履行通常流于形式。根据认罪认罚从宽制度的规定，认罪认罚从宽案件办理过程中，检察机关有义务帮助被追诉人获得有效的法律帮助，确保被追诉人了解和知晓认罪认罚的性质和法律后果。但实践中，检察机关往往通过事前拟定好的权利义务及认罪认罚从宽制度告知书来实现对这一义务的履行。因此，通过办案机关履行法定义务和职责保障犯罪嫌疑人、被告人程序性权利的途径实质上也并不具有保障性。从权利结构的构成性分析，相对于犯罪嫌

人、被告人的权利构成，检察机关则拥有刑事案件是否予以立案的批准和决定权、刑事强制措施的批准和决定权、是否提起公诉的决定权、量刑建议权、抗诉权等（见表7-1），而根据现行的刑事诉讼法律制度规定，检察机关权力构成特点主要在于，一是以强大的国家公权力资源为背景，具有极强的国家强制性。二是权力内容大多数都具有自由裁量性，权力行使具有一定的空间幅度，可选择性强。三是权力一旦行使会对被追诉人利益产生重大影响，但却缺乏相应的责任规制机制。因此，两相对照，检察机关的权力构成明显要强于刑事被追诉人的权利构成，导致制度规范呈现出三种情况，一是二者呈现严重的结构性不对称；二是权利（力）保障的严重不对称性；三是权利保障机制不健全。这表明，我国目前程序法治建设中人民主体地位的缺失。

二、人民利益是程序法治的出发点和落脚点

法治的本质目标在于通过法律的制定和执行，确立一种以法律为基础的社会秩序，通过这种社会秩序，保障公民的权利和利益，维护社会公平正义，从而建立一个公正、稳定有序的社会秩序。主要体现在，一是通过制定法律和执行法律，从普遍性的视角为社会确定每个公民的权利和义务，确保公民在法律面前都是平等的，并且为这种平等习惯提供法律保护。这是法治的根本目标。二是法治的存在使得社会秩序建立在法律的基础之上，而不是建立在个人或集体意志之上，这样法律便成为社会的统治规范，法律的权威性在社会中由此得以确立，公民的合法权益也由此通过法律得到保障。三是法治要求法律的实现和运行须通过法律程序得以实现，通过法律程序的法治实施，权利的行使活动受到明确的程序性保障和限制，确保每个人都能够在法律面前获得公正平等的对待，避免个人的主观因素和权力等外界因素的任意干扰。四是法治使得社会规范和法律制度变得可以预见。公民能够依靠法律制度来规划自己的行为，预见自己的权利和义务，从而保障社会的稳定和秩序。五是法治的最终目的是实现社

的公平正义。通过法律的制定和实施，社会可以由此纠正不公正、不平等现象，保护弱势群体的利益，促进社会公平发展。

因此，就上述法理逻辑而言，法治的存在是为了保障人民的权利和利益。首先，法治作为一种制度安排和价值理念，旨在通过法律的制定和执行来保障人民的合法权益和利益。在法治的框架下，法律应当公正地平等适用于所有人，不偏不倚地保障每个人的权利和利益，从而实现社会公平正义的目标。其次，人民的利益是法治的依托和基础。法治的建立和实施应当充分考虑到人民的需求和利益，确保法律的制定和执行符合人民的意愿和期待。只有当法治能够有效保障人民的利益时，才能得到人民的支持和信任，从而为社会公平正义的实现提供坚实的基础。同时，法治的维护和实施也是促进社会公平正义的重要手段。通过法律的制定和执行，可以调整和平衡不同利益群体之间的关系，解决社会矛盾和冲突，促进社会资源的合理分配和公平竞争，从而实现社会的公平正义和稳定发展。最后，社会公平正义的实现需要法治的不断完善和发展。随着社会的变革和发展，法律和法治制度也需要不断适应和完善，以更好地保障人民的利益和实现社会的公平正义。只有当法治能够与时俱进，满足人民的需求，才能够有效实现社会公平正义的目标。所以，人民利益与法治所维护的社会公平正义之间存在着相互依存、相互促进的逻辑关系。只有当法治能够有效保障人民的利益，才能够实现社会的公平正义，而社会的公平正义又为法治的稳定和发展提供了坚实的基础。

程序法治也不例外。程序法治作为法治的一种表现形式，是指以法律为准绳，通过程序规定和程序保障来保证法律的实施和权利的行使，确保公平公正的法律决定过程和结果，保障公平正义的实现。因此，程序法治的核心在于通过规范的程序和程序性来保护人民的权益，确保他们在法律面前享有平等的权利和保障。因此，程序法治与人民利益之间，首先，程序法治通过明确的程序和规则来保障每个人在法律面前的平等地位和权利。这意味着无论一个人的社会地位如何，他们在司法程序中都应受到同等对待。这样做有利于确保社会中的每个人都能够享有公平的法律保护，不会因为权力、地位或财富的差异而受到不公正的对待。其次，程序法治的实施有利于保护人民的合法权益和利益。通过规范化的程序和法律规则，人民可以在法律的框架下行使自己的权利，同时也受到法律的保护。这包括在司法程序中享有被听取的权利、申诉的权利以及获取法律援助等权利，以确保他们的利益得到公正的处理和保护。再次，程序法治通过设立明确的法律程序和司法机制，实现对权力的制约和平衡，防止权力滥用和不当行使。这有助于保护人民免受来自政府或其他机构的不当侵犯和滥用权力，从而维护他们的利益和权利。最后，程序法治的实施使司法过程更加透明和可预测，人民可以清晰地了解司法程序和法律规则，从而更好地行使自己的权利并保护自己的利益。这种透明和可预测性有助于减少司法的不确定性和不公正，提高司法公信力，为人民利益的维护提供了更加稳定和可靠的法律环境。

综上所述，程序法治通过规范的法律程序和司法机制保障每个人在法律面前的平等地位和权利，有效保护人民的合法权益和利益，制约和平衡权力的滥用，增强司法的透明和可预测性，从而促进公平正义的实现并维护人民的利益。因此，程序法治框架下，法律程序的设计和实施是以人民利益为出发点和归宿的。人民利益是程序法治的基础，程序法治的合法性和稳定性建立在人民利益基础之上。如果程序法治不能有效地保障人民利益，那么不但法律程序的存在会失去其存在的价值和意义，就连法治存在的正当性、合法性和稳定性也将失去意义。公平正义是程序法治的核心价值之一，公平正义的实现必须以人民的利益为中心，只有人民的利益得到公平对待，程序法治的核心价值才能实现其真正意义上的公平正义。

程序法治的出发点和落脚点是保障人民的合法权益和利益，实现公平正义，而目前我国程序法治实践中存在的程序性权利保障不充分、程序性权利结构不均衡、程序性权利救济机制不健全等问题，既是人民程序法治主体地位缺失的具体表现，也是未将人民利益看作是程序法治的出发点和落脚点的具体体现。当程序性权利保障不充分时，人民的合法权益和利益可能无法得到充分的保障和实现。这会导致法治的缺失和不公正，不利于社会的稳定和公平发展，而如果程序性权利救济机制不健全，即使人民的权利受到侵害，他们也无法有效地获得救济和补偿。这会使人民的利益受到损害，对法治的信任和支持也会受到影响。然而，当程序性权利结构不均衡时，一些群体或利益可能会受到偏向或优先对待，而其他群体或利益则可能被忽视或较少重视。这种不均衡导致人民的利益无法得到平等的保护和实现，从而损害了法治的公正性和有效性。人民利益是程序法治的出发点和落脚点，法治的目的是要保护人民的合法权益和利益，实现社会的公平正义。如果程序性权利保障不充分、救济机制不健全、权利结构不均衡，就无法有效保障人民的利益，也就无法实现公平正义，从而违背了程序法治的出发点和落脚点。因此，为了实现程序法治的目标，必须确保程序性权利的充分保障、健全的权利救济机制以及公正平衡的权利结构，以维护人民的利益和实现公平正义。

具体到监察法律制度中，尽管从理论上分析，监察权与行政权、司法权的法律地位平行，但监察权的"含权量"却明显要高于其他国家权力，在国家权力监督体系中，监察权处于权力监督的"虚弱"地带。从法律程序的监督与制约角度分析，监察权也缺乏足够有效的程序控制机制，具体体现在其行使监察调查权的过程中，监察法律制度关于监察调查措施，如留置、扣押、技术调查、搜查等具有强制性的监察措施，其实施和运行均缺乏有效的程序控制和监督制约机制，使得监察权在具体的实践中极其容易对公民权益造成损害。在监察法律制度中，一方面，如前文所述，监察法律制度关于监察对象权利保障不够充分，使得通过权利实现监督和制约监察权的效果并不明显；另一方面，关于公民权益受损时的程序性权利和实体权益的程序救济机制不够健全和完善，导致监察权运行中监察对象通过程序法治实现权益保障的路径并不畅通。因此，整体而言，监察法治实践中，监察程序的设计与运行并未将人民利益是程序法治的出发点与落脚点的法治理念落实到位。在我国目前的国家治理实践中，通过权力治理腐败问题固然有其力度大、效率高且效果明显的优势，但长期来看，任何不受约束的权力最终都会走向腐败，惩治腐败固然十分重要，但治理腐败过程中过分重视权力的作用而忽视人民的主体地位和利益并不完全可取。对于治理腐败的权力又如何实现反腐治理，如何让权力治理腐败之路走得更为长远，实现良性循环，这是程序法治需要重点关注并长期研究的一项重要课题。

第二节　良法善治理念认知不足

一、良法善治理念的法理逻辑与价值功能

良法善治是指在法治理念指导下，通过制定和实施良好的法律，实现社会的善治和良好的治理。这一法治理念的法理逻辑主要体现为以下内容。

（一）保障人权和社会公正

良法善治的法理逻辑在于通过制定具有普遍适用性和公正性的法律，保障人民的基本权利和社会的公正。良法是指那些能够体现公平正义、尊重和保护人权的法律。它不仅要求法律本身具有合理性、科学性和预见性，还要求法律能够反映社会发展的需要和人民的根本利益。[①]善治强调的是通过有效的法律实施和社会管理，实现法律的目的和效果。这包括公正司法、严格执法和科学立法等多个方面。公正司法是保障人权的重要途径，通过确保审判过程的公正性，保护当事人的合法权益。[②]这意味着法

---

① 李林.健全社会公平正义法治保障制度 [N].经济日报，2019-12-16（12）.
② 中华人民共和国国务院新闻办公室.中国共产党尊重和保障人权的伟大实践 [N].人民日报，2021-06-25（2）.

律应当尊重和保护个体的人权，确保每个人在法律面前都是平等的，并通过法律调整和平衡社会中不同利益群体之间的关系，实现社会的公正和平衡发展。具体而言，一是普遍适用的法律保障人权。良法善治的基本理念在于确保法律的普遍适用性，即法律适用于所有人，不分种族、阶级、性别、宗教或政治信仰。这意味着法律应当保障人们的基本权利，如言论自由、宗教信仰自由、平等权利等，而不受到任何歧视或不公正对待。二是通过法律调整和平衡社会利益。良法善治通过制定和实施公正的法律，调整和平衡社会中不同利益群体之间的关系。这包括确保弱势群体的权益得到保护，防止权力滥用导致的不平等现象，以及通过法律手段促进社会的公正分配和可持续发展。三是强化司法程序公正保障。良法善治强调司法程序的公正性和透明度，确保每个人在司法程序中都受到公正对待。这包括法院的独立性、法官的公正裁判、证据的公正审查等，以确保司法程序的公正性和合法性，保障人民的合法权益得到有效保护。四是提供有效的法律救济机制。良法善治还要求建立和健全有效的法律救济机制，使人民能够通过法律手段获得有效的救济和补偿。这包括提供法律援助、加强司法审查和监督等措施，以保障人民的合法权益和社会公正得到有效维护。

（二）规范权力及其行为

　　良法善治的法理逻辑还在于规范权力及其行为，防止权力滥用和侵犯公民权利。权力制约是良法善治的重要组成部分。通过立法权、司法权和行政权的合理分工和相互制约，防止权力滥用和腐败力滥用和腐败。[①] 这种权力制约机制，旨在确保国家机关及其工作人员的行为有明确的法律依据，从而保障法治原则的实施。[②] 良好的法律可以限制权力的行使，确保权力行使时符合法律规定，并为公民提供救济机制，以保护其免受不当

[①] 柳建闽，张帆．权力制约的理论基础与制度建设 [J]. 福建农林大学学报（哲学社会科学版），2004，（2）：67-70.

[②] 杨登峰．正确认识政府权力清单与法的关系 [J]. 中国党政干部论坛，2016，（4）：79-81.

权力行为的侵害。具体而言，一是良法善治要求权力必须受到法律的明确授权和限制，即国家机关只能在法律授权的范围内行使权力，不得越权行使权力。这确保了国家机关权力的合法性和规范性，防止国家机关滥用权力侵犯公民的合法权益。二是良法善治要求国家机关在行使权力时必须遵守公正、透明的法律程序，确保公民的知情权和参与权得到充分保障。这包括规范权力行为的程序性要求，如听证、申诉、决定的公开和理由的说明等，以确保国家机关行为的合法性和公正性。三是良法善治要求建立有效的权力监督和问责机制，确保权力行为受到有效的监督和制约。这包括建立独立的监察机构、加强公众监督和媒体监督等手段，以及建立行政诉讼制度，为公民提供救济渠道，保护公民的合法权益不受政府侵犯。四是良法善治要求建立权力配合与制约机制，避免权力的过分集中和滥用。这包括立法、行政、司法、监察等权力的配合与制约，以及各级国家机关之间、不同部门之间的相互配合与监督制约机制，以确保权力的合理行使、良性衔接和制约。

（三）提高法治效能和公信力

良法善治的法理逻辑还在于通过制定和实施良好的法律，促进社会的稳定和可持续发展，提高法治效能和公信力。良好的法律制度可以为社会提供稳定的法治环境，增强社会信心和投资者信心，激发创新活力，推动经济社会的发展。良好的法律制度可以提高法律的透明度、可预测性和执行力度，增强人民对法治的信任和支持，从而加强法律的执行和实施，确保社会的秩序和稳定。具体而言，一是良法善治要求法律体系具有透明度和可预测性，即法律的内容、适用范围和实施方式应当清晰明确，公民能够清楚了解自己的权利和义务，以及政府的行为标准和程序。这样做不仅可以增强公民对法律的信任和遵守度，也可以提高政府的法治效能和公信力。二是良法善治要求建立公正和独立的司法机构，确保司法程序的公正和法律的平等适用。公民应当有信心相信司法机构能够独立公正地行使职权，保护公民的合法权益，维护社会的公平正义，从而提高法治的公信力。三是良法善治要求建立和完善有效的法律执行和实施机制，这包括但不限于法律体系之间及其内部法律之间具备良好有序的衔接能力，加强执法部门的监督和管理，提高执法效率和效能，加强对执法人员的培训和监督，以及建立有效的法律救济机制等措施。确保法律的贯彻执行不受阻碍，确保公民的合法权益得到及时保护。四是良法善治要求加强公众参与和监督，将公民纳入法律制定、执行和监督的过程中，增强法治的民主性和透明度，提高公众对法律的信任和支持。这包括加强公众对法律的意识教育、建立公众参与机制、加强社会组织和媒体的监督等手段。总之，良法善治理念中提高法治效能和公信力的法理逻辑在于通过建立透明、公正、独立的司法机构，加强法律执行和实施机制，强化公众参与和监督机制，确保法律的有效执行和公正适用，提高法治的效能和公信力，保障社会的稳定和公正。

综上所述，良法善治的法理逻辑在于通过制定和实施良好的法律，保障人权和社会公正，规范政府权力和行为，促进社会稳定和发展，提高法治效能和公信力，从而实现社会的善治和良好的治理。

二、良法善治理念在我国程序法理实践中认知不足的具体表现

（一）对法治概念理解不清

对于法治的概念和内涵理解不清，无法准确把握法治的基本原则和核心价值，容易产生片面或错误的认知。如果对法治的概念模糊不清，就容易导致对法治的理解有偏差。法治不仅仅是法律的存在，更重要的是一种治理原则和理念，是通过法律来规范公民行为、限制政府权力、维护社会秩序和公共利益的一种制度安排。因此，概念模糊可能导致将法治仅仅视为法律的存在，而忽略了法治的更深层次含义。对法治的概念模糊往往会导致对其内涵的理解出现偏差。法治并不仅仅是法律的存在，更包括对法律的尊重、司法的公正、法律的适用和执行，以及法律与公民的互动等方

面。如果对法治的内涵产生误解，就难以准确把握法治的核心要义和实质内涵。法治的实现需要依靠一系列法治原则，如合法性、平等保护、公正公平、透明度等。如果对这些法治原则的认识不足，就难以正确理解和评价法治的实践效果，容易导致法治认识的片面或偏颇。

（二）忽视了法治的重要性

对法治在社会稳定和发展中的重要性认识不足，具体而言，一是对法治作用的轻视。对法治的作用和价值认识不足，可能导致法治的重要性被轻视，认为法治只是一种形式上的规范，而不是社会稳定和发展的基石和保障。二是对法治问题的忽视。忽视法治在社会治理中的重要作用，可能导致对法治问题的忽视，认为法治问题不重要或不紧迫，对于法律的违反持漠不关心的态度。三是法治意识的淡薄。法治意识淡薄是指对法治的认识和信仰不足，可能导致对法律的执行和实施持怀疑或质疑的态度，对法治体系的有效性和公信力产生怀疑。四是违法意识的强化。忽视法治的重要性可能会强化违法意识，认为法律不重要或不值得遵守，容易违反法律规定，破坏社会秩序和法治环境。五是法律观念的淡漠。对法治重要性的忽视可能导致法律观念的淡漠，认为法律只是一种约束和束缚，而非社会秩序和公共利益的保障。

（三）对法治问题漠不关心

对于法治问题和法律规定的关注度不高，往往在面对法律纠纷或争议时采取漠视或懈怠的态度，不愿意通过法律手段解决问题。具体而言，一是对法律问题的忽视。对法治问题漠不关心的人可能会对法律问题缺乏关注，不重视法律的存在和作用，对法律的约束性和规范性不以为然，容易忽视法律对社会秩序和公共利益的重要性。二是对法治事件的冷漠。对法治问题漠不关心的人可能会对法治事件冷漠视之，对于法律的违反或法治事件的发生不关心，对于司法判决或法律改革的进展缺乏兴趣，不愿意积极参与法治建设和维护。三是法律意识的淡薄。对法治问题漠不关心的人可能法律意识淡薄，缺乏对法律权威性和约束力的认同和尊重，容易对法律的违反持轻率的态度，甚至认为法律规定的不合理。四是对法律教育的忽视。对法治问题漠不关心的人可能会对法律教育忽视不顾，不重视法律知识的学习和了解，缺乏对自己的法律权利和义务的认识，容易陷入法律纠纷和不法行为之中。五是对法律改革的漠视。对法治问题漠不关心的人可能会对法律改革持漠视态度，不重视法律体系的完善和法治环境的改善，认为法律改革不重要或不紧迫，缺乏对法治建设的积极参与和支持。因此，对法治问题漠不关心的问题表现主要包括对法律问题的忽视、对法治事件的冷漠、法律意识的淡薄、对法律教育的忽视以及对法律改革的漠视等。这些问题可能会导致法治环境的恶化和法治建设的滞后，影响社会的稳定和发展。

（四）对法治体系不了解

对法治体系的组成和运作机制了解不足，不清楚法律的制定、实施和执行过程，容易产生对法治体系的误解和偏见。具体来看，一是对法律体系结构不清楚。对法治体系不了解的人可能不清楚法律体系的组成和结构，无法准确理解法律的层级和相互关系，容易混淆不同类型的法律规范。二是不了解法律制定和修订程序。对法治体系不了解的人可能不了解法律的制定和修订程序，不清楚法律的起草、审议和颁布流程，对法律的合法性和权威性缺乏认识。三是对司法机构和程序不熟悉。对法治体系不了解的人可能不熟悉司法机构和程序，不清楚司法机构的职能和权责，对司法程序和诉讼程序的规定和要求不了解，导致在司法救济方面无所适从。四是对法律适用和执行机制不够清楚。对法治体系不了解的人可能不清楚法律的适用和执行机制，不了解法律的实施方式和效果评估，无法准确评估法律对社会的影响和作用。五是对法治问题的认识片面。对法治体系不了解的人可能对法治问题的认识片面，容易受到个人偏见或社会舆论的影响，缺乏客观公正的判断，导致对法治建设和维护的误解和偏见。六是对法律知识的缺乏。对法治体系不了解的人可能缺乏法律知识，不了解自己的法律权利和义务，无法有效维护自己的合法权益，容易陷入法律纠纷和不法行为之中。

目前新时代中国特色社会主义程序法理在法治实践中存在的程序性权利保障不充分、程序性权利救济机制不健全、程序衔接机制不完善等问题的存在，与前文良法善治法治理念的法理逻辑明显不符，这是对良法善治理念认知不足和落实不到位的具体表现。对于程序性权利救济机制不健全问题而言，良法善治理念强调建立健全的法律体系和法治机制，其中包括完善的程序性权利救济机制。程序性权利救济机制不健全会导致公民在面对权利侵害或司法不公时无法获得有效救济，违背了法治公平的原则，影响了公民权利的保障。良法善治要求司法机构行使公正、公平、透明的司法职能，保障司法权威和法律尊严，而程序性权利救济机制不健全会导致司法救济程序烦琐、缓慢或不公正，降低了公众对司法机构的信任和支持，损害了司法权威和法律尊严。良法善治倡导通过法治手段解决社会矛盾和纠纷，维护社会的和谐稳定。而程序性权利救济机制不健全会导致社会矛盾得不到有效解决，可能引发社会不满和不稳定因素，影响社会的和谐发展。良法善治要求提高法治效能和公信力，保障法律的有效实施和公民的合法权益，而程序性权利救济机制不健全会导致法律执行的困难和阻碍，降低公民对法律的信任和依赖，影响法治效能和公信力。

对于程序衔接机制不完善问题而言，良法善治的法理逻辑强调，法律的适用应当具有连贯性和一致性，即不同法律之间应当相互衔接和协调，避免出现法律条文之间的冲突和矛盾。而程序衔接机制不完善问题导致法律的实施过程中出现程序上的断层和不协调，容易引发法律适用的混乱和不确定性，损害法治的效能和公信力。良法善治要求建立公正和高效的司法程序，确保司法程序的合理性、公正性和效率性，而程序衔接机制不完善问题可能导致司法程序的烦琐和冗杂，延长司法审理的时间和成本，影响司法效率和公正，使公民难以获得及时有效的司法救济，损害法治的公信力。良法善治要求建立法律权威和尊严，确保法律的权威性和尊严性得到有效维护，而程序衔接机制不完善问题会导致法律执行的困难和阻碍，降低法律的权威性和尊严性，使法律失去对社会行为的规范作用，损害法治的公信力和效能。良法善治通过建立健全的法律体系和稳定的法治环境，促进社会的稳定和公正发展，而程序衔接机制不完善问题会导致法律的执行和实施存在漏洞和不确定性，容易引发社会矛盾和冲突，影响社会的稳定和公正发展，违背法治的基本理念和目标。我国监察体制改革后，监察法律制度法治实践中存在的监察调查程序与刑事诉讼衔接不良、监察留置措施与刑事强制措施衔接不合理等，集中反映了我国程序法治建设领域内程序衔接机制不优等问题和现象，表明在新时代中国特色社会主义程序法理实践中，对良法善治法治理念的认识尚存不足、程序法治建设对良法善治法治理念的落实还不到位。

第三节　系统观念模糊

一、系统论法学的基本观点

系统论法学是一种法学理论，强调法律系统的整体性和内在的逻辑结构。其基本观点主要包括以下几个方面。

（一）法律系统的整体性

法律系统的整体性体现在其结构的统一性和完整性上。这表明法律系统不仅仅是由一系列孤立的法律规范组成的，而是需要作为一个整体来理解和评价。体系解释作为一种法律解释方法，强调在体系思维的引导下对法律进行整体性、系统性考察，进一步说明法律系统内部各部分之间的相互联系和依赖关系。法律系统的构成要素包括法律规范、原则和制度的总和，法律手段的总和，以及法律观点、思想、心理的总和。这些要素从静态和动态两个方面展示了法律系统的整体性。法律规范是构成法律体系的基本单位，它们之间的相互关系以及法律体系的基本特点构成了法律系统的整体性。① 从法律系统的层次结构和规范关系来分析法律系统的整体性，首先，法律系统通常包括宪法、法典、条例等多个层次的规范。理解这些规范的层次结构是至关重要的。例如，宪法作为最高法律规范，具有最高的权威性，其他法律规范都必须与宪法保持一致。其次，不同规范之间的关系，包括上位法对下位法的约束关系、一般性原则与特殊规定之间的关系等。例如，高于法律规范的可以限制或指导低于法律规范的适用和解释。再次，法律系统中的各项规范应该相互协调和统一，以确保法律的整体性和一致性。法理逻辑要求调和和解决不同规范之间的矛盾或冲突，以维护法律的权威和有效性。最后，法律系统的整体性也关注规范之间的衔接和衍生关系。例如，法律原则可以作为一般性的指导原则，指导具体法律规定的解释和适用；法典中的一般规定也可以通过条例等具体规范来具体化和实施。立法系统的系统性、整体性、协同性和时效性是衡量其质量的重要标准。② 这意味着在制定和实施法律时，需要考虑到法律系统内部的各个组成部分之间的相互作用和协调，以确保法律体系的完备性和统一性。中国特色社会主义法律体系的内在统一性和多层次结构特征，反映了法律体系自身的内在逻辑。

（二）内在的逻辑结构

系统论法学认为法律系统内部存在一种内在的逻辑结构，这种结构是由法律的基本原则、价值观念以及各种规则之间的相互关系所构成的。通过理解这种结构，可以更好地理解法律的运作和演变。首先，系统论法学认为法律系统内部应该具有内在的一致性，即法律的各个部分应该相互协调、相互支持，而不应该存在矛盾或冲突。这种一致性既可以体现在不同法律规范之间的关系上，也可以体现在法律的目标和原则上。从立法领域的角度来看，法律的一致性不仅体现在法律自身的明确性上，还包括法律

---

① 吴玉章. 论法律体系 [J]. 中外法学，2017，29（5）：1125-1137.

② 赵光君，吴江. 地方立法增强系统性整体性协同性时效性的思考和举措 [J]. 政策瞭望，2023，（11）：47-52.

自身的一致性，即法律应当是一个前后一致的、内部协调的规范体系，不允许出现冲突或自相矛盾的地方。其次，系统论法学强调法律系统内部的逻辑连贯性，即法律规范之间应该存在一种逻辑上的衔接和连贯，形成一个完整的逻辑体系。这种连贯性既可以体现在法律规范的推演和解释过程中，也可以体现在法律的制定和修改过程中。再次，系统论法学认为法律系统具有一定的结构层次性，即法律规范可以按照不同的层次进行分类和组织，形成一个有机的整体结构。这种层次性可以体现在法律的制定和解释过程中，也可以体现在法律体系的组织和管理上。最后，系统论法学认为法律系统的内在逻辑结构应该服务于特定的价值目标，如社会秩序、公平正义、人权保障等。因此，法律规范之间的关系和组织应该围绕这些价值目标展开，以实现法律的功能性和效益性。

（三）法律的一致性和连贯性

系统论法学中法律的一致性和连贯性是指法律体系内部各项规范之间应该保持相互协调、相互支持，而不应该存在矛盾或冲突，形成一个整体且合理的结构。首先是法律的一致性。系统论法学认为法律体系内的规范应该保持一致，即不同的法律规则之间不应该存在矛盾或冲突。这意味着法律体系中的各项规范应该相互配合、相互协调，以确保法律的稳定性和权威性。例如，一个法律规定的内容不应该与另一个法律规定相悖，而是应该相互支持和补充，以形成一个统一的法律体系。其次是法律的连贯性。系统论法学强调法律体系内的规范应该具有连贯性，即法律的各项规则之间应该形成一个逻辑上的衔接和连贯的体系。这意味着法律的各项规定之间应该存在一定的逻辑关系，以确保法律的适用和解释具有合理性和合法性。例如，法律的具体规定应该与法律的一般原则相一致，法律的适用应该符合逻辑推理的规则。通过维护法律的一致性和连贯性，可以确保法律体系的稳定性和有效性，为法律的解释、应用和发展提供理论基础和方法论。同时，这也有助于增强人们对法律的信任和遵从，促进社会的稳定和发展。

（四）法律的功能性

系统论法学认为法律的目的是实现社会秩序、公平正义和人类福祉等价值目标，因此法律应该具有功能性，能够有效地达到这些目标。这表明法律不仅仅是为了解决纠纷，更重要的是通过其内在的运作机制来维持社会秩序和预期的稳定性。首先，法律的目的论。系统论法学认为法律的存在是为了实现某种目的或价值，而不是单纯的规则制定或权利表达。法律的功能性观点基于这种目的论，强调法律应该服务于社会的需要和人类的利益，促进社会秩序的维护、公平正义的实现以及人类福祉的提升。根据卢曼的观点，法律系统的基本单位是法律运作，这种运作是递归性地、自我指涉地指向自身的，因此法律系统是封闭的。同时，法律系统对环境开放，并且这种开放以封闭为条件。[①] 其次，社会规范的效能性。系统论法学认为法律规范应该具有一定的效能性，即能够实际地影响和引导人们的行为。这意味着法律不仅仅是一种形式上的规定，更应该是能够在社会实践中产生实际效果的规范。卢曼认为，法律是一种规范性期望，采取"不学习"的反事实性态度，从而达到对全社会的时间拘束的功能。[②] 这意味着法律通过设定一种理想化的状态（即反事实性期望），并对全社会产生约束力，从而影响社会结构和行为模式。因此，法律的制定和实施应该考虑到社会实践的需要和实际情况，以确保法律的功能性和效果性。再次，法律的调节和协调功能。系统论法学认为法律具有调节和协调社会关系的功能，即通过制定和执行法律规范，调整和协调社会各方的利益和权利，促进社会的稳定和和谐。这种调节和协调功能体现了法律作为社会管理工具的重要性，同时也反映了法律的功能性和实用性。最后，法律的解决问题的功能。系统论法学认为法律应该具有解决社会问题的功能，即能够通过制定和执行法律规范来解决社会中存在的各种矛盾和问题。这种功能要求

---

① 宾凯. 法律系统的运作封闭从"功能"到"代码"[J]. 荆楚法学，2022，（3）：60-72.

② 余成峰. 卢曼社会系统论视野下的法律功能 [J]. 北京航空航天大学学报（社会科学版），2021，34（1）：31-41.

法律规范具有一定的灵活性和适应性，能够及时有效地应对社会变化和问题发展，以实现法律的目的和价值。

二、习近平法治思想中的系统观念

习近平法治思想中的系统观念强调法治的全面性和系统性。习近平法治思想强调从系统、整体、全局的高度把握全面依法治国的重要性。这表明在推进法治中国建设的过程中，需要超越单一法律条文或个别法律领域的局限，而是要将法治建设作为一个整体系统来考虑和规划。[①] 这种系统思维方法体现了对法治建设全面性、整体性和协同性的重视。习近平法治思想强调坚持建设中国特色社会主义法治体系的重要性，明确了全面依法治国的性质和方向，突出了工作重点和主要任务，规划了切实可行的法治发展路线图施工图。[②] 表明在推进法治中国建设的过程中，需要构建一个既符合中国特色又具有时代特征的法治体系，这是一个系统工程，需要整体谋划，更加注重系统性、整体性、协同性。习近平法治思想提出了一系列新理念新思想，这些理念和思想不仅涵盖了理论层面，也包括了实践层面，旨在通过法治手段推动国家治理体系和治理能力现代化。

（一）全面性

习近平强调法治要贯穿于国家治理的各个方面，包括政治、经济、文化、社会等各个领域。法治不仅仅是一种手段，更是一种全面的治理理念。政治领域，法治要求政府依法行使权力，保障公民的政治权利和参与权利，建立健全的法律体系和政府机构，实现政治决策的科学、民主和法治化。经济领域，法治要求在经济管理和发展中依法规范市场经济秩序，保护产权和合同自由，打击经济犯罪，促进公平竞争和经济持续健康发展。文化领域，法治要求在文化建设中保障公民的文化权利，加强文化产

---

① 周佑勇.深刻领悟习近平法治思想的系统思维方法[J].中国司法，2022，（9）：4.
② 马怀德.坚持建设中国特色社会主义法治体系[J].旗帜，2021（1）：43-45.

业管理和版权保护，维护国家文化安全和文化多样性，促进文化创新和传承。习近平法治思想，立足于中国特色社会主义法治体系、法治道路，聚焦全面依法治国的实践，系统总结新时代法治文化建设的实践创新、制度创新、理论创新的成果。[①] 这说明在推进法治中国建设的过程中，还需要加强法治文化的建设，以法治文化为支撑，推动法治中国建设实现高质量发展。社会领域，法治要求在社会管理和公共服务中依法保障公民的基本权利和福利，维护社会公平正义，加强社会治安和法律援助，建立健全社会保障体系。

（二）**系统性**

习近平法治思想中的系统性观念指的是建立完善的法律体系，并要求各个层级的法律体系相互衔接、相互支撑，形成一个系统完备的法治体系。这个体系应该包括宪法、法律、行政法规、地方性法规等各个层级的法律规范。具体来说主要体现在以下几个方面：一是法律体系的完善性。法治要求建立健全的法律体系，包括宪法、法律、行政法规、地方性法规等各个层级的法律规范。这些法律规范应该涵盖国家的各个方面，保障公民的权利和义务，规范政府行为，维护社会秩序。二是各级法律体系的衔接性。法治要求各个层级的法律体系相互衔接，形成一个统一的法律体系。各级法律之间应该协调一致，避免冲突和重复，保证法律的适用和执行的一致性。三是各级法律体系的支撑性。法治要求各个层级的法律体系相互支撑，形成一个相互促进的体系。低层级的法律规范应该受到高层级法律的指导和支持，高层级的法律规范应该落实到各个具体的行政和司法实践中。四是法治体系的包容性。法治要求法律体系具有包容性，能够适应不同历史、文化和社会背景下的多样性需求。法律体系应该具有灵活性和可调整性，能够及时修正和完善，保持与社会发展的同步性。

（三）**整体性**

习近平法治思想中的整体性系统观指的是法治理念在国家治理中的

[①]　深入学习贯彻习近平法治思想 以法治助推中国式现代化 [N]. 人民日报，2023-12-21（10）.

全面渗透和贯穿，以及在建设现代化国家、实现国家长治久安的过程中的整体性思维和行动。它要求在推进法治国家、法治政府、法治社会一体化建设的过程中，坚持依法治国、依法执政、依法行政共同推进，形成一个有机整体。① 这种整体性的思维方式和工作方法，旨在通过系统的规划和实施，实现法治建设的系统性增强，从而更好地应对挑战、防范风险，推动中国特色社会主义法治体系的完善和发展。② 具体而言，一是国家治理的整体性。法治不仅仅是一种手段，更是国家治理的基本原则和核心理念。习近平法治思想要求法治理念贯穿于国家治理的各个方面，包括政治、经济、文化、社会等各个领域，形成一个统一的国家治理体系。二是国家建设的整体性。法治是国家建设的基础和保障。习近平法治思想要求在现代化国家建设过程中，始终坚持依法治国、依法执政，把法治作为推动国家建设的重要手段和保障。三是国家安全的整体性。法治是国家安全的重要保障。习近平法治思想要求在维护国家安全的过程中，始终坚持依法治国，强化法治思维，加强法治建设，维护国家长治久安。四是国际合作的整体性。法治是国际合作的重要基础。习近平法治思想要求在推动国际合作和构建人类命运共同体的过程中，始终坚持依法治国，积极参与国际法律体系建设，维护国际秩序和国际法治。

（四）协同性

习近平法治思想中的协同性系统观念，是指在全面依法治国的过程中，强调系统性、整体性和协同性的统一。这一思想认为，全面依法治国是一个系统工程，需要整体谋划，更加注重系统性、整体性和协同性。③ 习近平总书记多次强调，要顺应事业发展需要，坚持系统观念，全面加以推进，运用系统思维方法，深入考察全面依法治国作为系统工程的各个方

① 史德春 . 习近平法治思想是全面依法治国的根本遵循 [J]. 奋斗，2022（24）：47–49.
② 周佑勇 . 深刻领悟习近平法治思想的系统思维方法 [J]. 中国司法，2022，（9）：4.
③ 周佑勇 . 深刻领悟习近平法治思想的系统思维方法 [J]. 中国司法，2022，（9）：4.

面、各个环节的相互联系与相互作用。① 这表明，习近平法治思想不仅关注法律制度的建设，而且强调这些制度之间的相互配合和协调，以实现法治建设的整体性和系统性。习近平法治思想中的协同性强调不同层级、不同领域、不同主体之间的协同合作，共同推动法治建设和国家治理的完善。习近平法治思想还注重立法的协同性，将其视为推进协同治理的制度保障，促进各项治理举措在政策取向上相互配合，在具体实施中形成合力。② 这种协同性的理念，旨在通过加强各方面的沟通和协作，提高法治建设的效率和效果，确保法治中国建设全面推进。习近平法治思想中的协同性体现在对全面依法治国的整体规划和系统布局上，强调在法治建设的过程中，各方面的相互联系、相互依赖和相互作用的重要性，以及通过加强协同治理来提高法治建设的质量和效率。具体而言，一是政府各部门之间的协同。法治要求政府各部门之间相互协作、相互配合，形成一个协同合作的工作机制。在制定、执行和监督法律政策的过程中，各部门需要密切配合，共同推动法治建设的落实。二是立法、执法、司法之间的协同。法治要求立法机关、执法机关和司法机关之间密切协作，形成一个协同一致的法治工作体系。立法的合理性、执法的公正性和司法的权威性需要相互支持、相互促进，共同维护社会秩序和公平正义。三是政府和社会各界之间的协同。法治要求政府和社会各界之间建立密切联系、深入合作的关系。政府需要倾听社会各界的意见和建议，吸纳社会各界的智慧和力量，共同推动法治建设和国家治理的完善。总之，习近平法治思想中的协同性体现在不同层级、不同领域、不同主体之间的协同合作，共同推动法治建设和国家治理的完善，实现国家长治久安和人民幸福安康的目标。

---

① 周佑勇．深刻领悟习近平法治思想的系统思维方法 [J]．中国司法，2022，（9）：4.
② 赵光君，吴江．地方立法增强系统性整体性协同性时效性的思考和举措 [J]．政策瞭望，2023（11）：47–52.

三、习近平法治思想系统观念与新时代中国特色社会主义程序法理的关系及其实践样态

习近平法治思想是全面依法治国的根本遵循，其所包含的系统观念是我国进行全面依法治国的根本遵循。我国程序法理要求，程序法治建设要将法律程序贯穿于司法活动的各个环节，包括诉讼程序、调查程序、审判程序等。习近平法治思想系统观念的全面性体现在程序法治领域，要求程序规范和程序性权利的保障要覆盖整个司法活动全过程，确保司法活动的合法性和公正性。此外，我国程序法治要求建立完善的法律体系和程序规范体系，包括立法程序、司法程序和行政程序等各个方面。习近平法治思想具有系统观念的特点，体现在程序法治要求的各项程序规范之间相互衔接、相互支持，形成一个完整的程序规范体系。程序法治要求法律程序与法治理念、国家治理体系和社会发展目标相一致，全面推动国家建设和社会进步。习近平法治思想具有系统观念的整体性，体现在程序法治要求的程序规范和国家发展目标、社会和谐稳定之间相互契合、相互促进。程序法治要求各个程序主体之间相互协作、相互配合，共同推动程序规范的落实和司法活动的顺利进行。习近平法治思想系统观念的协同性，体现在程序法治要求各个司法机关、执法机关、行政机关和社会各界之间建立密切联系、深入合作的关系，形成一个协同合作的司法活动体系。

目前我国程序法治实践中存在的程序性权利（力）结构不均衡、程序性权利保障不充分、权利的程序性救济机制不健全、程序衔接机制不完善等问题，主要原因之一还在于系统观念模糊。

具体而言，一是在程序性权利（力）结构中存在不均衡的问题。假如一些个人在诉讼过程中可能面临信息不对等、财力不足等问题，导致其程序性权利受到损害，而在权力部门则可能存在滥用职权、不公正对待等情况，制约了程序性权利的均衡发展。认罪认罚从宽制度中就存在类似问题，认罪认罚从宽案件中，检察机关掌握所有与认罪认罚从宽案件有关的

案件事实查办进度、证据材料获得情况等案件信息。这些信息的知悉与获得，有助于被追诉人在量刑协商谈判中据此作出对自己有利的协商决定。尤其是办案机关在案件办理过程中非法取得的足以对被追诉人是否构成犯罪起到决定性作用的证据，如果被追诉人能够在协商谈判前对该类证据有所知悉并了解，便会在协商谈判中处于有利位置，从而最大程度地实现对自己合法权益的维护。但司法实践中，认罪认罚从宽案件的犯罪嫌疑人、被告人在量刑协商过程中很难享有与办案机关对等的信息知情权，由此导致被追诉人在量刑协商谈判中因信息不对称处于极其不利的协商地位，协商过程中，检察机关可能利用信息优势，以合法形式掩盖其引诱或胁迫被追诉人认罪认罚的行为本质，故而可能导致被追诉人认罪认罚的自愿性不够真实、合法。导致这类问题产生的根本原因还在于，认罪认罚从宽制度建设过程中，由于立法者系统观念模糊，相关的程序性制度保障未能及时跟上，致使认罪认罚从宽制度中的程序性权利结构失衡。

二是从系统论的角度出发，我国程序法治实践中存在的程序性权利保障不充分的问题。其主要体现在：诉讼胁迫或诱导现象的存在、跨部门沟通和协调不足以及制度实施过程中的非自愿认罪认罚等问题。这些问题的存在，不仅影响了认罪认罚从宽制度的有效实施，也对程序性权利的保障构成了挑战。表现在程序性权利保障方面，虽然认罪认罚从宽制度旨在鼓励犯罪嫌疑人或被告人如实认罪、认罚，但认罪认罚从宽制度的实施过程中，一些犯罪嫌疑人或被告人可能因为不了解自己的权利而在缺乏有效的法律援助的情况下认罪认罚，其中办案机关有可能利用自身掌握案件全部信息资源的优势威胁、引诱犯罪嫌疑人或被告人认罪认罚。这可能会侵犯被告人的合法权益，使其非自愿地认罪认罚，导致其权利受到损害。尤其在被追诉人没有委托辩护律师、只有值班律师为其提供法律帮助的案件中，因值班律师仅享有了解案情、对案件材料可以查阅的权利，且法律对律师将案件材料分享给被追诉人有着极其严格的限制性规定，因此，被追诉人通过值班律师知晓案件信息的渠道十分有限。由此导致认罪认罚从宽案件的犯罪嫌疑人、被告人在司法程序中诸如知情权等程序性权利难以获得充分保障。

三是在程序性权利救济机制不完善的问题方面，除了前文提及的惩罚性赔偿制度中存在的惩罚性赔偿的具体程序规定不足、惩罚性赔偿的具体实现路径和程序机制仍然不够明确等问题以外，民事执行领域也存在类似问题。民事执行领域内虽然有执行救济制度，但这一制度相当不完善。现行的制度不能仅仅依靠审判监督程序来解决，对程序上违法及不适当的执行行为缺乏相应的救济方法。此外，案外人利益救济制度设计的本意是保护案外人利益，但在实务中，案外人在寻求救济的路径上摇摆不定，法院对大量生效判决反复审查、多次审判，造成案件的多头审查、诉访不分，在反复诉讼和诉讼周期不断延长后，制度建立的立法本意难以实现。从系统论的角度分析，这些问题是由于我国程序性权利救济机制的整体设计和实施过程中缺乏系统性和协调性所导致的。系统论强调系统的整体性和内部各部分之间的相互作用和依赖关系。在程序性权利救济机制的问题上，需要从整个国家治理体系的角度出发，考虑如何通过制度设计和改革，增强各法律制度之间的衔接和协调，确保程序性权利救济机制的有效运作。

四是程序衔接机制不完善。程序衔接机制是指在法律程序中，不同阶段或不同机构之间的法律程序如何有效连接和转换，以确保法律活动的连续性和一致性。这种机制的完善与否直接关系到法律实施的效果和效率。监察法作为我国法律体系中的重要组成部分，其与刑事诉讼法等其他法律之间的衔接问题尤为关键。董坤学者指出，监察调查与刑事司法在程序衔接机制中的地方经验和问题进行了实证调研和理论分析，系统性地梳理并探讨了监察与司法衔接中的问题。这表明，监察法与其他法律之间的衔接机制确实存在一些问题并面临很大的挑战。从系统论的角度来看，程序衔接机制的不完善可能源于多个方面。首先，法律规定的不明确或不一致可能导致衔接过程中的混乱和冲突。例如，监察法与刑事诉讼法在两法衔接中的条文规定可能存在差异，需要通过司法解释的方法进行细致分析。其次，实际操作中的程序衔接可能存在信息不对称、沟通不畅等问题，如检察机关在不起诉案件"刑行衔接"中应充分发挥检察监督职能，但实际操作中可能存在监督不足的情况。[①] 此外，程序衔接机制的设计可能未能充分考虑到实践中的复杂性和多样性，导致无法有效应对各种情况。

第四节　法治思维和法治方式欠缺

一、法治思维和法治方式的基本内涵及重要意义

（一）法治思维和法治方式的基本内涵

法治思维和法治方式是法治理念的两个重要方面，它们有着不同的内涵和表现形式。法治思维强调的是一种理念或观念，即对法律权威和普遍适用性的认可，而法治方式则是通过具体的法律实践和程序操作来体现法治思维的具体落实和执行。二者相辅相成，共同构成了法治理念的重要内涵。

1. 法治思维

法治思维即在社会生活中，法律应当被普遍尊重和遵守。法律是所有人都必须服从的规范，是指一种基于法律权威和普遍适用性的推理和论证方式，它体现了法治观念在具体问题中的运用和表现。这种思维强调法律的普遍适用性和权威性，认为法律是社会秩序和公平正义的基石。法治思维鼓励个人和社会各界尊重法律、信任法律，将法律视为解决问题和纠纷的首要途径，倡导通过法律途径实现个人权利保障、社会稳定和公共利益。法治思维认为法律是社会规范的最高权威，其制定和执行应当受到全体公民的尊重和遵守。法律的权威来源于立法机关的授权和公民的认可，因此法治思维强调遵守法律的原则和规定，反对任意行使权力和违法行为。法治思维认为法律应当具有普遍适用性，即在相同情况下，法律适用

---

① 姚弘韬. 设立合理程序完善不起诉案件"刑行衔接"[N].《检察日报》，2022-8-20（3）.

应当一致，不分人种、阶层、地域或其他因素。这意味着法律对所有人都是平等适用的，不因特殊身份或地位而有所区别对待，体现了法律的公平和正义原则。法治思维强调法律的合法性和合理性，即法律的制定和实施应当符合宪法和法律的规定，符合公共利益和社会公正。法治思维认为，只有合法合理的法律才能够获得公民的认可和遵守，才能够为社会秩序和公共利益的维护提供有效保障。法治思维认为，在社会生活中，任何问题和纠纷都应当首先通过法律途径解决。这意味着个人和组织在面临矛盾和纠纷时，应当首先尊重法律的权威，通过法律程序进行合法维权和解决争议，而不是采取非法手段或私人暴力行为。

因此，法治思维体现了对法律权威和普遍适用性的认可和尊重。强调合法合理、平等公正的法律体系，以及通过法律途径解决问题的优先原则。这种逻辑为法治观念在社会生活中的具体运用提供了理论和实践基础。

2. 法治方式

法治方式强调的是一种实践方法或操作手段，即通过制定、执行和适用法律来保障公民的权利和自由，实现社会秩序和公共利益的管理。法治方式注重在具体行动中遵循法律程序，保证法律的公平正义，防止任意行使权力和滥用权力的现象。它强调依法治国、依法行政、依法执法，倡导通过法律程序解决争议和纠纷。因此，法治方式是指在具体的法律实践和程序操作中，遵循法律规定、维护公正和权利保障的推理和论证方式。一是依法治国。法治方式强调依法治国的原则，即国家和社会各方应当在法律的框架内行使权力、管理事务，依法保障公民的权利和利益。这意味着政府和公共机构在政策制定、行政管理、社会治理等方面应当遵循法律规定，保证权力的合法性和合理性。二是依法行政。法治方式强调政府和行政机关应当依法行使职权，执行法律、法规和政策，保障公民的合法权益和公共利益。这包括规范行政行为、加强行政监督、提供便民服务等方面，确保行政行为的合法性和公正性。三是依法执法。法治方式要求执法机关和执法人员在执法过程中严格遵守法律程序和规定，保障被执法对象的合法权益和公平待遇。这包括依法取证、依法行使执法权力、依法保护被执法人的权利等方面，确保执法活动的合法性和公正性。四是坚持公正司法。法治方式强调司法机关应当独立公正地行使审判权，保障当事人的诉讼权利和合法权益。这包括公正审理案件、依法保护当事人的辩护权和诉讼权、确保判决的公正性和合法性等方面，维护司法公正和法律权威。五是法律程序优先。法治方式倡导在解决争议和纠纷时优先采用法律途径，依法进行调解、仲裁或诉讼，保障当事人的合法权益和社会稳定。这包括依法进行调查取证、依法进行程序审查、依法执行判决等方面，确保法律程序的优先性和权威性。因此，法治方式的法理逻辑体现了依法治国、依法行政、依法执法和公正司法的原则，强调法律程序的优先性和权威性，保障公民的权利和利益，维护社会秩序和公共利益的实现。这种逻辑为法治观念在具体法律实践中的落实和执行提供了理论和实践基础。

（二）程序法治中遵循法治思维和法治方式的重要意义

在程序法治中，遵循法治思维和法治方式具有重要的意义。法治思维和法治方式强调法律的普遍适用性和权威性，以及依法行使权力和保障公民权利的原则。遵循法治思维和法治方式能够确保公民在社会生活中享有平等的法律地位和权利保障，避免任意行使权力和滥用权力的现象，保障公民的合法权益和自由。法治思维和法治方式强调法律的权威性和普适性，即法律是由合法的立法机关制定的，并适用于所有公民。这一理念确立了法律的普遍适用性，保障了公民在法律面前的平等地位，为公民权利和自由的保障提供了坚实的法理基础。法治思维和法治方式要求国家机关在行使权力和执行职责时，必须依法行事。这意味着各国家机关在处理事务、制定政策、执行法律时必须依据法律规定，保障公民的权利和自由不受侵犯。通过依法行政、依法执法和公正司法，能够保证国家机关在国家治理中依法履职，保障公共利益和社会秩序的维护。通过法律程序和法律手段解决争议和纠纷，确保社会稳定和公共利益的实现，有效避免权力滥用和任意行使，保护公民权利和自由的合法性。法治思维和法治方式还强调法律程序的重要性，即在处理事务和解决争议时必须遵循法定程序。这包括合法的决策程序、行政程序、诉讼程序、听证程序、证据收集程序等。通过严格遵守法定程序，能够保障公民的诉讼权利和自由不受侵犯，避免出现程序上的混乱和不公，确保公正的司法裁决得到法律保护。法治思维和法治方式要求建立健全的法律救济机制，为公民提供合法的维权途径和救济机会。这包括诉讼权、申诉权、上诉权等。通过提供有效的法律救济，保障公民在受到侵犯时能够获得及时有效的救济，保护其权利和自由不受侵犯。

二、习近平法治思想中的法治思维和法治方式

习近平法治思想是全面依法治国的根本遵循和行动指南，其核心要义在于坚持和发展中国特色社会主义在法治领域的理论体现，是中国特色社会主义法治理论的重大创新发展。[①] 习近平法治思想强调法治思维和法治方式的重要性，认为法律是治国之重器，法治是治国理政的基本方式。习近平总书记指出，领导干部必须牢固树立法治思维，具备基本的知识体系，法律是其中的基本组成部分。[②] 这表明，在习近平法治思想中，法治思维不仅是对法律知识的掌握，更是对法律精神、法律原则和法律规范的深刻理解和运用。习近平总书记强调，各级领导机关和领导干部要提高运用法治思维和法治方式的能力。[③] 这意味着在实际工作中，要善于运用法治的方式解决问题，增强尊法学法守法用法的意识，通过法定程序使党的主张成为国家意志。习近平法治思想中法治思维和法治方式主要表现在以下几个方面。

---

① 栗战书. 习近平法治思想是全面依法治国的根本遵循和行动指南 [J]. 中国人大，2021（2）：6-9.

② 周叶中. 领导干部必须牢固树立法治思维 [J]. 红旗文稿，2019（16）：11-14+1.

③ 本报评论部. 提高运用法治思维和法治方式的能力 [N]. 人民日报，2023-09-22（5）.

（一）法治思维

法治思维体现了习近平法治思想中对法治理念的重视和强调。习近平总书记强调，法治是党领导人民治理国家的基本方式，是中国特色社会主义最本质的特征之一。在法治思维中，法律被视为治理国家和社会的基石，是国家权力的约束和规范。这体现了法律在国家治理和社会管理中的核心地位和作用，强调了法治在维护社会秩序、保障公民权利和促进国家发展中的重要性。习近平法治思想中的法治思维强调法律的权威性和普遍适用性，倡导公民尊重法律、信任法律，以法律为准则行事。习近平总书记提出要坚持全面依法治国，加强法治建设，建设社会主义法治国家。这体现了法治在国家治理中的基本原则和指导方针，强调了依法治国在推动国家发展、维护社会稳定和保障公民权利方面的重要性。因此，习近平法治思想中的法治思维强调依法治国、依法行政、依法执法、公正司法的原则，注重法律在社会管理和治理中的地位和作用，体现了法治思维对维护社会稳定、促进国家发展的重要意义。

实践层面，习近平总书记还提出要建立健全法治体系，完善法律法规体系，推进立法工作，加强法律实施和监督，确保法律的有效实施。这体现了法治在实践中的具体落实方式，强调了建立健全法治体系在维护社会秩序和保障公共利益方面的重要作用。强调要加强法治宣传教育，提高公民的法律意识和法治观念，促进全社会形成尊法守法的良好氛围。这体现了法治在实践中的具体推动方式，强调了法治宣传教育在提升社会文明程度、加强法治建设方面的重要作用。指出要深化司法改革，加强司法公正和司法公信力建设，提高司法公正的效率和效果。这表明了法治在实践中的具体推进路径，强调了司法改革在保障公民权利和维护社会稳定方面的重要作用。

（二）法治方式

法治方式是习近平法治思想的重要组成部分，体现了在实践中落实法治理念的具体途径和方式。习近平总书记强调，党的领导是全面依法治国的重要保障，强调要加强党对全面依法治国的领导。这体现了法治在中国特色社会主义理论体系中的根本保障，强调了党的领导地位在法治建设中的重要性和必要性，以党的领导确保法治的正确方向和稳定推进。习近平总书记强调，要坚持全面依法治国，加强法治建设，加强法律实施和监督，建立健全法治体系，完善法律制度和法治体系，建设社会主义法治国家。严格依法行使权力，保障公民的权利和自由，加强司法保障，保障社会公平正义。这体现了法治在实践中的基本路径，强调了建立健全法治体系在维护社会秩序和保障公共利益方面的重要作用。法治方式体现了习近平法治思想中强调的治国理政理念，通过法治方式，落实法治思维，推动国家治理体系和治理能力现代化，促进国家长治久安和人民幸福安康。

实践层面，习近平总书记强调，要加强法治宣传教育，提高公民的法律意识和法治观念。这体现了法治在实践中的具体推动方式，强调了法治宣传教育在提升社会文明程度和加强法治建设方面的重要作用。要深化司法改革，加强司法公正和司法公信力建设。这体现了法治在实践中的具体推进路径，强调了司法改革在保障公民权利和维护社会稳定方面的重要作用。具体包括建立健全法治政府、完善法律法规体系、加强法治宣传教育、深化司法改革等方面的具体措施和实践路径。这些措施在推进法治建设的过程中，体现了法治理念在实践中的具体落实和推动路径。

三、新时代中国特色社会主义程序法理实践欠缺法治思维和法治方式

我国程序法治领域内存在程序性权利结构失衡、程序性权利保障不足、权利的程序性救济机制不健全、程序衔接机制不完善等问题，其根本原因在于欠缺法治思维和法治方式。

尤其在一些刑事案件办理过程中，案件办理机关过于强调自身的权力，而忽视了对犯罪嫌疑人、被告人或者被调查人权利的保障。办案人员可能更多地认为自己的职责是维护社会秩序和打击犯罪，因而办案过程中

履行法定职责的态度远不如收集犯罪嫌疑人、被告人或者被调查人有罪犯罪证据那么认真。甚至办案过程中只注重收集犯罪嫌疑人、被告人或被调查人有罪证据或罪重证据，而忽略对犯罪嫌疑人、被告人或被调查人罪轻证据或无罪证据的收集，由此忽视了对程序性权利的尊重和保护。更有甚者，有的办案机关办案人员为追求某些政绩考核目标等目的，不合理地使用自由裁量权，造成犯罪嫌疑人、被告人或被调查人程序性权利受到损害。如，在认罪认罚从宽案件和监察案件办理过程中，由于认罪认罚从宽制度和监察法赋予办案机关较大的裁量权，同时又缺乏有效的权力制约和监督机制，加上办案机关的办案人员法律素养参差不齐、法治思维能力不一，有时办案机关在办理案件过程中为达到某种私利或政绩考核目标，极其容易滥用职权，对公民行使威逼利诱、违法拘禁等违法手段，迫使犯罪嫌疑人、被告人认罪认罚，从而对被调查人的程序性权利造成侵犯，使得犯罪嫌疑人、被告人或被调查人处于弱势地位。

根本原因，一方面，在于立法者在制定相关法律时并未从法治思维的角度，就办案机关赋权的同时对权力作出监督和制约的制度安排，同时也未就程序运行过程中如何对犯罪嫌疑人、被告人或被调查人的程序性权利从制度方面予以保障，由此导致办案机关的"含权量"明显高于犯罪嫌疑人、被告人和被调查人的法律权利，使得程序性权利结构严重失衡。例如，法治思维要求建立健全的法律救济机制，保障公民的权利得到及时有效的救济。然而，《监察法》中虽然明确规定了被调查人享有获得监察赔偿的权利，但因为监察赔偿制度设计中并未就监察赔偿权利行使的具体路径作出明确且具体的程序性安排，致使被调查人面临救济途径不畅通、程序救济机制不健全的现实问题，也由此导致监察赔偿权利实质无法有效获得保障。法治思维还要求不同法律制度之间要保持良好的衔接和协调，确保公民权益得到全面保障。但我国国家监察体制改革后，由于监察权和监察机关的法律地位和性质均发生了较大变化，使得监察权中的留置等带有强制性的监察措施，其性质等也迥然不同于刑事强制措施。然而，监察机关办理的刑事案件最终又需要依照《刑事诉讼法》的规定进入司法程序，加上《监察法》还明确规定《刑事诉讼法》不适用监察措施，这使得监察措施及监察程序面临必须和刑事诉讼程序发生衔接关系而法制方面又缺乏良好的衔接机制的现实困境。由此也导致监察留置对象在监察程序与刑事诉讼程序转接过程中面临可能被长期非法羁押的法律问题，这也给公民权利的行使带来困难和障碍。

另一方面，还在于办案机关在法治实施过程中未运用法治思维和法治方式，就自身拥有的"高含权量"的权力依照"合法、公正、比例"等法律原则和法治精神合理行使。程序法治领域内，法治思维强调司法公正和程序公正，要求对犯罪嫌疑人、被告人的程序性权利进行充分保障，包括知情权、辩护权、申诉权等，否则就有可能导致程序不公正。实践中，尤其是认罪认罚从宽制度中，由于犯罪嫌疑人、被告人或被调查人自愿认罪认罚权利的行使大部分需要依赖于办案机关充分地履行其法定的权利告知义务、有效的法律帮助义务等，但现实中存在一些办案机关履行法定义务不充分甚至不到位的情况，有些办案机关为了图省事，履行法定义务就像"走过场"一样的走形式，导致犯罪嫌疑人、被告人或被调查人权利被忽视而受到不公正的对待。例如，被迫认罪认罚、没有充分的辩护机会等，导致程序性权利保障不充分。从法治思维和法治方式的法理视角来看，程序法治要求各个程序环节之间能够顺畅衔接，确保程序的连贯性和完整性。然而，在我国，尤其监察法治领域存在的立案管辖程序衔接不良、监察调查与刑事诉讼程序衔接不优等诸多程序环节之间衔接机制问题，导致程序运行不顺畅，影响程序效率和公正性。因此，整体分析我国程序法治领域内，权力运行过程中，仍旧存在"重追责、轻保障""重效率、轻公正"等问题，这些行为都是违背法治思维基本理念要求的具体表现。

第八章

新时代中国特色社会主义程序
法理的实践路径优化

第一节　坚持以人民为中心完善程序性权利保障机制

一、实践逻辑

坚持以人民为中心，完善程序性权利保障机制，既符合法治理念的内在要求，也是推进社会公平正义、深化民主法治、实现国家治理现代化的重要举措。

（一）人民权利的根本性

法理上认为，人民是国家的基本组成单位，每个人都享有天赋的个人权利。这些权利是不可分割的，基于人的尊严和自由的本质。因此，保障个体权利是法治社会的基石，也是法律的核心价值。法治国家的核心原则之一就是保护人民的权利。在法治国家中，政府的权力受到法律的限制和约束，其目的就是保障人民的权利。因此，人民权利的根本性是法治国家的基本特征之一。司法正义的实现离不开对人民权利的充分保障。司法机关的职责之一就是保护人民的权利，确保其在法律范围内得到公正和合法的待遇。只有在人民权利得到切实保障的情况下，司法正义才能得到有效实现。人民权利的根本性也体现在维护社会和谐稳定方面。在一个法治社会中，人民的合法权益得到有效保障，社会秩序才能得到有效维护，社会关系才能得到和谐发展。因此，人民权利的根本性也是社会稳定和发展的基础之一。总之，人民权利的根本性是法治社会和法治国家的基本原则之一，也是维护司法正义、促进社会和谐稳定的重要保障。在法理逻辑上，保障人民权利是法治的核心价值和使命所在。人民是法治的主体和受益者，其权利应当受到充分尊重和保护。因此，确保程序性权利的充分保障是维护人民合法权益的基本要求。

（二）程序性权利保障与社会公平正义

程序性权利的保障是确保每个人在司法程序中都能够享有平等的权利和机会。这种平等保护原则体现了法律的公正性和公平性，为社会公平正义的实现提供了基础。法理上认为，司法程序的公正性是实现社会公平正义的重要保障。程序性权利的保障是确保司法程序的公正性和合法性，保障人民在司法过程中的合法权益，从而维护社会公平正义的实现。同时，程序性权利的保障是确保法律适用的正确和公正。只有在程序性权利得到充分保障的情况下，司法机关才能够依法行使其职责，确保法律的适用和实施的公正性和合法性，从而促进社会公平正义的实现。法律强调程序性权利的保障是法治精神的具体体现。在一个法治社会中，保障程序性权利是法治的核心内容之一，体现了法律对每个人的平等保护和对社会公平正义的追求。因此，程序性权利保障与社会公平正义的法理逻辑在于通过保障人民在司法程序中的权利和程序的公正性，实现法律的平等适用和社会正义的实现。程序性权利的保障不仅是司法正义的保障，也是社会公平正义的基础之一。程序性权利保障机制的完善能够保障个体在司法程序中的公平待遇，确保司法活动的公正性和合法性，进而促进社会公平正义的实现。

（三）夯实民主法治的基石

程序性权利保障是法治原则的重要体现之一。在民主法治中，法治原则要求政府和司法机关依法行使职权，保障人民的合法权益。程序性权利保障机制的建立和完善，确保了每个人在司法程序中都能够享有平等的权利和机会，体现了法治的基本原则和精神。程序性权利保障是实现司法公正与公平的重要保障手段。在民主法治中，司法机关必须保证司法程序的公正和公平，保障人民在司法过程中的合法权益。通过程序性权利的保障，司法机关能够依法行使审判权，保障每个人在司法程序中的权利得到平等的保护，从而维护司法的公正与公平。程序性权利保障是民主原则的具体实践之一。在民主法治中，民主原则要求政府和司法机关听取人民的意见和建议，保障人民的基本权利和自由。通过程序性权利的保障，人民能够参与司法活动，行使自己的权利，监督司法机关的工作，实现了民主原则的具体落实。程序性权利保障还是法治社会建设的重要保障手段之一。在民主法治中，法治社会的建设需要确保每个人都能够在法律的保护下享有平等的权利和机会。通过程序性权利的保障，可以有效保障人民的合法权益，促进社会的公平正义和法治社会的建设。因此，程序性权利保障的建立和完善，是民主法治的重要组成部分，为维护法治社会的稳定和秩序提供了重要保障，促进了社会公平正义和法治社会的建设。程序性权利保障机制的完善是民主法治的基础，能够有效保障人民对司法过程的参与和监督，增强司法的透明度和公信力，推动国家治理体系和治理能力现代化。

（四）国家治理的现代化需求

国家治理的现代化需要建立在法治基础上。程序性权利保障是法治化进程中的重要内容之一，它体现了政府和司法机关在处理事务时必须遵循法律、程序和规则的要求，确保每个人的权利在法律的保护下得到平等和公正的实现。国家治理的现代化要求提升治理效能，实现公正高效的司法。程序性权利保障能够提升司法机关的工作效率和质量，减少不公正和滥用职权的情况，从而增强国家治理的能力和水平。国家治理的现代化需要促进社会的稳定和和谐发展。程序性权利保障有助于增强人民对司法的信任和满意度，减少社会矛盾和纠纷，维护社会的稳定和安定，促进经济社会的健康发展。国家治理的现代化要求不断推动法治建设，建立健全的法治体系。程序性权利保障是法治建设的重要内容之一，它有助于完善法律制度和司法机制，提高法律实施的效果和公信力，推动国家治理体系和治理能力现代化。总之，程序性权利保障的建立和完善，有助于提升法治水平、加强治理效能、促进社会稳定和推动法治建设，推动国家治理体系和治理能力现代化的实现。在构建现代化国家治理体系的过程中，以人民为中心完善程序性权利保障机制是国家治理现代化的必然要求。通过充分保障人民的程序性权利，可以有效提升国家治理水平和法治建设水平。

二、实践路径

落实以人民为中心的价值理念就是要以人民为程序法治主体、以人民利益为程序法治的出发点和落脚点。程序法治实践领域内，落实以人民为中心的价值理念，就是要在静态和动态两个层面，通过构建和完善健全的程序创建机制和实施运行机制，保障以人民为中心价值理念贯彻落实的具体实践。

（一）立法保障人民权利

法律是保障人民权利的最重要手段之一。在中国特色社会主义法治国家建设过程中，从立法层面就应注重明确规定公民在法律程序中的权利和义务。通过程序性法律规范的制定和完善，为公民行为提供明确的法律依据和保障，确保其在立法、司法、执法、守法等程序中的权利得到充分尊重和保障。从立法保障人民权利的角度出发，完善程序性权利保障机制的具体举措可以包括以下几个方面：一是明确权利保障的法律规定。提出具体的法律条款，明确规定公民在法律程序中的各项权利，包括但不限于知情权、辩护权、申诉权、参与权等。这些法律规定应当具有可操作性和可执行性，能够有效保障人民的合法权益。二是加强程序性权利的立法保护。在相关法律中明确规定程序性权利的保护原则和具体内容，如合法程序权利的原则、审判公正原则等，以确保人民在司法程序中得到平等和公正的对待。三是建立完善的救济机制。在法律中规定程序性权利救济的具体途径和机制，包括但不限于上诉、申诉、抗诉、国家赔偿等，以便人民在程序性权利受到侵害时能够及时有效地寻求救济。四是加强程序性权利的监督和评估。在法律中明确规定相关部门对程序性权利的监督和评估责任，并规定其监督和评估的具体程序和标准，以确保程序性权利保障机制的有效实施和执行。通过以上举措，可以进一步完善程序性权利保障机制，有效保障人民在司法程序中的权利和利益，促进司法公正和公平，推动国家治理体系和治理能力现代化的实现。

（二）加强司法机关的能力建设

司法机关作为程序性权利的主要实施者，其能力和素质直接影响到人民权利的实际保障情况。司法机关应当具备专业的法律知识和技能，具备公正、独立、高效的司法能力，才能有效保障公民的程序性权利。司法机关作为程序性权利的主要实施者，需要加强能力建设，提高司法工作的质量和效率，确保公民的程序性权利得到切实保障。为加强司法机关的能力建设，需要从司法人员的选拔、培训、考核等方面着手，建立健全司法人员队伍建设机制，提高司法人员的专业素质和工作能力。同时，要加强司法机关的管理和监督，确保司法工作的公正和效率。这包括加强司法人员的职业培训和素质提升、完善司法制度和工作机制、提高司法公正和效率等方面。具体而言，一是提升司法人员的专业素养。通过加强司法人员的培训和教育，提高他们的法律知识水平、司法技能和职业道德，使他们具备独立、公正、专业的司法能力，从而更好地保障人民在司法程序中的权利。二是建立健全的案件审理机制。设立专门的程序性权利保障机构或部门，负责监督和指导案件的审理工作，确保程序性权利得到充分保障。建立健全案件审理流程和标准，规范司法机关的工作程序，提高司法工作的质量和效率。三是加强司法机关的管理和监督。建立健全司法机关管理和监督体系，加强对司法人员的考核和评价，对不符合职业要求和职业操守的司法人员进行纠正和处置，确保司法机关的独立、公正和效率。四是提升司法设施和技术水平。加大对司法设施和技术的投入和改善，以提高司法办案的效率和质量。建设现代化的司法设施和信息化的司法平台，提供更加便捷和高效的司法服务，保障人民在司法程序中的权利得到充分保障。这些举措可以有效提升司法机关的能力建设水平，进一步完善程序性权利保障机制，确保人民在司法程序中的权利得到充分保障。

（三）加强社会监督和参与

社会监督和参与是保障人民权利的重要手段之一。通过加强社会监督和参与，可以有效促进法治实施活动的公开、公正和透明，提高各项决策的合法性和公信力，确保人民的权利得到充分保障。要加强社会监督和参与，需要建立健全的法治监督机制和公民参与机制，为公民提供参与法治实施活动的途径和渠道，促进法治实施活动的公开、透明和公正。同时，要加强对法治实施活动的舆论监督，以提高法治工作的质量和效率。通过加强社会监督和参与，确保法治实施活动的公开、公正和透明。具体而言，一是建立公开透明的法治信息平台。搭建法治建设和实施信息公开平台，向社会公开法治程序的相关信息，包括立法事项、执法信息、案件审理进程、法律法规、裁判文书等，提高社会对法治实施活动的了解程度，增强社会对程序性权利保障的监督能力。二是设立独立的监督机构或部门。建立独立的程序性权利监督机构或部门，由社会各界代表组成，负责监督司法机关对程序性权利的保障情况，及时发现和纠正违法违规行为，保障公民在相关法律程序运行中的合法权益。三是加强社会组织和公民参与。鼓励和支持社会组织和公民参与程序性权利保障的监督和评估工作，通过举办公民教育活动、开展社会调查研究等方式，提高社会公众的法律意识和法律素养，增强社会监督和参与的能力。四是建立投诉和申诉渠道。建立完善的投诉和申诉渠道，向社会公开投诉和申诉的途径与流程，鼓励人民对法治实施程序中的不公正行为进行投诉和申诉，保障人民在法治实施程序中的合法权益。

（四）推动司法改革和创新

司法改革和创新是推动程序性权利保障机制完善的重要途径之一。通过不断推进司法改革和创新，可以及时解决司法工作中存在的问题和挑战，提高司法工作的质量和效率，确保人民的程序性权利得到切实保障。要推动司法改革和创新，需要从司法制度、机制、体制等方面着手，积极探索和实践符合国情和时代要求的司法改革和创新路径。同时，要加强对司法改革和创新的组织领导和协调推进，形成政府、司法机关、社会各方共同参与的良好局面。针对程序性权利保障中存在的问题和挑战，需要不断推动司法改革和创新，完善司法制度和机制，提高司法工作的质量和效率。其具体包括从推动司法改革和创新的角度提出完善程序性权利保障机制的具体举措。一是建立多元化的争议解决机制。推动建立多元化的争议解决机制，包括调解、仲裁、行政复议等，为当事人提供多样化的选择，更好地保障其程序性权利。二是推进信息化建设和智能化应用。加强司法信息化建设，推动利用大数据、人工智能等技术手段，提高司法审判效率和质量，更好地保障人民在司法程序中的合法权益。三是加强司法制度和机制创新。推动司法制度和机制的创新，包括审判制度改革、人民陪审员制度改革、法官责任制度改革、人民监督员制度改革等，提高司法机关的工作效能和公信力，更好地保障人民的程序性权利。四是加强国际合作和交流。加强与国际社会的合作和交流，学习借鉴国际先进经验和做法，推动司法改革和创新，更好地使人民在司法程序中的权利得到充分保障。

第二节　落实良法善治理念，优化程序性权利结构

一、实践逻辑

落实良法善治理念、均衡程序性权利结构的实践逻辑在于通过完善法治建设、平衡程序性权利、协调程序公正与程序性权利的关系以及深化社会共识等方式，促进司法公正和人民权利的充分保障，推动法治社会的建设和发展。

（一）法治建设与程序性权利保障

良法善治是法治建设的核心理念，它强调法律本身的质量和治理过程的智慧。良法意味着法律应当公正、合理、有效，能够促进社会公平正义，保障人民的基本权利。善治则要求政府和司法机关在执行法律时，不仅要严格依法行事，还要注重法律实施的效果，确保法律能够真正服务于人民，实现社会稳定和发展。良法善治要求法律不仅要在文本上完善，更

要在实践中得到有效执行。良法善治理念强调建立健全的法治体系和法治机制，确保法律的权威性和公正性。通过完善法律制度、加强法律宣传教育、提高法治执行效能等途径，落实良法善治理念，可以为公民的权利保障提供坚实的法律基础，保障公民的程序性权利得到充分保障。法治建设是实现良法善治和程序性权利保障的前提和基础。它涉及建立和完善法律体系、加强法治宣传教育、推动司法改革等多个方面。法治建设的核心在于确立法律的最高权威，确保法律的制定、实施和执行既符合社会发展的需求，也反映人民的意愿。通过法治建设，可以为社会提供一个稳定、公正、透明的运行环境，为公民的权利和义务提供清晰的界定。

因此，良法善治是法治建设的目标和要求，即要求制定出符合社会发展和人民意愿的良好法律，并通过善于治理的手段加以贯彻执行。通过法治建设，可以促进良法的制定和实施。法治建设包括制定和完善法律法规、加强法治宣传教育、推动司法改革等方面的工作，这些都有助于制定出更加符合社会发展和人民利益的良好法律，并保障其有效实施和执行。良法善治强调法律的公平正义和有效实施，要求通过制定良好法律和善于治理的手段实现社会稳定和秩序。因此，良法善治是对法治建设质量和效果的最终检验。良法善治可以引导和强化法治建设的方向和力度，推动法治建设不断向更高水平迈进。

程序性权利保障是法治建设和良法善治实现的具体体现。它关注司法程序中各方的权利是否得到尊重和保障，确保每个公民在法律面前的平等地位。程序性权利的保障要求法律制度明确规定公民在司法程序中的权利，如知情权、辩护权、申诉权等，并通过有效的机制保障这些权利的实现。程序性权利的充分保障是实现司法公正和权利平等的关键。

法治建设与程序性权利保障之间相互依存、相互促进，共同构成了法治社会的重要支柱。法治建设为程序性权利保障提供了制度基础和法律框架。没有健全的法治体系，程序性权利保障就无从谈起。就目标而言，二者共同的目标是实现社会的公平正义，保障公民的基本权利，维护法律的权威性和有效性。从功能角度看，二者之间具有互补性。法治建设通过确立法律的最高权威，为良法善治提供执行保障；良法善治的法治建设通过提高法律的质量和治理的智慧，为程序性权利保障提供了内容的支持；程序性权利保障通过确保司法程序的公正性，检验法治建设及其良法善治的实际效果。此外，法治建设、程序性权利保障还是一个动态发展的过程。随着社会的发展和人民需求的变化，二者需要不断地调整和完善，以适应新的社会环境和挑战。就此而言，法治建设需要通过立法、司法和行政等手段不断完善，以彰显良法善治在法律的制定和执行中的智慧和效果；程序性权利保障需要在司法实践中确保公民权利的实现。因此，只有二者协调发展，才能真正实现社会的公平正义，保障公民的基本权利，推动社会的和谐稳定。在实践中，需要不断地通过立法、司法和行政等手段，完善法治建设，提高法律的质量和治理的智慧，确保程序性权利的充分保障，从而推动法治社会的建设和发展。

（二）平衡程序性权利的保障

在良法善治的框架下，必须平衡程序性权利结构，确保各项程序性权利得到充分保障。这包括但不限于起诉权、辩护权、申诉权、获得国家赔偿权等，各项权利之间应当相互配合，相互制约，以实现程序公正和程序的合法合理。通过平衡程序性权利的结构，避免权利的片面性或偏颇性，保障每个参与司法程序的主体在程序中都享有平等的权利和机会。平衡程序性权利的保障是确保司法程序的公正性和合法性的重要手段之一。只有在司法程序中各方的权利得到平等尊重和保护，才能保障司法的公正性和合法性。例如，被告权利的保障可以保证被告在审判中享有公平的辩护权，从而保障审判的公正性和合法性。平衡程序性权利的保障是法治精神的具体体现之一。法治精神强调的是法律面前人人平等、公正透明的原则，而平衡程序性权利的保障正是体现了这一原则。只有在司法程序中各方的权利得到平等尊重和保护，才能真正体现法治精神，保障司法的公正和合法。平衡程序性权利的保障是保障司法程序全面性和公正性的关键。

司法程序中涉及多方利益，而各方的权利保障是保障司法程序全面公正的重要前提。只有确保各方权利的平衡，才能保障司法程序的全面性和公正性。平衡程序性权利的保障可以提高司法效率。在司法程序中，各方权利的保障不仅可以保障司法的公正和合法，还可以提高司法程序的效率。通过平衡程序性权利的保障，可以避免因为程序性权利的忽视或滥用导致的司法程序延误和浪费，提高司法效率，保障当事人的合法权益。总之，平衡程序性权利的保障是确保司法公正和合法性、体现法治精神、保障司法程序全面性和公正性、提高司法效率的重要手段之一。通过平衡程序性权利的保障，可以保障司法程序的公正、合法和高效运行，维护社会公平正义和法治秩序的实现。

（三）司法公正与程序性权利的协调

良法善治理念的实践，要求司法机关在司法实践中保障公民的程序性权利，而程序性权利的充分保障又是司法公正的重要保障手段之一。只有当司法程序公正、公平，公民的程序性权利得到充分保障时，司法才能真正公正有效地执行。因此，落实良法善治要求必须重视程序性权利的保障，以确保司法公正和公民的合法权益。因此，良法善治理念与程序性权利的保障需要相互协调、相互促进，共同实现司法公正和公民权利的充分保障。程序性权利保障是确保司法公正的基础之一。司法程序中各方的权利得到平等尊重和保护，才能保障司法的公正性和合法性。例如，被告在审判中享有公平的辩护权，原告在诉讼过程中有申诉和上诉的权利，这些权利的保障是司法公正的基础。司法公正体现了程序性权利的实现。在司法程序中，法官应当依法审理案件，公正裁判，保障当事人的合法权益。司法公正的实现需要依托于程序性权利的保障，只有当各方的权利得到充分尊重和保护，才能保障司法的公正和合法。程序性权利的保障促进了司法公正的实现。在司法程序中，各方的权利得到充分保障，可以有效地防止权力的侵犯和滥用，保障司法程序的公正性和合法性。例如，被告在审判中享有公平的辩护权，可以保障审判的公正性和合法性。司法公正与程序性权利的协调促进了法治社会的建设。在法治社会中，司法公正是保障法律的权威和有效实施的重要保障，而程序性权利的保障则是保障司法公正的重要手段之一。通过司法公正与程序性权利的协调，可以推动法治社会的建设和发展。因此，司法公正与程序性权利之间存在着紧密的协调关系。程序性权利的保障是司法公正的基础，司法公正体现了程序性权利的实现，程序性权利的保障促进了司法公正的实现，司法公正与程序性权利的协调促进了法治社会的建设。

（四）社会共识与法治理念的深化

良法善治理念和法治理念都是为了维护社会的稳定和秩序而存在的。良法善治强调制定良好的法律，通过善于治理的手段加以贯彻执行，以实现社会的良好秩序；而法治理念则强调依法治国，保障法律的权威和有效实施，以维护社会的法律秩序。两者共同服务于社会稳定与秩序的维护。良法善治理念和法治理念相辅相成、相互促进。良法善治的实现需要依托于法治理念的支持和保障，只有在法治的基础上，才能实现良好的法律制定和有效的治理；而法治的实现又需要依托于良法善治的推动和落实，只有制定良好的法律并通过善于治理的手段加以执行，才能真正实现法治。良法善治理念和法治理念都是为了实现社会的公平正义而存在的。良法善治强调制定公平合理的法律，通过善于治理的手段保障法律的公正实施，以维护社会的公平正义；而法治理念则强调依法行政，保障法律的平等适用和公正实施，以实现社会的公平正义。两者共同体现了社会公平正义的价值追求。良法善治理念和法治理念共同促进了法治社会的建设。良法善治强调制定良好的法律和善于治理的手段，促进法治的建设和发展；而法治理念则强调依法治国，保障法律的权威和有效实施，促进法治社会的稳定和秩序。两者共同推动了法治社会的建设和进步。因此，良法善治理念与法治理念共同服务于社会稳定与秩序的维护，相辅相成、相互促进，共同体现了社会公平正义的价值追求，并共同促进了法治社会的建设和进步。

良法善治理念的落实需要社会各界的共同努力和支持，需要形成广泛的社会共识。通过加强法治宣传教育、推动法治文化建设、加强社会法治意识的培育，可以进一步深化良法善治理念在社会中的认同度和落实程度，从而为均衡程序性权利结构的实现提供更加坚实的社会基础。因此，包括良法善治理念在内的法治理念是社会共识的重要组成部分，是社会中普遍认同和尊重法律、依法治国的思想观念。在一个法治社会中，法律是最高的权威，法律面前人人平等，任何人都必须遵守法律。法治理念是社会共识的重要组成部分之一，是构建和谐稳定社会的重要基石。良法善治法治理念得到普遍认同和尊重是维护社会秩序的重要保障。在一个法治社会中，人们普遍遵守法律，依法行事，这有助于保障社会的稳定和秩序。良法善治法治理念的树立和弘扬可以有效促进社会成员的文明素质和法治观念，从而维护社会的和谐稳定。社会共识是指社会各界对于法治理念的认同和支持。法治建设需要建立在广泛的社会共识基础之上，只有当社会各界普遍认同和尊重法治理念时，法治建设才能得以顺利进行。因此，社会共识是法治建设的重要基础之一。法治理念尤其是良法善治的法治理念与社会共识相互促进，共同推动法治社会的建设和发展。法治理念的普遍认同和尊重有助于形成社会共识，而社会共识的形成又进一步巩固和弘扬了法治理念。这种相互促进的关系有助于维护社会的稳定和秩序，推动法治社会的建设和发展。

二、实践路径

（一）明确权利保障的法律基础

优化程序性权利结构需要在法律层面明确程序参与各方在法律程序中的权利和义务，确立权利保障的法律基础。这包括通过立法、修改法律法规等方式，明确被告、原告、证人、律师、人民陪审员、人民监督员等参与者的权利，并规定法律程序的基本流程和标准，以确保程序的公正性和合法性。具体而言，明确权利保障的法律基础是指在法律层面明确规定各方在司法程序中的权利和义务，确立权利保障的法律依据和框架。其内容包括：一是程序法律权利的确定。明确程序权利的法律基础需要通过立法明确规定各方在法律程序中的权利。这包括规定被告、原告、证人、律师等参与者的程序性权利，例如，被告的辩护权、原告的诉讼权、证人的作证权等，以及法律程序的基本流程和标准，以确保程序的公正性和合法性。二是对法律义务的规定。需要在明确的法律基础上规定各方在司法程序中的义务。除了享有权利外，各方也需要承担相应的义务，例如，被告需要遵守法庭规则、配合诉讼程序，原告需要提供充分的证据支持其诉讼请求，律师需要履行代理义务等。三是程序性权利的保障原则。明确法律基础需要明确程序性权利的保障原则，即立法、司法及执法程序中各方权利的保障应当遵循的原则和准则。这包括程序公正原则、合法程序原则、公开审理原则、听证原则等，以保障司法程序的公正性和合法性。四是权力的限制和监督机制。明确法律基础还需要规定程序运行中国家机关权力的限制和监督机制，以确保权力行使的合法性和公正性。这包括规定法官、检察官、监察官等的职权范围和行使程序、建立权力的监督机制、设立申诉制度、国家赔偿制度等，以确保法治活动的公正性和合法性。五是权利救济和补偿机制。明确法律基础还需要规定权利救济和补偿机制，为当事人提供有效的救济途径和补偿措施。这包括规定上诉、申诉程序、赔偿制度等，以确保当事人权利得到及时有效的保障和救济。总之，明确权利保障的法律基础包括确定法律权利和义务、规定程序性权利保障原则、设立权力限制和监督机制，以及建立权利救济和补偿机制等内容。通过这些法律基础，确保法律程序的公正性和合法性，保障各方在司法过程中的权利得到充分的保障和实现。

（二）强化程序性权利保障的认知和理念

强化程序性权利保障的认知和理念是指通过加强对程序性权利保障的认识和理解，提高社会对程序性权利保障的重视和意识水平。其内容包括以下几点：一是法治意识的培养。需要加强法治意识的培养，使公众了解和认识到程序性权利保障在法治社会中的重要性。通过开展法治宣传教育活动、推动法律知识普及等方式，提高公众对法律和司法制度的认识和理解，增强对程序性权利保障的认知和理解。二是权利意识的强化。强化权利意识，就是使公众了解和认识到自身在司法程序中的权利和义务。强化权利意识，首先，需要让公众了解和认识到程序性权利在司法程序中的重要性和必要性。通过向公众介绍程序性权利的定义、种类和保障方式，让他们了解自己在司法程序中享有的权利，增强对程序性权利的认知。其次，需要引导公众学会行使自己的程序性权利。通过向公众介绍程序性权利的具体行使方式和方法，如如何提起诉讼、申请法律援助、提出异议等，让他们了解如何行使自己的权利，增强对程序性权利的重视和意识。再次，需要让公众了解司法程序中各方权益得到保障的机制和途径。通过向公众介绍司法程序中的权利保障机构、申诉和救济途径等，让他们了解自己在司法程序中的权益得到保障的方式和渠道，增强对程序性权利的信心和认知。此外，需要通过宣传教育和普及活动，培养公众的权利意识。通过举办法律讲座、制作宣传资料、开展社区法律服务等方式，提高公众对程序性权利的认知和理解水平，增强对程序性权利的重视和意识。最后，需要推动公众参与和监督程序性权利保障的工作，增强公众对程序性权利的参与意识和监督能力。通过建立法律援助机构、推动社会组织和公众参与司法活动等方式，加强公众对程序性权利的关注和参与，推动司法公正和程序性权利的实现。三是司法公正的强调。使公众认识到程序性权利保障是实现司法公正的重要保障。通过宣传典型案例、强调司法公正的价值和意义等方式，增强公众对司法公正的认同和信任，进而增强对程序性权利保障的认知和重视。四是需要宣传司法效能，让公众了解到程序性权利保障是司法效能的重要保障之一。通过宣传司法改革的成果、强调司法机构的责任和义务等方式，增强公众对司法机构的信任和支持，提高对程序性权利保障的认知和理解。五是参与和监督的推动作用。需要推动公众参与和监督程序性权利保障的工作，增强公众对程序性权利保障的参与意识和监督能力。通过建立法律援助机构、推动社会组织和公众参与司法活动等方式，加强公众对程序性权利保障的关注和参与，推动司法公正和程序性权利的实现。

（三）强化社会监督和参与机制

通过强化社会监督与参与机制来优化程序性权利的路径逻辑包括建立公开透明的参与机制、加强社会组织的参与、提升公众的意识水平、建立有效的投诉和监督机制，以及加强社会舆论监督等方面，共同推动程序性权利保障工作的完善和改进。一是建立公开透明的参与机制。要优化程序性权利结构，需要建立广泛的社会参与机制，让社会各界都能够参与权利结构的制定、审查、评估、实施和监督。通过设立公开的听证会、征求意见稿的公开征求意见等方式，促进社会各界的广泛参与，吸纳社会各界的意见和建议，以确保权利结构的合理性和民意的反映，增强程序性权利保障的合法性和公正性。二是加强社会组织的参与。应该加强社会组织的参与，特别是那些专门关注人权和法治的非政府组织。这些组织可以提供专业的意见和建议，可以为权利结构的优化提供宝贵的建议和支持，同时还能监督权利结构的实施情况，推动权利保障的不断完善。三是提升公众的意识水平。要优化程序性权利结构，需要提高公众的意识水平，使他们了解自己的权利和义务，知晓如何行使和维护这些权利。通过开展法律宣传教育活动、加强法律知识普及，提高公众对程序性权利的认知和理解水平，增强他们参与权利结构优化的能力。四是建立有效的投诉和监督机制。让公众能够及时向有关部门反映权利保障的问题和意见。通过建立投诉电话、网络平台等渠道，提高公众对程序性权利保障工作的监督能力，推动问题的及时解决和权利结构的不断改善。五是加强社会舆论监督。要优化程序性权利结构，需要加强社会舆论监督，形成对权利结构工作的舆论压力，促使相关部门更加重视权利结构的优化工作。通过媒体报道、舆论引导等方式，引导公众关注权利结构调整工作，推动问题的曝光和解决。

第三节　强化系统观念，优化程序衔接机制

一、实践逻辑

树立系统观念优化程序衔接机制的实践逻辑在于全局视角、协同合作、信息共享和透明度、持续改进和评估，以及依法治理等方面，通过这些措施共同推动程序衔接机制的优化，实现司法程序的顺畅进行和公正公平。

（一）全局视角

从全局视角来看，优化程序衔接机制的法理逻辑包括整体性原则、权责明确、信息共享和沟通、统筹规划，以及持续改进等方面。具体来讲，一是强调整体性原则。司法程序的各个环节相互关联，相互影响，因此必须从整体的角度来考虑问题，确保各个环节之间的协调和衔接，以实现司法程序的顺畅进行。二是要求明确各个环节和部门的权责。通过法律法规和相关文件明确规定各个环节和部门的职责和义务，防止出现责任推诿和信息沟通不畅的情况，从而确保程序衔接的顺利进行。三是要求加强信息共享和沟通。各个环节和部门之间需要建立起畅通的信息交流渠道，确保信息的及时传递和共享，以便更好地协调各个环节，提高程序的效率和质量。四是要求进行统筹规划。司法程序的优化不能仅仅局限于某个环节或部门，而是需要从整体的角度来进行规划和设计，以确保各个环节之间的衔接和协调。五是要求持续改进。司法程序的优化是一个持续不断的过程，需要不断收集反馈意见、评估效果，及时调整和改进机制，以适应司法环境的变化和发展需求。因此，树立系统观念要求各个相关部门和机构以全局视角审视程序衔接问题。这意味着不仅仅关注单个环节或部门的利益，而是将整个程序的运行情况纳入考虑，从整体性的角度出发来进行衔接优化，而不是局限于单一环节或部门的利益。这有助于确保程序的连贯

性和一致性，避免信息的断裂和重复。

（二）加强协同合作

系统观念要求各个环节和部门之间建立起协同合作的关系。这意味着要强调跨部门、跨领域的合作，促进信息共享和资源整合，要加强沟通和协作，确保信息的及时传递和资源的共享，以便更好地衔接各个环节，提高程序的效率和质量。具体而言，一是促进协同合作。优化程序衔接机制的法理逻辑在于促进不同环节和部门之间的协同合作。法律应该鼓励各个相关部门和机构之间加强协作，共同解决程序衔接中的问题，确保程序的顺畅进行。二是建立合作机制。法律应该规定建立相应的合作机制，明确各个环节和部门之间的协作方式和机制。这包括建立联合会商机制、制定合作协议和协调机制等，以促进各方之间的沟通和协作。三是强调信息共享。法律应当强调信息共享的重要性，要求各个环节和部门之间及时共享相关信息。这有助于各方更好地了解程序衔接的情况，协调各自的工作，避免信息不对称和重复劳动的现象。四是明确责任和义务。法律应当明确规定各个环节和部门的责任和义务，防止出现责任推诿和漏洞。这可以通过法律法规和相关文件来规范，明确各方的权责，促使各方承担起相应的责任，确保程序衔接的顺利进行。五是加强协调机制。法律应当加强协调机制的建立和运作。这包括建立起相关的协调会议和机构，明确各方的职责和权限，及时解决程序衔接中的问题，推动程序的不断优化和完善。整体而言，协同合作，包括促进协同合作、建立合作机制、强调信息共享、明确责任和义务，以及加强协调机制等方面，通过这些措施共同推动程序衔接机制的优化，实现司法程序的顺畅进行和公正公平。

（三）信息共享和透明度

系统观念强调信息共享和透明度。树立系统观念需要建立信息共享和沟通机制。各个法律程序之间需要建立起有效的信息共享渠道和沟通机制，确保在不同环节之间信息的及时传递和共享，以便进行有效的衔接和协调。从信息共享和透明度视角来看，优化程序衔接机制的实践逻辑包括信息公开原则、加强信息共享、透明决策机制、公众参与机制，以及责任追究机制等方面，通过这些措施共同推动程序衔接机制的优化，实现司法程序的顺畅进行和公正公平。各个环节和部门之间需要建立起畅通的信息交流渠道，确保信息的及时传递和共享，确保程序衔接公开透明，让各方都能够及时了解程序衔接的进展和问题，为程序衔接优化提供参考依据。具体而言，一是坚持信息公开原则。法律应当规定各个环节和部门按照法定程序公开相关信息，包括衔接流程、标准、政策文件等，以保障公众的知情权和监督权。二是加强信息共享。法律应当要求各个环节和部门加强信息共享，确保信息的及时传递和共享。这包括建立信息共享平台、加强数据交换机制等，以便各方及时了解程序衔接的进展和问题，协调解决方案。三是透明决策机制。法律应当规定建立透明的决策机制，明确程序衔接决策的程序和标准。这可以通过建立程序衔接委员会、明确决策程序和权限等方式来实现，以保障决策的公开透明性和合法性。四是建立公众参与机制。法律应当鼓励公众参与程序衔接机制的建设和监督，建立相应的参与机制。这包括设立公众听证会、征求公众意见、建立投诉举报渠道等，以便公众能够参与程序衔接的决策和监督。五是责任追究机制。法律应当建立起相关的责任追究机制，对程序衔接中的不透明和信息不公开行为进行惩处。这可以通过明确责任主体、建立投诉举报机制等方式来实现，以保障程序衔接的公正公平和合法合规。

（四）持续改进和评估

系统观念还要求持续改进和评估。优化程序衔接是一个持续不断的过程，需要不断根据实际情况进行调整和改进，不断收集反馈意见、评估效果，及时调整和改进机制，以适应法治环境的变化和发展需求。具体来说，一是坚持持续改进原则。法律应当要求各个环节和部门不断反思和改进程序衔接的机制和流程，以适应司法环境的变化和发展需求，确保程序衔接的有效性和效率性。二是建立定期评估机制。法律应当建立定期评估机制，对程序衔接的效果和效率进行评估。这可以通过定期开展评估报告、进行用户满意度调查等方式来实现，以便及时发现问题并提出改进措施。三是完善监督和反馈机制。法律应当设立相关的监督和反馈机制，鼓励各个环节和部门接受外部监督和用户反馈。这可以通过设立监督委员会、建立投诉举报渠道等方式来实现，以便及时发现问题并采取纠正措施。四是提高制度灵活性。法律应当要求程序衔接机制具有一定的灵活性，能够根据实际情况和用户需求进行调整和改进。这意味着需要建立起灵活的制度和流程，允许根据实际情况进行调整和优化。

（五）制度完善

树立系统观念还需要不断完善制度，建立起适应程序衔接需求的制度框架。这包括建立起相应的政策法规、程序规范和标准化流程，以指导各个环节和部门的工作，并确保程序的顺畅进行。具体来看，一是明确法律规定。法律应当明确规定程序衔接机制的相关法律依据和程序。这包括明确各个环节和部门的职责和权限，确保程序衔接的合法合规性。二是建立规范标准。法律应当建立起规范的程序衔接标准和流程。这可以通过制定程序衔接的标准化文件、规章制度等方式来实现，以便各个环节和部门遵循统一的规范进行操作。三是设立监督机制。法律应当设立相关的监督机制，对程序衔接的实施情况进行监督和检查。这可以通过设立监督委员会、建立监督报告制度等方式来实现，以确保程序衔接的质量和效果。四是建立改进机制。法律应当建立起程序衔接的改进机制。这包括建立反馈渠道、设立改进建议制度等，鼓励各个环节和部门不断反思和改进程序衔接的机制和流程。五是加强协调机制。法律应当加强程序衔接的协调机制。这可以通过设立程序衔接协调会议、建立协调工作机构等方式来实现，以确保各个环节和部门之间的协调配合。

二、实践路径

树立系统观念推动法律程序衔接机制的优化，需要通过整体性思维导向、信息共享和沟通机制、制度协同和协作机制、技术支持和智能化应用，以及反馈机制和持续改进等方面，共同推进法律程序衔接机制的优化，实现法律程序的顺畅进行和公正公平。具体而言，从以下几个方面展开。

（一）强化整体性思维导向

树立系统观念需要以整体性思维为导向，考虑法律程序的衔接问题。这意味着要抛弃片面化、孤立化的思维模式，将不同法律程序环节之间的关系纳入考量，从整体性角度出发来优化衔接机制。一是全局视角。整体性思维导向要求从全局视角来审视程序衔接机制。这意味着不仅要关注各个衔接环节的单独运行，还要考虑整个司法程序的完整性和连贯性，从整体性的角度出发进行优化。二是环节关联性。整体性思维导向要求考虑不同衔接环节之间的关联性。各个衔接环节之间的衔接必须紧密配合，确保程序的顺畅进行和效率提升，避免因为一个环节的问题而影响整个程序的运行。三是一体化设计。整体性思维导向要求进行一体化设计。法律程序应当以系统性、整体性的视角来设计和规划，尽量避免程序中的断裂和割裂，确保各个环节之间的衔接和顺畅进行。四是信息共享和协作机制。整体性思维导向要求建立信息共享和协作机制。不同衔接环节之间需要及时共享信息、加强沟通，以确保信息的畅通和协作的顺利进行，从而提高法律程序的效率和质量。五是持续改进。整体性思维导向要求持续改进。优化程序衔接机制是一个持续不断的过程，需要不断收集反馈意见、评估效果，并及时调整和改进机制，以适应法治环境的变化和发展需求。

（二）建立完善信息共享和沟通机制

树立系统观念需要建立信息共享和沟通机制。各个法律程序之间需要建立起有效的信息共享渠道和沟通机制，确保在不同环节之间信息的及时传递和共享，以便进行有效的衔接和协调。具体举措如下，一是建立信息共享平台。设立统一的信息共享平台，包括数字化的数据交换系统和在线信息平台，用于各个环节和部门之间的信息交流和共享。这可以促进信息的及时传递和沟通，提高程序衔接的效率。二是制定信息共享规范。制定信息共享的规范和标准，明确信息共享的对象、内容、范围和权限，确保信息共享的安全性和合法性。这可以防止信息泄露和滥用，提高信息共享的可信度和可靠性。三是加强信息沟通渠道建设。加强信息沟通渠道的建设，包括电话、邮件、会议等多种方式，确保各个环节和部门之间的沟通畅通。这可以帮助我们及时解决程序衔接中的问题和障碍，提高程序的顺利进行。四是建立跨部门沟通机制。建立跨部门沟通机制，包括建立联合工作组、定期召开沟通会议等，促进各个环节和部门之间的交流和合作。这有助于加强各方之间的理解和信任，提高程序衔接的协调性和一致性。五是加强培训和意识提升。加强相关人员的培训和意识提升，提高他们的沟通技巧和意识。这可以通过开展沟通技巧培训、建立沟通意识教育体系等方式来实现，以便他们能够更好地进行信息共享和沟通。通过以上举措，可以有效优化程序衔接机制，促进各个环节和部门之间的信息共享和沟通，提高程序衔接的效率和质量，促进公正公平的实现。

（三）建立完善制度协同和协作机制

树立系统观念还需要建立起制度协同和协作机制。这意味着各个法律程序之间需要建立起相互配合、协同合作的制度机制，明确各方的责任和义务，以实现法律程序的有序衔接和高效运行。首先，要建立协作机制。制定法律或政策文件，明确各个环节和部门之间的协作机制，包括建立跨部门工作组、协调会议等，以促进各方协同合作，共同解决程序衔接中的问题。其次，要明确责任和权限。法律应当明确规定各个环节和部门的责任和权限，确保各方在程序衔接中承担起相应的责任，避免责任推诿和争议，促进协同合作的顺利进行。再次，要建立信息共享平台。建立统一的信息共享平台，包括数字化的数据交换系统和在线信息平台，用于各个环节和部门之间的信息共享和沟通，加强协同合作的基础。最后，要加强沟通渠道。加强各个环节和部门之间的沟通渠道，包括通过电话、邮件、会议等多种方式，以便及时沟通交流，协调解决程序衔接中的问题。此外，还要建立协调机制。设立程序衔接协调机制，包括建立联合工作组、定期召开协调会议等，促进各个环节和部门之间的协调配合，推动程序衔接的顺利进行。如此可以有效优化程序衔接机制，促进各个环节和部门之间的协同合作，共同推动法律程序的顺利运行和公正公平。

（四）倡导技术支持和智能化应用

树立系统观念倡导技术支持和智能化应用。通过引入先进的信息技术和智能化工具，如大数据分析、人工智能等，提升法律程序的衔接效率和质量，实现信息自动化、智能化处理，减少人为因素对衔接的影响。具体而言，一是引入智能化技术。引入人工智能、大数据分析等技术，对程序衔接进行智能化处理和优化。例如，利用自然语言处理技术提取法律文本信息，或者使用数据挖掘技术分析案件信息，以提高程序衔接的效率和准确性。二是建立数字化平台。建立统一的数字化平台，将各个环节和部门的信息和数据集中管理，并提供智能化的查询和分析功能。这可以帮助各方快速获取所需信息，加快程序衔接的速度和效率。三是开发智能化工具。开发智能化的工具和应用程序，用于做好与辅助程序衔接的各项工作。例如，开发智能化的案件管理系统、流程管理软件等，以提高程序衔接的管理和执行效率。四是实施信息共享平台。实施统一的信息共享平台，将各个环节和部门的信息实时同步，并提供智能化的信息查询和交互功能。这可以促进各方之间的信息共享和沟通，加强协同合作，提高程序衔接的效率和质量。五是持续开展技术更新和培训。持续更新和培训相关人员的技术知识和应用能力，保持技术的领先水平，并不断优化智能化应用。这可以通过开展培训课程、组织技术交流会等方式来实现，以确保程序衔接机制的持续改进和优化。以上路径安排，可以有效优化程序衔接机制，充分利用技术支持和智能化应用，提高程序衔接的效率和质量，从而推动程序的顺利进行和公正公平的高效实现。

（五）建立完善反馈机制和持续改进机制

树立系统观念要求建立反馈机制和持续改进机制。在法律程序衔接优化过程中，需要及时收集各方的反馈意见和建议，进行评估和分析，不断调整和完善衔接机制，以适应法律环境的变化和发展需求。首先，要建立反馈机制。设立程序衔接的反馈机制，包括通过建立投诉举报渠道、开展用户满意度调查等方式，收集各方对程序衔接的意见和建议，为持续改进提供反馈信息。其次，要定期评估和监督。定期开展程序衔接的评估和监督，包括制定评估指标和标准、开展评估报告等方式，评估程序衔接的效果和效率，发现问题并提出改进措施。再次，要建立持续改进机制。建立持续改进机制，通过明确改进责任人、跟踪改进进展等方式，根据反馈信息和评估结果，持续优化程序衔接的机制和流程。最后，要加强沟通和协作。加强各个环节和部门之间的沟通和协作，营造开放式的沟通氛围，鼓励各方积极提出改进建议，共同推动程序衔接的持续改进和优化。

第四节　运用法治思维和法治方式健全权利的程序性救济机制

一、实践逻辑

（一）法治思维的引领

贯彻法治思维意味着将法律作为统治的根本原则，并依法治国。在建立权利的程序性救济机制时，相关部门和机构应当以法治思维为引领，确保法律的权威性和规范性。首先，法治思维强调法律的约束和保障作用。程序性救济机制必须建立在法律的基础之上，确保权利受到法律的明确保护。其次，程序性救济机制应确保公正、透明的程序。这包括确保申诉和上诉的程序是公平的，相关决定的制定和执行都受到透明度和公开性的监督。再次，法治思维要求程序性救济机制的法律框架对所有人都是平等和可及的。这意味着无论个人的身份、地位或财富状况如何，都能够平等地获得救济。然后，程序性救济机制应当具备有效执行的能力。这意味着相关机构和程序必须能够及时、有效地处理申诉和上诉，确保权利得到及时保障。最后，法治思维强调司法独立的重要性。程序性救济机制必须建立在独立的司法系统之上，以确保法律的正确执行，而不受外部干扰或压力的影响。此外，程序性救济机制还应当具备透明的司法决策和责任追究机制。这包括确保司法决定的理由和依据被清晰地说明，以及对司法行为的监督和追责机制的建立。总的来说，以法治思维引领权利的程序性救济机制健全就在于建立在法律的保障下，确保公正、透明、平等和有效的程序，同时保障司法独立和责任追究。

（二）强化法治方式

强化法治方式是确保权利的程序性救济机制健全的关键。法治方式强调依法行政、依法裁判、依法执法，使公权力的行使受到法律的约束和规范。在建立权利的程序性救济机制时，应当加强法治方式的应用，确保权利救济的公正、透明和规范。一是明确法律框架。强化法治方式要求明确的法律框架，确立权利的保护范围和程序性救济机制的运作规则。这包括确保相关法律法规和制度文件的清晰、完整和统一，以便权利主体了解自己的权利和救济途径。二是建立有效的监督机制。强化法治方式需要建立有效的监督机制，监督权利的程序性救济机制的执行情况。这包括设立独立的监督机构或委员会，负责监督权利的行使过程和救济机制的运作情况，及时发现和纠正问题。三是加强司法培训与教育。强化法治方式需要加强司法培训与教育，以提高司法人员和相关从业人员的法律意识、职业道德和专业能力。这有助于确保权利的程序性救济机制能够按照法律规定和司法原则运作，保障权利的合法权益。四是加强社会参与与舆论监督。强化法治方式需要加强社会参与与舆论监督，促进公众对权利的程序性救济机制的关注和监督。这包括通过公众参与机制、公众教育和舆论监督等方式，推动权利的程序性救济机制的健康发展，防止权力滥用和程序不公。五是建立完善的司法保障机制。强化法治方式需要建立完善的司法保障机制，保障权利的程序性救济机制的顺利运行。这包括建立健全的法官任命制度、提高司法独立性、加强司法资源配置和改善司法环境等方面的措施，确保权利的程序性救济机制能够有效地发挥作用。

（三）加强程序保障

加强程序保障是确保权利的程序性救济机制健全的重要方面。在程序性救济机制中，应当加强程序保障，包括确保救济程序的公平公正、透明度和合法性。这意味着应当规定明确的救济程序和标准，确保权利申诉者的合法权益得到有效保障。具体逻辑为，一是要确保程序公正和公平。加强程序保障的核心是确保程序的公正和公平。这意味着程序性救济机制应当建立在公正的法律程序之上，保障所有当事人在诉讼过程中享有平等的权利和机会，不受任何歧视或不当干扰。二是要保障法律程序的透明度。加强程序保障需要确保法律程序的透明度。这包括确保法律程序的规则和要求对所有当事人都是清晰可见的，以及确保程序性救济机制的决策和裁决过程对公众是透明可查的。三是要提供有效的法律援助。加强程序保障需要提供有效的法律援助，确保无力承担诉讼费用或没有法律知识的当事人也能够享有平等的救济机会。这包括为有需要的当事人提供免费或廉价的法律援助服务，并确保这些服务的质量和可及性。四是要规范证据收集和审查程序。加强程序保障需要规范证据收集和审查程序，以确保权利的程序性救济机制能够依据客观、可靠的证据作出正确的裁决。这包括规定证据的收集、保管和呈现程序，以及确保证据的真实性和合法性。五是要加强裁决执行力度。加强程序保障需要强化对裁决执行力度的监督和保障。这包括确保裁决得到及时执行，以防止权利的程序性救济机制变成形式上的空转，从而对当事人的权利产生实际的保护效果。总之，加强程序保障是确保权利的程序性救济机制健全的关键途径，通过确保程序的公正、透明和有效性，提供有效的法律援助，规范证据收集和审查程序，以及加强裁决执行力度等措施，实现权利的程序性救济机制的法理逻辑。

（四）依法救济

健全权利的程序性救济机制应当坚持依法救济的原则，即权利的救济应当依据法律规定进行，遵循法律程序和要求。这可以通过建立法律规定的救济程序和途径，确保救济的合法性和效力。其法理逻辑在于，一是程序性救济机制必须建立在法律的基础之上，确保权利受到法律的明确保护。这意味着当权利受到侵犯或被侵害时，个人可以通过法律规定的程序向相关机构或法院寻求救济。二是程序性救济机制必须依据法律程序进行，确保在救济过程中遵循法定程序和法律规定。这包括确保当事人在救济过程中享有合法的诉讼权、辩护权和申诉权等。三是程序性救济机制的健全依赖于司法机关对权利的行使。法律赋予司法机关对权利进行救济的职责和权限，司法机关应当依法行使职权，对侵犯或侵害权利的行为进行裁决和制止。四是程序性救济机制的法理逻辑在于确立法律裁决的效力和约束力。一旦救济程序完成，法律裁决应当具有法律效力。当事人应当依法执行裁决，并确保权利得到有效保障。五是程序性救济机制必须遵循包括平等、公正、公开、透明等在内的法治原则。这意味着在救济过程中，所有当事人都应当平等受到法律的保护，救济过程应当公开透明，确保程序的公正性和合法性。

（五）强化司法保障

司法保障是权利救济的重要手段，应当加强司法机关的作用，确保权利的程序性救济得到及时和有效的司法保护。强化司法保障是确保权利的程序性救济机制健全的关键，通过司法独立、法官素质和公正性、法律援助机制、司法资源配置和司法监督机制等措施，实现权利的有效保障和司法公正。具体而言，一是要确保司法独立。健全的程序性救济机制必须建立在司法独立的基础上。司法独立保障司法机关能够独立行使审判权，不受外部政治、经济或其他干扰的影响，从而确保了救济过程的公正性和客观性。二是法官素质和公正性。健全的程序性救济机制需要有高素质和公正的法官队伍。这包括法官的专业能力、道德水平和审判态度等方面，确保法官能够客观公正地审理案件，保障当事人的合法权益。三是法律援助机制。强化司法保障需要建立完善的法律援助机制，确保所有人都能够平等地获得法律援助。这包括为经济困难或知识不足的当事人提供免费或廉价的法律援助服务，帮助他们行使自己的权利。四是优化司法资源配置。

强化司法保障需要合理配置司法资源，确保司法机关能够有效地处理案件和救济请求。这包括提供足够的法官、律师和其他司法工作人员，以及加强法院设施建设，提高司法效率和质量。五是完善司法监督机制。健全的程序性救济机制需要建立有效的司法监督机制，及时发现和纠正司法错误和不当行为，确保司法机关行使职权的合法性和公正性。

二、实践路径

（一）建立法治基础

建立法治基础是健全权利的程序性救济机制的关键步骤，必须建立健全法治基础，确保权利受到法律的明确保护。这包括制定和完善相关法律法规、建立法律制度和相应的法治机构，确保权利的法律保障和救济机制的法律依据。通过制定健全的法律框架、建立专门的救济机构和程序、确保法律程序的公正和透明、提供法律援助服务，推动权利的有效保障和依法救济。具体而言，首先，需要制定健全的法律框架，明确规定权利的保护范围和救济程序。这包括相关宪法、法律、法规以及救济程序的详细规定，确保当事人可以依法行使自己的权利，并有权利获得救济。其次，需要建立专门的救济机构和程序，负责处理权利的救济请求。这些机构应该具备专业性、公正性和高效性，能够及时、有效地处理当事人的申诉和上诉，保障权利得到及时救济。在建立救济机构和程序的同时，需要确保法律程序的公正和透明。这包括规定公正、公平的救济程序和决策标准，同时要求救济机构和相关人员在救济过程中遵循透明的原则，确保当事人了解救济过程和决策依据。对于那些无力承担诉讼费用或缺乏法律知识的当事人，应当提供法律援助服务，包括为他们提供免费或廉价的法律咨询、代理和辩护服务，帮助他们行使自己的权利并获得救济。最后，需要加强法律教育和意识提升工作，提高公民对法律的认知和尊重，增强他们的法治意识。可以通过开展法律宣传教育活动、举办法律知识培训课程等方式实现，帮助公民更好地了解自己的权利和救济途径。

（二）强化法治思维

强化法治思维是确保权利的程序性救济机制健全的重要方面，在权利的程序性救济过程中，必须强化法治思维，即依法行政、依法裁判、依法办事的理念。这意味着与程序性救济机制相关的执法机构和从业人员必须严格依法行使职权，确保权利的救济过程符合法律规定和程序要求。从强化法治思维角度来看，健全权利的程序性救济机制的法理逻辑在于依法保障权利、尊重法律程序、加强法治意识培养、建立公正透明的司法机制，以及确立法律效力等方面，共同推动权利的有效保障和依法救济。一是加强法治意识培养。强化法治思维需要加强社会成员的法治意识培养，要让人们意识到法律的重要性和权威性。这有助于促进公民自觉遵守法律、尊重法律，同时增强他们对法律救济机制的信任和使用意愿。可通过开展广泛的法治意识培养活动，包括法律宣传教育、法治文化建设等，提高公民对法律的尊重和遵守意识，以及对救济机制的信任和理解。二是加强法律教育。加大法律教育力度，加强对法律、法规、政策的宣传力度，普及相关法律知识和权利救济机制的信息，从基础教育到社会培训，普及法律知识，提高公民对法律救济机制的了解和认识，提高公民的法律素养和自我保护意识，增强其依法行事的意识，使其了解自己的权利和救济途径。三是建立公正、透明的救济机制。强化法治思维还需要建立公正、透明的救济机制，规范救济程序，公开救济标准和决策过程，确保当事人能够理解救济程序并信任其公正性。也同时确保国家机关依法行使职权，公正地处理案件，保障当事人的合法权益。四是建立法律援助体系。建立健全的法律援助体系，为经济困难、法律素养较低的人群提供免费或低价法律援助服务，以确保其能够充分行使自己的权利。五是法律效力的确立。强化法治思维还需要确立法律裁决的效力和约束力。一旦救济程序完成，法律裁决应具有法律效力，当事人应依法执行裁决，确保权利得到有效保障。六是加强监督和评估。建立有效的监督和评估机制，对救济机构和从业人员的工作进行监督，及时发现和纠正问题，保障救济程序的公正、合法和高效运行。

（三）建立公正、透明的程序

贯彻法治思维和法治方式的路径逻辑之一是建立公正、透明的救济程序。建立公正、透明的程序是确保权利的程序性救济机制健全的关键，包括确保救济机制的程序规则和决策过程公开透明，以及当事人在救济过程中享有充分的申诉和辩护权利，保障权利的公平行使。主要的路径方案：一是制定明确的救济程序和标准，确保当事人了解他们可以寻求救济的途径和条件。这包括明确规定救济的申诉、上诉和请求赔偿的程序，以及救济的标准和要求，为当事人提供清晰的方向和指引。二是公开透明的决策过程。确保救济决策过程的公开透明，使当事人能够了解案件的审理情况和决策依据。这包括通过公开听证会、公示法律文书等方式，让公众可以监督和评价法律决定的合理性和公正性。三是确保申诉权利的保障，并建立便捷的申诉渠道。这包括规定申诉程序和时限，保障当事人的申诉权利不受侵犯，并确保申诉得到及时、有效处理。四是加强程序公正的监督机制。建立有效的程序公正监督机制，以监督和评估救济机构和从业人员的工作。这包括设立独立的监督机构或委员会，负责监督救济程序的运行，及时发现和纠正程序不公的问题。五是提供权利救济的法律援助。为经济困难或法律素养较低的人群提供法律援助服务，包括提供免费或低价的法律咨询、代理和辩护服务，帮助他们在救济过程中得到公正对待，确保他们能够充分行使自己的权利。

（四）加强法律教育和意识提升

加强法律教育和意识提升是健全权利的程序性救济机制的重要路径方案，旨在提高公民对法律的认知和尊重，增强社会对法治的信任和支持。这有助于促进权利的依法救济，减少法律纠纷和诉讼，提升法治水平。具体可通过以下方式解决：一是组织各种形式的法律宣传教育活动，如讲座、研讨会、法律知识竞赛等，向公众普及基本法律知识和权利救济机制，提高公民的法律意识。二是在学校教育中增加法律课程的设置，从小培养学生的法律意识和法治观念，使其在成长过程中逐步了解自己的权利和救济途径。三是建立法律知识普及平台，如网站、移动应用程序等，提供便捷的法律咨询和教育服务，让公众可以随时获取相关法律信息。四是组织法律咨询活动，为公众提供免费或低价的法律咨询服务，解答他们的法律疑问，帮助他们了解自己的权利和救济途径。五是鼓励和支持社会组织、法律专业机构等参与法律教育和意识提升工作，组织各种形式的法律培训和宣传活动，扩大法律教育的覆盖范围。六是利用各种媒体平台，如电视、广播、报纸、网络等，广泛宣传法律知识和权利救济机制，提高公众对法律的认知和尊重。通过以上方式，增强公民的法律意识和法治观念，使他们更加了解自己的权利和救济途径，并增强他们对法律救济机制的信任和依赖，从而促进权利的有效保障和依法救济。

（五）建立有效的监督和评估机制

贯彻法治思维和法治方式的路径逻辑是建立有效的监督和评估机制，监督救济机制的运行情况，及时发现和纠正问题，提升救济机制的效率和公正性。建立有效的监督和评估机制，首先，建立独立的监督机构，负责监督和评估救济机制的运行情况，对其行为和法律决定进行监督，确保其依法行使职权，公正、合法地处理案件。其次，建立便捷的投诉和举报渠道，让公众可以向监督机构反映救济机制存在的问题和不正当行为。监督机构应当及时受理并调查处理投诉和举报，保障投诉人的合法权益。再次，定期开展对救济机制的评估和审查工作，检查其运行情况、效率和公正性。评估内容包括救济机构的工作效能、案件处理情况、公正性等方面，以及公众对救济机制的满意度等。最后，将评估结果公开透明，向社会公布救济机制的评估报告和结论，接受公众监督和评价。同时，针对评估发现的问题和不足，及时采取改进措施，提高救济机制的质量和效能。此外，还要加强外部监督和参与。鼓励和支持社会组织、律师协会等第三方机构参与救济机制的监督和评估工作，提供专业意见和建议，促进监督机制的独立性和公正性。

参考文献

一、著作类

[1] 米歇尔·福柯：规训与惩罚 [M].刘北成，杨远婴，译.北京：生活·读书·新知三联书店，2012.

[2] 奥尔特.正当法律程序简史 [M].杨明成，陈霜玲，译.北京：商务印书馆，2006.

[3] 埃德加·博登海默.法理学：法哲学及其方法 [M].邓正来，姬敬武，译.北京：华夏出版社，1987.

[4] 丹宁勋爵.法律的正当程序 [M].李克强等，译.北京：群众出版社，1984.

[5] 艾伦·沃尔夫.合法性的限度：当代资本主义的政治矛盾 [M].沈汉，译.北京：商务印书馆，2005.

[6] 鲁曼.社会的法律 [M].郑伊清，译.北京：人民出版社，2009.

[7] 哈特.法律的概念 [M].张文显，郑成良，杜景义，宋金娜，译.北京：中国大百科全书出版社，1995.

[8] 陈瑞华.程序正义论 [M].2 版.北京：商务印书馆，2022.

[9] 易延友.刑事诉讼法：规则 原理 应用 [M].北京：法律出版社，2019.

[10] 陈瑞华.刑事程序的法理 [M].北京：商务印书馆，2021.

[11] 孙笑侠.程序的法理 [M].北京：商务印书馆，2005.

[12] 章剑生.行政程序法学原理 [M].北京：中国政法大学出版社，1994.

[13] 中共中央办公厅秘书局资料室 . 邓小平论党的建设 [M]. 北京：人民出版社，1990.

[14] 中共中央文献研究室 . 邓小平思想年编：1975 — 1997[M]. 北京：中央文献出版社，2011.

[15] 胡锦涛 . 胡锦涛文选：第三卷 [M]. 北京：人民出版社，2016.

[16] 胡锦涛 . 论构建社会主义和谐社会 [M]. 北京：中央文献出版社，2013.

[17] 胡锦涛 . 胡锦涛文选：第二卷 [M]. 北京：人民出版社，2016.

[18] 姜明安 . 行政法与行政诉讼法 [M].7 版 . 北京：北京大学出版社，2019.

[19] 习近平 . 在首都各界纪念现行宪法公布施行 30 周年大会上的讲话 [M]. 北京：人民出版社，2012.

[20] 习近平 . 论坚持全面依法治国 [M]. 北京：中央文献出版社，2020.

[21] 中共中央文献研究室 . 习近平关于全面依法治国论述摘编 [M]. 北京：中央文献出版社，2015.

[22]《十八大以来治国理政新成就》编写组 . 十八大以来治国理政新成就：下册 [M]. 北京：人民出版社，2017.

[23] 高长见 . 全面依法治国 2025 大战略 [M]. 北京：东方出版社，2022.

[24] 李军 . 传统文化与国家治理现代化 [M]. 北京：人民出版社，2020.

[25] 祁建建 . 认罪认罚处理机制研究：无罪推定基础上的自愿性 [M]. 北京：中国人民公安大学出版社，2019.

[26] 王怀超等 . 中国特色社会主义基本问题 [M]. 北京：人民出版社，2019.

[27] 全国干部培训教材编审指导委员会组织 . 建设社会主义法治国家 [M]. 北京：党建读物出版社，人民出版社，2019.

[28] 陈顺伟 . 国家治理视阈中的社会主义核心价值观建设研究 [M]. 北京：人民出版社，2019.

[29] 蒋传光等 . 新中国法治简史 [M]. 北京：人民出版社，2011.

[30] 周安平，李旭东，赵云芬 . 新中国宪法的历程：问题、回应和文本 [M]. 北京：人民出版社，2017.

[31] 全国人民代表大会常务委员会法制工作委员会 . 中华人民共和国法律汇编：1979-1984 [M]. 北京：人民出版社，1985.

[32] 李林，莫纪宏 . 全面依法治国建设法治中国 [M]. 北京：中国社会科学出版社，2019.

[33]《习近平法治思想概论》编写组 . 习近平法治思想概论 [M]. 北京：高等教育出版社，2021.

[34] 中共中央文献研究室编 . 习近平关于全面依法治国论述摘编 [G]. 北京：中央文献出版社，2015.

[35] 中共中央党史和文献研究院，中央学习贯彻习近平新时代中国特色社会主义思想主题教育领导小组办公室 . 习近平新时代中国特色社会主义思想专题摘编 [G]. 北京：党建读物出版社，中央文献出版社，2023.

[36] 刘红凛 . 新时代党的建设理论和实践创新研究 [M]. 北京：人民出版社，2019.

[37] 赵勇，汪仲启 . 权力运行制约和监督体系建设 [M]. 北京：经济科学出版社，2020.

[38] 林喆 . 权力腐败与权力制约 [M]. 山东：山东人民出版社，2009.

[39] 欧爱民 . 中国共产党党内法规总论 [M]. 北京：人民出版社，2019.

[40] 中共中央党史和文献研究院 . 习近平关于尊重和保障人权论述摘编 [G]. 北京：中央文献出版社，2021.

[41] 周道航 . 维护权利的程序 [M]. 南京：南京师范大学出版社，1999.

[42] 陆宇峰 . 系统论法学新思维 [M]. 北京：商务印书馆，2022.

[43] 王勇 . 全面从严治党 [M]. 北京：人民出版社，2016.

[44] 亨利希·库诺 . 马克思的历史、社会和国家学说：马克思的社会学的基本观点 [M]. 袁志英，译 . 上海：上海译文出版社，2018.

二、论文类

[45] 张文显．习近平法治思想的理论体系 [J]．法制与社会发展，2021，27（1）．

[46] 王海燕，申娜娜．论习近平法治思想的人民性 [J]．黑龙江省政法管理干部学院学报，2022（5）．

[47] 于群．论习近平法治思想的人民立场 [J]．社会科学战线，2022（4）．

[48] 刘计划，王晓维．习近平法治思想中的公正司法观 [J]．中国司法，2022（7）．

[49] 陈爱飞．习近平法治思想中的程序法治要义 [J]．江汉学术，2023，42（1）．

[50] 胡晓霞．习近平法治思想中的程序法治理论研究 [J]．广西社会科学，2021（12）．

[51] 邱水平．论习近平法治思想的法理学创新 [J]．中国法学，2022（3）．

[52] 李林，齐延平．走向新时代中国法理学之回眸与前瞻 [J]．法学，2018（6）．

[53] 汤维建，陈爱飞．论新时代中国特色社会主义程序法治的品格 [J]．法治现代化研究，2019（6）．

[54] 荆雨．“德性的法治”如何可能？：以荀子为基点之历史与逻辑的考察 [J]．文史哲，2023（1）．

[55] 李金和．习近平以人民为中心的新时代中国特色社会主义法治思想：历史意义与核心意涵 [J]．贵州师范大学学报（社会科学版），2019（2）．

[56] 牟成文．人民意志：马克思法哲学的思想特质 [J]．中国社会科学，2020（3）．

[57] 马怀德．习近平法治思想的理论逻辑、历史逻辑与实践逻辑 [J]．山

东人大工作，2021（9）.

[58] 习近平．加快建设社会主义法治国家 [J]. 求是，2015（1）.

[59] 在中央人大工作会议上的讲话 [J]. 理论导报，2022（3）.

[60] 赵一单．依法立法原则的法理阐释：基于法教义学的立场 [J]. 法制与社会发展，2020，26（5）.

[61] 邹庆国．党内法治：管党治党的形态演进与重构 [J]. 山东社会科学，2016（6）.

[62] 冯浩．中国共产党党内法规的功能与作用 [J]. 河北法学，2017，35（5）.

[63] 周佑勇．推进国家治理现代化的法治逻辑 [J]. 法商研究，2020，37（4）.

[64] 吴英姿．用程序思维破解政治与法治关系难题：对习近平关于程序法治论述的研读 [J]. 法治现代化研究，2021，5（6）.

[65] 赵晓磊，侯欣一．汉代司法程序中的先请与上请辨析 [J]. 江苏社会科学，2017（3）.

[66] 杨云峰，张茜，黄方．"以审判为中心"视野下侦诉关系重构之思考 [J]. 理论观察，2020（3）.

[67] 闫召华．检察主导：认罪认罚从宽程序模式的构建 [J]. 现代法学，2020，42（4）.

[68] 闫召华．"一般应当采纳"条款适用中的"检""法"冲突及其化解：基于对《刑事诉讼法》第201条的规范分析 [J]. 环球法律评论，2020，42（5）.

[69] 闵丰锦．检察主导抑或审判中心：认罪认罚从宽制度中的权力冲突与交融 [J]. 法学家，2020（5）.

[70] 李奋飞．量刑协商的检察主导评析 [J]. 苏州大学学报（哲学社会科学版），2020，41（3）.

[71] 拜荣静，罗桂霞．监察委调查权程序审视 [J]. 宁夏党校学报，

2021，23（2）.

[72] 崔玮.被追诉人权利保障机制的结构性缺陷及其矫正：以认罪认罚案件为中心 [J].北方法学，2022，16（3）.

[73] 胡宇清，侯璐阳.我国值班律师功能定位的结构性重塑 [J].湘潭大学学报（哲学社会科学版），2021，45（3）.

[74] 艾明，桑志强.论监察机关与公安机关关联案件职能管辖冲突 [J].地方立法研究，2023，8（5）.

[75] 柳建闽，张帆.权力制约的理论基础与制度建设 [J].福建农林大学学报（哲学社会科学版），2004，（2）.

[76] 杨登峰.正确认识政府权力清单与法的关系 [J].中国党政干部论坛，2016（4）.

[77] 吴玉章.论法律体系 [J].中外法学，2017，29（5）.

[78] 赵光君，吴江.地方立法增强系统性整体性协同性时效性的思考和举措 [J].政策瞭望，2023，（11）.

[79] 宾凯.法律系统的运作封闭从"功能"到"代码"[J].荆楚法学，2022（3）.

[80] 余成峰.卢曼社会系统论视野下的法律功能 [J].北京航空航天大学学报（社会科学版），2021，34（1）.

[81] 周佑勇：深刻领悟习近平法治思想的系统思维方法 [J].中国司法，2022（9）.

[82] 马怀德.坚持建设中国特色社会主义法治体系 [J].旗帜，2021（1）.

[83] 史德春.习近平法治思想是全面依法治国的根本遵循 [J].奋斗，2022（24）.

[84] 赵光君，吴江.地方立法增强系统性整体性协同性时效性的思考和举措 [J].政策瞭望，2023（11）.

[85] 栗战书.习近平法治思想是全面依法治国的根本遵循和行动指南

[J]. 中国人大，2021（2）.

[86] 周叶中 . 领导干部必须牢固树立法治思维 [J]. 红旗文稿，2019
（16）.

[87] 季卫东 . 探讨数字时代法律程序的意义：聚焦风险防控行政的算
法独裁与程序公正 [J]. 中国政法大学学报，2023（1）.

[88] 约瑟夫·W·宾汉姆，于庆生 . 法律权利与义务的性质 [J]. 法治现
代化研究，2018，2（4）.

[89] 冯俊伟 . 国家监察体制改革中的程序分离与衔接 [J]. 法律科学（西
北政法大学学报），2017，35（6）.

[90] 张恩典 . 风险规制正当程序：意义阐释与类型分析 [J]. 天府新论，
2017（6）.

[91] 章剑生 . 行政程序正当性之基本价值 [J]. 法治现代化研究，2017，
1（5）.

[92] 刘东亮 . 论实体性正当程序 [J]. 法治研究，2017（2）.

[93] 鲁楠，陆宇峰 . 鲁曼社会系统论视野中的法律自治 [J]. 清华法学，
2008（2）.

三、报纸类

[94] 深入学习贯彻习近平法治思想 以法治助推中国式现代化 [N]. 人民
日报，2023–12–21.

[95] 姚弘韬 . 设立合理程序完善不起诉案件"刑行衔接" [N]. 检察日
报，2022–8–20.

[96] 本报评论部 . 提高运用法治思维和法治方式的能力 [N]. 人民日报，
2023–09–22.

[97] 李林 . 健全社会公平正义法治保障制度 [N]. 经济日报，2019–
12–16.

[98] 中华人民共和国国务院新闻办公室 . 中国共产党尊重和保障人权
的伟大实践 [N]. 人民日报，2021–06–25.